선전과 교양

북한의 문예교육

북한 문학예술 4

북한문학예술 4

선전과 교양: 북한의 문예교육
Propaganda and Culture: Education of Art & Literature in North Korea

ⓒ 단국대학교 부설 한국문화기술연구소, 2013

1판 1쇄 인쇄__2013년 09월 20일
1판 1쇄 발행__2013년 09월 30일

엮은이__단국대학교 부설 한국문화기술연구소
펴낸이__양정섭

펴낸곳__도서출판 경진
       등 록__제2010-000004호
       주 소__경기도 광명시 하안로 180-14 우림필유 101-212
       블로그__http://kyungjinmunhwa.tistory.com
       이메일__mykorea01@naver.com

공급처__(주)글로벌콘텐츠출판그룹
       대 표__홍정표
       디자인__김미미
       편집__배소정 노경민 최민지
       기획·마케팅__이용기
       경영지원__안선영
       주 소__서울특별시 강동구 천중로 196 정일빌딩 401호
       전 화__02-488-3280
       팩 스__02-488-3281
       홈페이지__www.gcbook.co.kr

값 17,000원
ISBN 978-89-5996-218-1 93810

※ 이 책은 본사와 저자의 허락 없이는 내용의 일부 또는 전체를 무단 전재나 복제, 광전자 매체 수록 등을 금합니다.
※ 잘못된 책은 구입처에서 바꾸어 드립니다.

선전과 교양

북한의 문예교육

북한 문학예술 4

Propaganda and Culture: Education of Art & Literature in North Korea

단국대학교 부설
한국문화기술연구소 편

도서출판 경진

 책머리에

　남북한의 평화적 공존, 더 나아가 평화적 통일의 선결과제 가운데 하나는 문화 예술적 소통과 이에 기초한 감정적, 정서적 공감대의 형성이다. 이 경우 무엇보다 중요한 것은 문화예술교육의 이념과 실천에 대한 상호 이해다. '문예교육'은 분단 이후 끊어진 소통과 정서적 연대를 이어줄 고리가 될 수 있기 때문이다. 하지만 분단의 장기화와 국제적 고립이라는 상황 속에서 북한의 문예교육은 '주체'로 대표되는 지배체제의 이데올로기적 요구에 따라 체제유지를 위한 선전과 교양의 도구로 특화되었다. 더 나아가 북한에서 '민족적 형식과 사회주의적 내용'이라는 구호하에 진행된 문화예술전통의 재해석, 재구성 작업으로 인해 오늘날 남북의 문화예술전통 이해와 계승방식, 문예교육의 이념과 실천은 거의 공통점을 찾기 어려울 정도다. 이 연구서는 이러한 남북 문예교육의 차이를 확인하면서 동시에 남북문예의 소통을 위한 최소한의 접점을 모색하고자 하는 시도다.
　이러한 작업은 크게 세 가지 갈래로 나뉜다. 1부 「북한 문예교육의 체계와 이념」에서는 북한 문예교육의 이념과 제도적 실천 양상을 확인하게 될 것이다. 먼저 1959년 최고인민회의 제2기 제6차 회의에서 '전반적 교육제도 개편에 관한 결정'을 채택하면서부터 본격화된 문예정책, 문예교육기관, 문예교과서 서술의 양상을 예술전문인 양성과 일반교양의 수준에서 검토하게 될 것이다. 이를 통해 북한 문예교육의 체계와 이념을 포괄적으로 조명해볼 수 있을 뿐만 아니라 2012년 김정은 체제의 등장과 더불어 본격화된 문예교육 변화의 양상과 장래를 조심스럽게 예측해볼 수도 있을 것이다.

2부 「예술가 양성과 인민교양」은 연극, 음악, 영화 등 문예 각 분야의 교육과 선전 양상을 확인하는 장이다. 여기서는 문예 생산자로서의 작가와 수용자로서의 관객의 문제뿐만 아니라 예술매체의 생산과 대외교류의 문제들이 두루 검토될 것이다. 그 과정에서 북한 문예가 생산-매체-수용 차원에서 갖는 다층적 의미가 해명될 것이다.

3부 「남북한 문예교육의 접점」은 남북 문예교육의 공통소를 찾고 그 공통소가 남북의 서로 다른 문맥 속에서 어떻게 (재)배치되고 있는지를 확인하는 한편 그러한 공통소가 장래 남북 문예의 소통과 교류에 활용될 가능성을 모색하게 될 것이다. 이것은 한편으로 전통에 대한 남북의 상이한 해석을 확인하는 일이면서 동시에 남북이 공유하는 전통을 매개로 통일시대 문예교육의 가능성을 모색하는 일이 될 것이다.

북한 문예교육의 여러 양상을 꼼꼼하게 검토하는 작업은 남북한 문화적 소통의 중요한 선결 작업이자 기초자료를 제공하는 일이다. 우리의 연구는 무엇보다 북한 문학, 연극, 음악, 영화 분야에서 전문가로 자리를 굳힌 전문연구자들의 주제 연구를 한 자리에 모아 그 양상을 보다 다양한 지평에서 관찰하는 작업이라는 의의가 있다.

　이 책은 한국연구재단 중점연구소 지원으로 단국대학교 부설 한국문화기술연구소에서 진행 중인 '통일시대를 대비한 남북한 문화예술의 소통과 융합 방안 연구'의 다섯 번째 단행본 연구 성과다. 이 책이 나오기까지 많은 분들의 도움을 받았다. 먼저 필자로 참여해준 건국대 전영선 교수와 영남대 박소현 교수, 경인교대 김혜정 교수에 감사한다. 또 황희정, 장원아, 조안나, 김보경, 최은혁, 김지현, 이보연에게 깊은 고마움을 전한다. 무엇보다 이 책의 출판을 흔쾌히 승낙해준 도서출판 경진의 양정섭 대표와 편집과 교정을 맡아준 배소정 님, 디자인을 담당한 김미미 님께 감사의 마음을 전하고자 한다.

2013년 9월
단국대학교 부설 한국문화기술연구소 소장
김수복

 목 차

책머리에 ———— 4

1부 북한 문예교육의 체계와 이념

북한의 예술교육체계와 예술교육 기관 ---------- 13
　__[전영선]
　　1. 북한의 예술인 교육 ·· 13
　　2. 예술인 양성과 대우 ··· 15
　　3. 예술인 양성 기관: 예술대학 ································ 22
　　4. 예술인의 사회적 지위 ·· 40

북한 문학교육 양상과 전망 ---------------------------- 43
　__[임옥규]
　　1. 북한 사회체제 변화와 문학교육 위상 ················ 43
　　2. 북한 문학 관련 교과서 체계와 변모 ················· 49
　　3. 북한 문학교육의 지향점과 문제점 ····················· 61
　　4. 김정은 시대 문학교육 전망 ································ 66

'전반적11년제의무교육'의 정치적 함의 ------------- 73
　__[김미진]
　　1. 북한의 교육체계 ··· 73
　　2. 정치사상교육의 운영 실태 ··································· 77
　　3. 문학 교과서에 나타난 정치사상교육 ················· 86
　　4. 북한의 혁명교육과 미래 전망 ····························· 91

민요를 통한 북한 음악교육의 지향 ---------- 95
__[배인교]
  1. 북한 교육과정 속의 음악수업과 교과서 ············ 95
  2. 고등중학교 음악교과서의 민요 이론 교육 ············ 99
  3. 기악 감상 가창 영역의 민요 제재곡 분석 ············ 106
  4. 북한 민요교육의 지향 ············ 128
  5. 북한의 민요교육 현황과 조선민족제일주의 ············ 132

2부 예술가 양성과 인민교양

인민배우 황철의 연기훈련법(演技訓練法) ---------- 143
: 화술훈련을 중심으로__[김정수]
  1. 예술이란? ············ 143
  2. 발성을 위한 기초훈련 ············ 146
  3. 대사창조를 위한 연기훈련 ············ 154
  4. 신비의 거부 ············ 163

북한 가야금과 몽골 야탁의 교본 ---------- 167
__[박소현]
  1. 북한 가야금 연주자 김종암과 몽골 야탁 ············ 167
  2. 연주 자세 ············ 171
  3. 조율법 ············ 175
  4. 오른손 연주법 ············ 179
  5. 왼손 연주법 ············ 184
  6. 유형의 매개물을 공유한 북한과 몽골 ············ 187

〈한 녀학생의 일기〉를 통해 본 북한영화 관객성 연구 ---------- 191
__[김선아]
  1. 영화 텍스트와 수용 ············ 191
  2. 북한 영화인: 목적론에서 정서론으로 ············ 197
  3. 북한 관객: 보다 나은 미래라는 허상 ············ 204

  4. 비북한 관객: 기호의 왕국 ································· 210
  5. 월드 시네마로서의 〈한 녀학생의 일기〉 ······················ 216

3부 남북한 문예교육의 접점

서사의 이데올로기적 변형과 계급교양 ························· 223
: 『평양지』(1957)의 「록족 부인」을 중심으로__[강상대]
  1. 원형 심상과 분단 ····································· 223
  2. '녹족부인' 서사의 전승 양상과 내용 ······················· 226
  3. 「록족 부인(가)」의 서사 구성과 성격 ······················ 232
  4. 「록족 부인(나)」의 서사 구성과 성격 ······················ 238
  5. 문화분단과 '원형성'의 복구 ····························· 245

통일대비 국악교육을 위한 북한민요 연구 ···················· 251
  __[김혜정]
  1. 문화적인 동질성을 찾기 위한 북한 민요교육의 필요성 ········· 251
  2. 북한지역 민요교육 현황 및 문제점 ························ 253
  3. 북한민요의 장르별·기능별 분류와 음악적 특성 ·············· 257
  4. 초등 교과서의 북한민요 제재곡 선정 기준과 방법 ············ 264
  5. 북한 민요교육의 개선 방안 ······························ 268

찾아보기_____275

Propaganda and Culture: Education of Art & Literature in North Korea

제1부
———

북한 문예교육의 체계와 이념

북한의 예술교육체계와 예술교육 기관

전영선

1. 북한의 예술인 교육

북한의 예술가들은 전문예술 기관을 통해 배출되어 중앙 문예단체와 지방 문예단체에서 활동한다. 드물게 소조활동을 통해 중앙문예단체의 배우나 예술가가 되기도 하지만 일반적인 현상은 아니다. 대부분의 예술가들이 예술학교를 통해 전문예술인으로 활동한다. 북한에서 학교는 혁명화의 본거지이며, 거점이다. 문화예술가는 혁명사상을 인민들에게 전달하는 선전선동의 핵심으로서 혁명사업을 강화하기 위한 차원에서 양성한다.[1]

---

1) 김정일, 「음악예술론, 1991년 7월 17일」, 『김정일선집』 11, 조선로동당출판사, 1997, 424~425쪽, "지금 우리 근로자들의 전반적문화수준이 높아지고 전반적 11년제의무교육과 고등교육을 받은 새 세대들이 공장과 기업소, 농촌에 많이 진출하여 대중속에 군중문학예술을 더욱 발전시켜나갈수 있는 토대가 마련된 조건에서 자라나는 새 세대들에 대한 예능교육을 잘하면 예술의 대중화를 더욱 빨리 성과적으로 실현할수 있다. 예술교원양성사업에서 교육의 질을 높여 능력있는 예술교원들을 더 많이 육성하는것과 함께 보통교육부문에서 예능교육을 강화하는데 깊은 관심을 돌리면 학생들이 11년제의무교육기간에 일반문화적소

북한의 예술교육기관은 전문 학부와 강좌가 개설되어 있을 뿐만 아니라 재교육과 통신교육체제가 갖추어져 있다. 또한 전문예술인 교육뿐만 아니라 전문예술인과 인민의 예술활동을 지원하고 통제하는 등의 기능을 담당한다. 북한예술은 당 정책 전달과 선전선동의 거점 기지로써 기능이 강조된다.

북한에서 예술인 전문 교육은 1959년 10월 26일 최고인민회의 제2기 제6차회의에서 '전반적 교육제도 개편에 관한 결정'을 채택하면서부터 본격화되었다. 이 결정에 따라 11년제의 음악, 무용, 조형예술 등의 예술계 학교 및 외국어학교와 같은 전문 교육 체계가 도입되었다. 예체능계 대학은 음악, 무용, 조형예술 그리고 외국어에 특별한 재능을 가진 어린이들을 대상으로 어려서부터 전문화된 교육을 실시한다. 이들은 특히 외국으로의 공연이 많기에 입상 대상자에 대한 사전 신원조사가 철저하게 이루어진다. 입학요건은 까다롭다. 고등중학교를 졸업했거나 이와 동등한 자격을 가지고 있어야 하고, 인민경제 각 분야에서 모범적으로 일하며, 해당 부문에 재능과 발전가능성이 있어야 한다.

예능계 지원자들도 단순히 예술적 재능만 있어서도 안 된다. 예체능계 학생이라고 하더라도 혁명역사나 정책에 대해 잘 알아야 한다. 시험은 대개 7월 25일에서 28일 사이에 실시된다, 해당분야 실기과목 이외 '당 정책사', '공산주의 도덕', '국어', '외국어', '수학' 등을 본다. 실기과목의 점수가 좋아도 정책이나 혁명사에 대해 잘 모르면 합격할 수 없다. 예술인 양성에서 중요하게 평가하는 것도 교양사업이다. 특히 당적 지도의 강요성은 예술인 양성 사업의 핵심이다. 관점을 바로 세우기 위해서는 '당중앙위원회의 지도를 잘 받아야 한다'[2]고 강조한다.

양을 높이면서 음악예술에 대한 기초지식을 충분히 쌓을수 있으며 모든 학생들이 춤도 추고 노래도 부르고 한가지이상의 악기를 능숙하게 다루도록 키울수 있다. 예능교육을 많이 받은 새 세대들이 생산현장에 진출하면 사회의 모든 성원들의 문화수준이 훨씬 높아지게 될것이며 군중음악예술활동을 더욱 활발히 벌려 음악예술을 대중화할데 대한 당의 방침을 빛나게 실현하고 온 사회의 예술화를 더욱 앞당기게 될것이다."

2. 예술인 양성과 대우

1) 예술인 양성 정책

북한의 초기 예술활동의 상당 부분은 이동예술단을 통해 이루어졌다. 충분한 인력과 인프라가 갖추어지지 않은 상태에서 몇몇 전문예술가들을 중심으로 한 이동공연 형식으로 부족한 예술 인력을 보완하였다.[3]

예술분야의 인력 양성기관으로 주목할 단체는 최승희 무용연구소이다. 최승희라는 세계적인 무용수를 중심으로 일찍부터 무용인재 양성에 주목하였다.[4] 상대적으로 다른 예술분야는 취약했다. 전반적으로 예술인력 발전을 위한 상황이 갖추어지지 않았다. 예술인에 대한 체계적인 교육은 예술단체의 정비가 이루어진 이후에나 가능하였다. 예술 인프라가 부족했던 북한은 먼저 이동예술대의 활동을 강화하고, 예술 역량을 집중적으로 배치하였다.[5]

---

2) 김정일「영화창작에서 새로운 앙양을 일으킬데 대하여: 위대한 수령님의 문예사상 연구모임에서 한 결론, 1971년 2월 15일」, 『김정일선집』 2, 조선로동당출판사, 1993, 233~234쪽, "지난날 음악대학에서는 당중앙위원회 조직지도부 대학지도과의 지도만 받으려 하면서 선전선동부 해당 과의 지도는 잘 받으려 하지 않았다고 합니다. 음악대학지도일군들은 관점을 바로세우고 선전선동부 해당 과의 지도도 잘 받아야 하겠습니다".
3) 조선중앙통신사, 『조선중앙연감 1949.9~1950.6』, 1952, 389쪽, "우수한 예술가들로 구성된 이동 예술단들은 공장, 광산, 농촌, 어촌 및 산간벽지까지 다니며 근로인민들의 건설적 의욕을 더욱 고무하여 애국주의적인 생활정서를 배양하였다".
4) 위의 책, 같은 쪽, "민족무용의 창조와 신인육성에 대한 기여를 그 목적으로 하는 국립예술극장 무용단 사업의 방조를 위하여…… 최승희 무용연구소를 중심으로한 공화국의 젊은 무용인재들로써 구성된 방쏘 예술단의 무용공연은 또한 적지 않은 성과를 거두었다".
5) 조선중앙통신사, 『조선중앙연감 1954~1955』(상), 1954, 461쪽, "무대예술: 한편 전후 현실 조건과 무대 예술공연의 정상적 발전에 따라 국립 고전 예술 극장의 창립과 또한 각 예술단체들이 적절하게 정비 개편되었다. 즉 평양 시립 극장을 해산하고 그 력량을 개성 시립 극장에 편입하였으며 개성 이동 예술대를 더욱 확장 강화하였다. 또한 농민 예술단을 해산하고 그 력량을 로동자 예술단에 편입시키는 동시에 로동자 예술단의 기구를 확장하고 전후 복구 건설에 궐기한 생산 직장들에 대한 예술의 침투를 강화하였으며 인민군 예술 극장과 교통성 예술극장(당시 철도성 예술극장)의 연극부를 해산하고 그 력량을 각 극장에 편입시켰다. 한편 각 도립 이동 예술대와 도립 극장을 합동함으로써 지방 극장들의 연극, 음악 및 무용동작 장르의 력량을 강화하였다".

전후복구건설시기에 예술단들은 공장이나 건설현장에서 노동력을 고취하는 활동을 위해서도 필요하였다. 전문예술인들로 이루어진 이동예술대의 활동을 강화하면서, 예술인력 교육을 시작하였다. 본격적으로 전문예술인들을 양성하기에 앞서 군중문화 시설을 확충하고 '써클지도자' 양성을 시작하였다. 1950년대 후반부터 본격적으로 시작된 '서클 지도자' 양성 사업이 시작되었다.6) 1960년 9월 1일부터 예술 각 대학에 써클지도자 양성을 위한 특별반과 지도자 양성소가 설치되었다. 예술지도자 양성사업은 1961년에는 각 도립 예술극장에서 운영하는 부설 써클지도자양성소에서는 1,000여 명의 음악, 무용, 연극 지도자들이 양성될 정도로 확대되었다.

예술 인력의 양성과 함께 지방의 예술단도 자리를 잡으면서 창작 공연을 비롯한 다양한 사업이 본격적으로 확대하기 시작하였다. 이에 대해 북한에서는 "중앙과 지방의 각 예술단 배우들과 각지 영화 보급 부문 일군들은 농촌에서의 기술, 문화, 사상 혁명의 촉진을 위하여 각지 협동 농장 작업반에 나가 공연 및 상영함으로써 농민들의 기술, 문화 사상, 사상 수준을 일층 높여 주는데 적극 이바지하였다."고 평가한다.7) 이동예술단 활동은 이후 본격적으로 예술인력 양성이 이루어지고, 인프라가 구축되면서 기동예술선동대 활동으로 전문화되었고, 써클지도자는 소조활동으로 이어졌다.

북한에서 전문예술인 교육체계가 갖추어지기 시작한 것은 1950년대로 평양에 주요 예술대학들이 세워지면서부터였다. 현재 북한의 예술인 양성기관은 크게 중앙과 지역으로 나누어진다. 중앙 교육 기관으로는 평양무용대학을 비롯하여 '주체미술의 발전과 창작을 위한 전문가' 양성 기관인 평양미술대학, 연극·영화·출판보도 분야의 인

---

6) 조선중앙통신사, 『조선중앙연감 1959』, 1959, 224쪽, "1958년말 현재 8,073개소의 민주선전실과 472개의 구락부들이 공화국 각지의 농업 협동 조합의 100여개의 써클을 담당 지도하고 있다. 1958년에 각 도(시)립 예술 극장에 조직되여 있는 상설 써클 지도자 양성 반에서는 1,500여명의 써클 지도자들을 양성하였다".

7) 조선중앙통신사, 『조선중앙연감 1955』, 1955, 179쪽.

재 양성 기관인 평양연극영화대학, 세계적 수준의 교예 배우를 양성하는 평양교예학교, 인민군협주단원을 양성하는 인민군예술학원이 있다.

지역별 예술기관의 설립은 문화예술 발전을 통해 근로 대중의 문화예술에 대한 인식을 제고하라는 김정일 국방위원장의 지시에 의해 추진되었다. 김정일 국방위원장이 지방의 문화예술 발전을 위해 각 도에 예술대학 설립을 지시함에 따라서 1976년 9월에 각도 예술학원(설립 시 명칭은 고등예술전문학교였으나 현장지도 시 예술학원으로 개칭함)이 세워졌다.[8] 북한의 각 도 예술대학으로는 '신의주예술대학', '혜산예술대학', '2·16 강계예술대학', '청진예술대학', '원산예술대학', '남포예술대학', '개성예술대학', '사리원예술대학' 등이 있다.

예술대학을 졸업하면 예술단이나 단체로 배속된다. 중앙예술대학 출신들은 중앙예술단이나 지방예술단 어디든지 갈 수 있다. 우수한 졸업생은 중앙예술단체에서 서로 뽑아가려고 한다. 예술단체 중에서는 만수대예술단이 가장 실력 있는 예술단체로 서로 가고 싶어 한다. 피바다가극단도 인기가 높다. 2000년 이후 주목받는 조선인민군협주단은 1990년대 초반까지만 해도 인기가 그리 높지 않았다고 한다.[9] 각 도에는 도예술단이 있는데, 중앙에서 먼저 인원을 배치하고 남는 자리를 각도예술학원 출신으로 배치한다. 도예술단 활동을 통해 경력을 쌓아야 중앙예술단체로 배치될 수 있다.[10]

---

8) 김정일, 앞의 책, 1997, 578~579쪽, "우리 당의 현명한 령도밑에 평양시와 각 도에 세워진 예술학원들은 재능있는 예술인과 예능교원을 키우기 위한 지방의 예술인후비양성기지이다. 예술학원에서는 물질기술적토대를 더 잘 꾸리고 교육사업을 끊임없이 개선강화하여 지방의 예술인과 예능교원의 수준을 더욱 높이며 음악예술인에 대한 늘어나는 수요를 자체로 원만히 충족시켜야 한다".
9) 2011년 5월 9일 박성진(음악연주자, 해금) 인터뷰.
10) 2011년 5월 11일 오영선(평양연극영화대학 졸업) 인터뷰.

2) 예술인력 선발

북한에서 예술교육은 "정치사상적으로 튼튼히 무장"되고, '특출한 재능과 높은 기량을 가진 인재'를 키우는 것이다. '정치사상적으로 준비된 혁명적인 예술인'으로 양성하여 '혁명적 세계관'을 바로 세우는 것이 그 목적이다.[11]

북한에서 예술인 선발은 엄격한 편이다. 특히 해외공연이나 유학의 기회가 많은 음악대학의 경우 어릴 때부터 재능 위주로 선발하여 영재교육을 통해 음악가로 양성한다. 음악대학의 경우에는 열 살을 전후하여 음악대학 간부과 교수들이 선발한다.[12] 예술대학 입학 인원은 시도별로 배정된다. 중앙과 지방 출신의 학생배율은 7:3 정도라고 한다. 예술대학 간부과 교수들은 이렇게 배정된 인원 안에서 선발한다. 어릴 때 버릇이 잘못 들면 고치기 힘들기 때문에 음악을 배우지 않은 학생을 선호한다.[13]

선발 기준은 출신성분, 재능, 신체적 조건을 주로 한다. 예술인들은 특히 해외공연이나 외국으로 나갈 기회가 많기 때문에 사전에 엄격한 출신 성분 조사를 한다.[14] 아무리 재능이 있어도 출신 성분이 좋지 않으면 예술인으로 선발될 수 없다.[15] 다음으로 평가하는 것은 재능이다. 박자감각이 있는가, 리듬감이 있는가를 본다. 다음으로는

---

[11] 張翼善, 「北韓音樂後備育成에 대한 硏究: 金正日의 『音樂藝術論』을 中心으로」, 『남북문화예술연구』 통권 제7권, 남북문화예술학회, 2010, 91쪽.
[12] 탈북예술인 인터뷰 조사에서 박성진(음악연주자, 해금) 씨는 열 살에 선발되었고, 김철웅 씨는 여덟 살에 선발되어서 22세까지 평양음악대학을 다녔다고 한다.
[13] 2011년 5월 9일 박성진(음악연주자, 해금) 인터뷰에 의하면 열 살 때 음악대학에 선발되었는데, 보통학교에 다니던 중에 음악대학 학생으로 선발되었다고 한다.
[14] 2011년 5월 9일 박성진(음악연주자, 해금) 인터뷰에 의하면 아버지의 고향이 남쪽인 마산이었고, 일본에서 귀국한 동포이기 때문에 기본적인 출신 성분이 좋지 않아 중앙예술단체로 진출하기 어려웠다고 한다.
[15] 영화촬영가의 경우에도 당성이 낮거나 사상 검증이 제대로 되지 않았다고 판단되면 영화축전 등을 관람할 수 없다고 한다. 2011년 5월 11일 오영선(평양연극영화대학 졸업) 인터뷰.

신체적 조건을 본다. 손가락이 긴지, 키는 큰지를 본다. 신체적 발달 정도를 확인하기 위하여 부모들의 신체적 조건도 직접 확인한다.16) 전공과목의 경우에도 신체적 조건을 보고 교수들이 전공을 정해주기도 한다.

해외유학은 북한의 경제여건에 따라서 차이가 큰데, 1986년부터 1989년 3년 사이에는 음악분야에서만 300~400명의 유학생을 파견하였다고 한다. 주로 동유럽으로 유학 가는데, 루마니아, 체코, 불가리, 독일, 러시아, 동독으로 유학을 갔다고 한다. 유학생들은 중학교 1학년부터 보내기 시작해서 대학교 1, 2학년까지 보낸다. 유학기간은 2~3년이며, 길어도 4년을 넘지 않는다. 한편 평양음악대학의 경우에는 중국, 에티오피아, 일본(조총련)에서 유학 오기도 한다.17)

반면 평양연극영화대학의 경우에는 대학진학에 맞추어 희망하는 학생들 중에서 선발한다. 예전에는 연극영화대학을 나오지 않고, 영화촬영소에서 운영하는 배우양성소를 통해 배우가 되기도 하였다. 하지만 연극영화 대학이 생기면서 배우양성소는 없어졌다.18) 중학교를 졸업하고 군대에서 기본 교육을 받고 대학으로 입학하기도 한다. 군대 내의 예술교육 기간에서 1년간 집중교육을 받은 경우에는 일반 예술전문대 졸업과 동등한 대우를 받는다.19)

3) 예술인 대우

북한 예술인들은 전업 예술가로서 활동할 수 없기 때문에 국공립 단체에 소속되어 예술단체 성원으로서 활동하며, 예술 활동 대가로

---

16) 2011년 5월 11일 김철웅(탈북피아니스트) 인터뷰.
17) 2011년 5월 11일 김철웅(탈북피아니스트) 인터뷰.
18) 2011년 5월 11일 오영선(평양연극영화대학 졸업) 인터뷰.
19) 2011년 5월 11일 오진하(평양연극영화대학 졸업) 인터뷰에 의하면 고등중학교 졸업 이후 군대에 입대하여 예술교육기관에서 1년 동안 집중교육을 받고 28세에 평양연극영화대학에 입학하였다고 한다.

국가로부터 급여를 받는다. 예술인들에 대한 대우는 당성과 능력에 따라 매겨진 급수에 따라 달라진다. 북한 예술인들은 직장에 배치되면 학력과 실력 정도에 따라서 급수를 받는다. 해당 전문분야 대학을 졸업한 자에게는 6급이 부여되며, 평양음악무용대학 우수 성적자나 지방예술학원 최우등 졸업자에게는 5급이 주어지고, 평양음악무용대학 졸업자중 최우등자에게는 4급이 부여된다. 일반 문예소조나 서클 활동을 통해 재능을 인정받았거나 음악무용학교 졸업자 가운데 연주자 자격은 있으나 낙제한 자이거나 정치학습 시험에 불합격한 자들에게는 급외, 즉 무급이 주어진다.

예술인들에게는 배우와 예술가 칭호가 붙는데, 예술가 칭호는 창조적인 일을 하는 사람들에게 붙는다. 연주가의 경우에는 배우로, 지휘자는 예술가로 분류한다. 배우보다는 예술가가 반급정도 높다. 급수의 승급은 3년 혹은 4년에 한 번씩 급수를 판정이 있다. 급수 판정은 전국에서 동시에 진행되는데, 지방예술단체는 중앙에서 파견되어서 심사를 한다. 3급 이상인 경우에는 국가에서 특별하게 관리하는 65호 공급대상자가 된다. 대체로 4급까지는 무난하게 승급을 하지만 3급은 우선공급대상자가 되기 때문에 기간이 오래 걸린다. 진급 조건은 여러 가지나 첫째, 수령과 당에 대한 충성심, 둘째, 업무 추진력과 실적, 셋째, 대중의 신망도와 도덕 점수가 중요하다.[20]

예술인들이나 예술대학은 정치학습이 강하다. 예술대학의 경우에는 정치학습이 매일 이루어진다. 아침 7시 30분에 출근하여 8시까지 청소를 하고, 30분씩 매일 정치학습 시간이 있다. 정치학습 시간에는 학습과 총화를 한다. 일반인들은 주간이나 월간단위로 총화를 하지만 예술인들은 2일 총화를 한다.[21]

북한에서 예술인들은 선망의 직업으로 인기가 높다. 일반인들에게도 작가나 예술가가 될 수 있는 길을 열어두고 있다. 소조 활동을 통

---

20) 2011년 5월 11일 오진하(평양연극영화대학 졸업) 인터뷰.
21) 2011년 5월 11일 김철웅(탈북피아니스트) 인터뷰.

해 우수한 아마추어 예술인들을 중앙무대로 진출할 수 있도록 배려하고 있다.22) 예술소조는 문예총 소속의 전문 작가, 예술인들과는 달리 공장, 기업소, 협동농장, 각급 학교, 인민군 등에 만들어져 있으며, 직업동맹, 사로청, 농근맹, 여맹 등의 지도 밑에 활동하는 비전문 작가, 예술인 내지 동호인 모임이라고 할 수 있다. 예술소조는 문학소조, 연극소조, 음악소조, 무용소조, 사진소조, 교예소조 등 장르에 따라 나누어진다. 보통 20명에서 30명 정도를 한 단위로 구성된다.

예술소조는 예술을 통한 인민의 교양과 사상학습에 그 목적이 있지만 기량이 뛰어난 경우에는 전문예술가로서 길을 열어 둔다. 문학에서는 문학통신원 제도와 전국적인 단위의 현상공모를 통해 전문작가로의 길을 열어두고 있다.23) 문학통신원 제도는 '현실에 밀착한 창작 활동을 통해 대중문학의 발전과 작가 후비' 양성을 목적으로 기량이 우수한 아마추어 작가를 전업작가로 양상하는 제도인데, 현역작가의 절반 이상이 문학통신원 출신에 달할 만큼 작가 등단의 중요한 경로이다.24)

예술가들의 현역은퇴 이후의 생활에 대해 탈북예술인들은 상반된 평가를 내린다. 음악인의 경우에는 은퇴를 잘 시키지 않고, 이런 저런 곳으로 배치하여 마지막까지 일을 하도록 한다고 한다.25) 반면

---

22) 김일성, 「군중예술을 더욱 발전시키자: 전국농촌예술소조축전참가자들과 한 담화, 1961년 3월 7일」, 『김일성저작집』 15, 조선로동당출판사, 1981, 52~53쪽, "이번 농촌예술소조축전에 참가한 예술소조원들가운데서 재능있고 전망성있는 동무들을 선발하여 음악대학을 비롯한 예술부문 학교들에 보내여 전문예술인으로 키우는 것이 좋겠습니다. 로동 속에서 단련되고 준비된 동무들을 대학에 보내면 훌륭한 예술인들로 자라날 것입니다".
23) 현상공모는 문학뿐만 아니라 음악분야에서도 이루어진다. 조선중앙통신사, 『조선중앙연감 1974』, 1974, 221쪽, "1973년 공화국창건 스물다섯돐을 맞이하여 음악가동맹 중앙위원회에서 조직진행한 신인음악작품현상모집사업에도 1,300여편의 음악작품들이 들어왔는데 그중에서 ≪주체의 태양솟은 내나라≫, ≪강반석어머님께 드리는 혁명군의 맹세≫를 비롯하여 우수한 군중가요작품들이 적지 않게 발표되었다".
24) 문학통신원 출신의 대표적인 작가로는 북한의 대표적인 단편작가 한웅빈, 노동자 출신 시인 김만영, 선반공 출신 작사가 류동호가 손꼽힌다. 「북한 작가의 産室.. 문학통신원제도」, ≪연합뉴스≫, 2005. 10. 21 참조.
25) 2011년 5월 11일 김철웅(탈북피아니스트) 인터뷰.

영화 분야의 경우에는 인민배우를 하더라도 은퇴한 이후에는 보장이 안 된다는 답변도 있다. 인민배우나 공훈배우가 숫자가 많기 때문에 일일이 보장할 수 없다는 것이다. 인민배우의 경우에는 1990년 초반 800원에서 900원을 받았는데, 이 액수는 사과 3개 정도를 살 수 있는 금액으로 법과 현실에서 차이가 크다고 대답하였다.[26]

3. 예술인 양성 기관: 예술대학

1) 김원균명칭 평양음악대학(구 평양음악무용대학)

(1) 평양음악무용대학시기

북한의 여러 음악학교 중에서 대표적인 대학이 김원균명칭평양음악대학(구 평양음악무용대학)이다. 평양음악무용대학은 원래 음악, 무용 분야의 전문가를 양성하는 기관이었다. 북한에는 모두 12개의 음악대학(예술학원)이 있는데, 여기서 배출된 음악인 대부분은 그 지역 예술계에서 활동한다. 드물게 평양에 진출하기도 한다. 하지만 평양음악무용대학 출신들이 주요 공연단체의 핵심적인 역할을 한다.[27]

평양음악무용대학은 1949년 3월 1일 내각결정 「대학제에 의한 국립음악학교 창설에 관한 결정」에 의해 창립된 5년제의 '국립음악학교'로부터 시작하였다. 국립음악학교는 본과(3년제), 연구부(2년제)로

---

26) 2011년 5월 11일 김철웅(탈북피아니스트) 인터뷰.
27) 김정일, 「음악무용소품창작에서 요구성을 높일데 대하여: 문학예술부문 책임일군들과 한 담화, 1978년 3월 22일」, 『김정일선집』 6, 조선로동당출판사, 1995, 61쪽, "예술인후비양성사업에서 평양음악무용대학은 매우 중요한 임무를 지니고있습니다. 음악무용대학은 예술인후비를 키워내는 ≪원종장≫입니다. 음악무용대학에서 세계적인 독창가, 독주가, 독무가들이 나와야 합니다. 우리 무대예술의 발전전도는 음악무용대학에서 예술인후비들을 어떻게 키워내는가 하는데 중요하게 달려있습니다. 당은 음악무용대학에 큰 기대를 걸고있습니다."

김원균명칭 평양음악대학 본관 및 음악당　　　김원균명칭 평양음악대학 기념관

출발하였다. 본과에는 민족음악학과, 성악학과, 기악학과, 작곡학과가 있었으며, 연구부에는 성악학과, 기악학과, 작곡학과를 두었다. 1952년 11월에 해주예술전문학교와 통폐합하면서 예과 2년, 학부 3년의 5년제 '평양음악대학'으로 확대되었다. 초기 음악대학은 민족기악의 발전이 주요 목표였다.28) 그 후 1969년 10월 22일 평양음악대학을 방문한 김일성 주석의 지시와 1970년대 김정일의 지시에 의해 '평양음악대학'과 '평양예술대학'이 통합되어 평양음악무용대학이라는 이름으로 운영되었다.29)

음악무용 분야의 최고 대학으로서 평양음악무용대학 졸업생들은 조선국립교향악단, 피바다가극단, 만수대예술단 등 중앙의 주요 공연예술단체에 배치된다. 만수대예술단 지휘자 김일진, 국립교향악단

---

28) 김일성, 「혁명적문학예술을 창작할데 대하여: 문학예술부문일군들앞에서 한 연설, 1964년 11월 7일」, 『김일성저작집』 18, 조선로동당출판사, 1982, 451~452쪽, "음악대학의 민족음악학부를 강화하고 민요와 민족악기를 전공하는 학생들을 더 많이 길러야 하겠습니다. 이리하여 우리의 민족음악을 현대화하며 우리 시대에 맞게 더욱 발전시키기 위하여 노력하여야 하겠습니다".

29) 김정일, 「영화예술교육사업에서 사회주의 교육학의 원리를 철저히 구현할데 대하여: 평양연극영화대학 교직원들앞에서 한 연설, 1971년 7월 8일」, 『김정일선집』 2, 조선로동당출판사, 1993, 290쪽, "지금 우리 나라에 연극영화대학, 음악대학, 미술대학, 예술대학 하여 예술부문 대학이 모두 4개 있습니다. 그런데 안무가와 무용가들을 키우는 학교를 왜 예술대학이라고 하는지 모르겠습니다. 예술이라는 말의 뜻도 모르는 사람들이 대학이름을 지은것 같습니다. 예술대학은 무용학교로 이름을 고쳐야 하겠습니다. 그리고 앞으로 예술대학을 음악대학에 합치는것이 좋겠습니다".

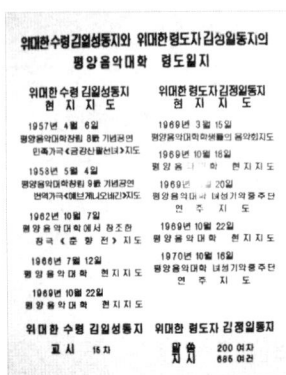 

김일성과 김정일의 현지지도 일자를 새긴 김원균명칭 평양음악대학 기념관의 전시판, 민족성악 수업장면

지휘자 한영상, 김호윤 등이 평양음악무용대학 출신이다.

평양음악무용대학 체제시기에는 8개 학부 35개 전공강좌(학과)를 두었다. 8개 학부는 성악, 민족기악, 양악기악, 무용, 작곡, 예비교육학부(인민반, 예비반), 특설학부와 학부생의 교양을 맡는 사회과학부 등으로 구성되어 있다. 교육과정은 전공에 따라 차이가 있다.

음악교육은 인민반으로부터 대학까지 인민반 4년, 예비반 3년, 전문부 3년, 대학 4년 등 모두 14년으로 구성되어 있으며, 무용교육은 예비반으로부터 대학까지 예비반 3년, 전문부 3년, 대학 2년의 8년 교육과정을 두고 있다. 학생 수는 1,300여 명 정도이다. 평양음악무용대학에는 학부과정과 함께 연구원과 연구생 과정의 대학원 과정이 설치되어 있다. 연구원은 음악무용이론을 연구하며, 연구생은 실기 분야의 대학원 과정으로 준박사(석사)와 박사로 구분된다.

평양음악무용대학은 북한을 대표하는 예술대학으로 최고지도자의 관심도 높았다. 북한의 주장에 의하면 2006년까지 김일성은 5차에 걸친 현지지도와 15차에 걸친 교시가 있었고, 김정일은 5차에 걸친 현지지도와 200여차의 '말씀'과 685여 건의 '지시'가 있었다.[30]

---

[30] 김일성의 현지지도는 '1957년 4월 6일 평양음악대학창립 8돐 기념공연 민족가극 〈금강산팔선녀〉 지도', '1958년 5월 4일 평양음악대학창립 9돐 기념공연 번역가극 〈예브게니

(2) 김원균명칭평양음악대학 시기

2006년 평양음악무용대학에서 성악, 기악, 작곡을 분리하여 음악대학으로 독립하면서 '김원균명칭 평양음악대학'으로 하였다. 2010년 2월 현재 학장은 리일남, 부학장 김학민이 맡고 있으며, 부설 주체음악연구소는 제1부소장 박정남 박사가 맡고 있다.

평양음악대학은 4년의 민족기악, 양악기악(2반), 성악(2반), 작곡 과정과 음향, 성악1년제 예비과, 작곡1년제 예비과, 작곡6개월, 재직반, 양성반 등을 운영하고 있다.31) 김원균명칭 평양음악대학 전시 자료에 의하면 4년으로 운영되던 성악과 기악이 5년으로 확대되었으며, 예비과도 6개월에서 1년 6개월로 강화되었다. 양성반은 교원양성반으로 각 시도에 있는 교원이나 교수 중에서 음악대학을 졸업하지 않은 사람을 대상으로 한다.32)

교양과목과 전공과목을 모두 배운다. 교양과목은 김일성 노작, 김정일 노작, 당정책 등의 정치과목이 있다. 전공과목은 교육기간이 길기 때문에 전공과 관련한 과목은 다 배운다. 음악대학의 경우에는 전공과목으로는 음악이론으로 화성악, 시창청음, 대위법, 악기편성법, 조율법 등을 배우고, 전공과목을 배운다. 음악이론은 저학년에서는 시창청음이나 악전을 주로 하다가 고학년이 되면서 화성악 등을 배운다. 피아노의 경우에는 앉아서 피아노를 치면 신체적인 불균형이 올 수 있다고 해서 무용도 배운다. 민족장단도 배운다. 음악대학의 민족장단은 교양으로 배우다가 전공과목으로 정식강좌로 개설되었

오네긴〉지도', '1962년 10월 7일 평양음악대학에서 창조한 창극 〈춘향전〉 지도', '1966년 7월 12일 평양음악대학 현지지도', '1969년 10월 22일 평양음악대학 현지지도'가 있다. 김정일의 현지지도로는 '1969년 3월 15일 평양음악대학학생들의 음악회지도', '1969년 10월 18일 평양음악대학 현지지도', '1969년 10월 20일 평양음악대학 녀성기악중주단 현지지도', '1969년 10월 22일 평양음악대학 현지지도', '1970년 10월 16일 평양음악대학 녀성기악중주단 연주지도', '2006년 5월 9일 현지지도'가 있다.

31) 2007년 김원균명칭 평양음악대학 방문 시 강의 시간표를 근거로 한 것임.
32) 2011년 5월 11일 김철웅(탈북피아니스트) 인터뷰.

다. 외국어 과목도 있다.

교수요원은 거의 다 해외유학파들이며, 러시아에서 파견한 교수도 있다. 러시아에서 파견된 교수들을 국제콩쿨을 준비하는 하는 학생이나 재능 있는 학생들로 구성된 특별반 수업을 담당한다.

전공을 마치면 졸업시험을 본다. 성악의 경우에는 졸업시험에서 지정곡과 자유곡을 독창한다. 학생들은 5대 혁명가극에서 나오는 노래와 민요, 외국노래를 배운다. 학년별로 배우는 노래는 다음과 같다.33)

	1학년	2학년	3학년	4학년
가요	〈김일성장군의 노래〉, 〈김정일장군의 노래〉, 〈애국가〉, 〈인민공화국 선포의 노래〉, 〈조국의 품〉, 〈나의 어머니〉, 〈축복의 노래〉, 〈누가 나에게 가르쳤던가〉, 〈구름없어 그리운 장군별님께〉, 〈당신이 없으면 조국도 없다〉, 〈우리는 맹세한다〉, 〈수령님은 영원이 우리와 함께 계시네〉, 〈세상에 부럼없어라〉	〈밭갈이 노래〉, 〈포전길 걸을 때면〉, 〈말해주리 병사의 사람들〉, 〈충성의 노래〉, 〈황금나무 능금나무 산에 심었소〉, 〈동지애의 노래〉, 〈우리는 하나〉, 〈인민들은 수령을 노래합니다〉, 〈나의 사랑〉, 〈나의 노래〉, 〈눈이 내린다〉, 〈샘물터에서〉, 〈여성의 노래〉	〈내 나라의 푸른 하늘〉, 〈승리의 5월〉, 〈하얀 서리꽃〉, 〈정일봉에 안개 흐르네〉, 〈우리는 빈터우에서 시작하였네〉, 〈조선아 너를 빛내리〉, 〈천리마선구자의 노래〉, 〈내가 지켜선 조국〉, 〈결전의 길로〉, 〈우리는 천리마 타고 달린다〉, 〈만경대의 노래〉, 〈문경고개〉	〈김일성원수께 드리는 노래〉, 〈눈꽃이 핀 고향집〉, 〈병사는 벼이삭 설레이는 소리를 듣네〉, 〈봄을 먼저 알리는 꽃이 되리라〉, 〈노래하라 만경대 갈림길이여〉, 〈못잊을 삼일포의 노래〉, 〈산으로 바다로 가자〉, 〈사회주의 락원일세〉, 〈그보다 정다운줄 나는 몰라라〉, 〈축복받은 나의 삶〉, 〈번영하라 조국이여〉, 〈압록강2천리〉
민요	〈그이 오신날〉, 〈오직 한마음〉, 〈강성부흥아리랑〉, 〈끝없는 이 행복 노래부르네〉, 〈그 언제나 마음이 든든합니다〉	〈먼저 찾아요〉, 〈대홍단 삼천리〉, 〈군민아리랑〉, 〈일심단결 닐리리〉, 〈김일성장군님은 우리의 태양〉	〈얼룩소야 어서 가자〉, 〈선군닐리리〉, 〈영변의 비단 처녀〉, 〈도라지〉, 〈신고산타령〉	〈그네뛰는 처녀〉, 〈매봉산의 노래〉, 〈양산도〉, 〈룡강타령〉, 〈돈돌라리〉
계몽기 가요	〈고향하늘〉	〈봉선화〉	〈락화유수〉	〈눈물젖은 두만강〉
혁명가요	〈녀성해방가〉, 〈반일전가〉	〈적기가〉, 〈즐거운 무도곡〉	〈혁명가〉, 〈유격대행진곡〉	사향가
혁명가극 주제가	혁명가극 〈피바다〉 중에서 〈우리 말아 울남아〉, 〈소쩍새야〉, 혁명가극 〈꽃파는 처녀〉 중에서 〈꽃파는 처녀〉, 〈해마다 봄이 오면〉, 〈험난한 풍파넘어 다시 만나네〉, 혁명가극	혁명가극 〈피바다〉 중에서 〈조용하던 우리 마을이 산속에도〉, 〈혁명의 한 길에서 싸워가리라〉, 〈토벌가〉, 혁명가극 〈꽃파는 처녀〉 중에서 〈고향떠나 700리〉, 〈사랑하는 오빠와 우리 삼형제〉,	혁명가극 〈피바다〉 중에서 〈피바다가〉, 〈가난한 살림에도 살뜰한 정 오고 가네〉, 〈광복의 새날 안고 돌아오리라〉, 혁명가극 〈꽃파는 처녀〉 중에서 〈리별의 시각은 다가 오는데〉, 〈검은 구름 몰려	혁명가극 〈피바다〉 중에서 〈일편단심 붉은 마음 간직합니다〉, 〈비가 오나 눈이 오나〉, 혁명가극 〈꽃파는 처녀〉 중에서 〈달아달아 처량하게 밝은 저 달아〉, 〈꽃보다도 네 마음이 더욱 곱구나〉,

---

33) 국내에서는 북한의 음악교육 과정에서 어떤 노래들이 불려지는지 알려진 바 없다. 연구자가 2007년 김원균명칭 평양음악대학을 방문하였을 때 게시판에 붙어 있던 안내공고문 (28쪽 사진)을 근거로 국내에서 처음으로 공개하는 것이다.

	〈밀림아 이야기하라〉 중에서 홀로 핀 진달래〉, 〈내 어이 잊으랴〉, 혁명가극 〈당의 참된 딸〉 중에서 〈어디에 계십니까 그리운 장군님〉, 혁명가극 〈금강산의 노래〉 중에서 〈수령님 해빛아래 세 상을 꽃펴〉, 혁명가극 〈한 자위단원의 운명〉 중에서 〈꽃피는 이 봄날에〉	〈언제부터 이땅우에 머슴생겼나〉, 혁명가극 〈밀림아 이야기하라〉 중에서 꽃늪가(?)〉, 〈마음은 장군님 곁에〉, 혁명가극 〈당의 참된 딸〉 중에서 〈아. 당원이란 어떤 사람들인가〉, 혁명가극 〈금강산의 노래〉 중에서 〈경치도 좋지만 살기도 좋네〉, 〈금강산의 노래〉 혁명가극 〈한 자위단원의 운명〉 중에서 〈가련한 신세〉	오고 번개치는데〉, 혁명가극 〈밀림아 이야기하라〉 중에서 혁명하는 길에서는 살아도 죽어도 영광이라네〉, 혁명가극 〈당의 참된 딸〉 중에서 〈삼천강 푸른 물결아〉, 혁명가극 〈금강산의 노래〉 중에서 〈달빛 밝은 이 밤에〉, 〈금강산에 선녀들이 내린다 하지만〉 혁명가극 〈한 자위단원의 운명〉 중에서 〈가난한 사람에겐 봄도 없는가〉	혁명가극 〈밀림아 이야기하라〉 중에서 〈설레이는 밀림아 이야기하라〉, 혁명가극 〈당의 참된 딸〉 중에서 〈수령님 품속에서 영생하리라〉, 혁명가극 〈금강산의 노래〉 중에서 〈금강산아 말을 하여라〉 혁명가극 〈한 자위단원의 운명〉 중에서 〈머슴의 아들은 아들아닌가〉
외국노래	중국노래	〈난 니완〉, 〈홍호의 물결〉, 〈나는 중국을 사랑한다〉, 〈베이징에 노래를 드리노라〉, 〈중국군인〉, 〈중국인민지원군가〉, 〈바다는 나의 고향〉, 〈나의 조국〉		
	러시아노래	〈정의의 싸움〉, 〈로씨야〉, 〈어머니 책망마오〉, 〈모스크바 교외의 밤〉, 〈푸른 수건〉, 〈군항의 밤〉		
	이딸리아노래	〈싼 따루치아〉, 〈돌아오라 쏘렌토로〉, 〈카타리〉, 〈오 나의 태양〉		

1학년부터 4학년까지 매 학년마다 계몽기 가요 한 곡씩 배치하여 〈고향하늘〉, 〈봉선화〉, 〈락화유수〉, 〈눈물적은 두만강〉의 가요를 배운다. 또한 각 학년별로 5대 혁명가극인 〈피바다〉, 〈꽃파는 처녀〉, 〈밀림아 이야기하라〉, 〈당의 참된 딸〉, 〈금강산의 노래〉의 주제가를 반드시 한 곡 이상을 배우도록 한 것도 특징이다.

2010년에는 합창학과가 생겼다. 2010년 4월 12일자 ≪조선신보≫는 "김원균명칭 평양음악대학에 합창가수 후비 양성을 위한 합창학과가 새로 나왔다."고 보도하였다. 이와 관련하여 "김학민 부학장(47살, 부교수)은 새 학과의 발족으로 나라의 합창예술 발전에서 획기적 진전이 이룩되게 될 것"이라고 말했으며, "합창학과에서는 학생들에게 조선음악의 발전과정에 합창부문에서 이룩된 성과들과 함께 외국 성악 쌈블 작품들에 관한 전면적인 교육을 주게 된다."고 보도하였다.[34] 합창학과의 신설은 김정일의 음악정치가 강조되는 시점에서 '선군시대 나팔수'로 불리는 국가공훈합창단이 조선인민군협주단에서 별도의 독립된 예술단체로 활동이 강화된 것과 연관된 것으로 보

---

34) 「음악예술 후비들의 판정 무대: 평양음대 전공졸업시험」, ≪조선신보≫, 2010. 4. 12.

김원균명칭 평양음악대학 강의 안내 모니터   수업에 배울 노래를 게시한 안내문

인다.

학생과 관련한 정보는 2010년 2월 공연된 러시아 가극 〈예브게니 오네긴〉의 주인공인 문명삼과 함선희를 소개한 ≪조선신보≫의 2010년 2월 22일자 기사를 참고하여 일면을 엿볼 수 있다.

가극 〈예브게니 오네긴〉에서 주인공 오네긴 역을 담당한 문명삼 학생 (39살)은 과거에도 가극의 무대에 선 바 있다. 35살까지 전문예술단에 소속된 그는 조선의 5대혁명가극의 하나인 혁명가극 〈당의 참된 딸〉에서 식물학자역을 맡았다.

가극 〈예브게니 오네긴〉에서 따찌야나 역을 맡은 함선희 학생은 관객들의 이목을 끄는 출연자의 한 사람이다. 김원균 명칭 평양음악대학 독연가 재교육반에서 배우는 그는 올해 22살이다. 남포시 남홍중학교 조기 성악반을 거쳐 대학에 입학하였다.

성악학부에서는 벨칸토 창법을 기본으로 하여 서양음악과 민요 발성법이 커리큘럼으로 구성되어 있다. 특설학부는 국제대회 참가를 앞둔 학생이나 수재를 해마다 두 번씩 선발하여 특별교육을 시키는 학부로서 교수와 학생이 1 대 1 수업 체계를 갖추고 있다. 정규 교육과정과 별도로 재교육과 통신교육 체계도 갖추어져 있다.

2010년에는 러시아 차이콥스키 모스크바국립음악대학과 교육 및 문화 분야의 교류와 협조에 관한 합의서를 체결하였다.35)

김원균명칭 평양음악대학은 북한 음악계에서는 절대적인 위치를 차지한다. 최근의 활동으로는 2010년에는 북·러 친선, 선린 및 협조에 관한 조약 체결 10주년을 맞아 러시아의 고전 오페라(가극)인 〈예브게니 오네긴〉을 재창조하여 교내 음악당에서 공연이 있다. 김정일 국방위원장은 2월 5일 평양음악대학을 방문하여 러시아 가극 〈예브게니 오네긴〉 공연을 관람하였고, 공연이 끝난 후 2월 13일 북한 최고인민회의 상임위원회에서는 가극 〈예브게니 오네긴〉 관계자들에 대한 표창을 실시하였다.36)

최근 북한에서 선풍적인 인기를 모으고 있는 삼지연 악단에서도 김원균명칭 평양음악대학 졸업생들이 배치된 것으로 알려져 있다. 북한의 월간 화보 『조선』 2010년 1호에서 '삼지연악단'을 소개하면서 "악단의 연주가, 창작가들은 거의 20대, 30대의 전도가 양양한 예술인들이다. 삼지연악단은 태여난 지 1년 밖에 되지 않지만 국내외 예술콩클 수상자들과 김원균명칭 평양음악대학을 졸업한 우수한 예술인들이 중진을 이루고 있는 것으로 하여 예술 발전의 큰 걸음을 내짚을 수 있는 토대가 마련되여 있다."고 소개하였다.

한편 2006년 김원균명칭 평양음악대학이 설립되면서 대동강 옆에 새로운 교사를 준공하면서 음악교육과 무용교육이 분리되었다.37) 무용부문은 평양음악무용학원에서 교육을 하다가 2008년부터 아예 독립하여 무용대학을 설립하여 운영하고 있다.

---

35) 「김원균명칭 평양음악대학과 로씨야 챠이꼽스끼명칭 모스크바 국립음악대학 사이의 교류와 협조에 관한 합의서 조인」, 《로동신문》, 2010. 3. 16.
36) 「가극 〈예브게니 오네긴〉 창조성원들을 표창」, 《로동신문》, 2010. 2. 15.
37) 새로 설립한 무용대학 교사는 발레교육전공교사, 발레극장, 종합강의실, 무용훈련실, 체육관, 기숙사를 새로 세웠다. 특히 음악무용대학시 음악당이었던 건물은 완전히 허물고 종합적으로 재건축하여 발레극장으로 재건하였다. 이에 대해서는 「평양무용대학에 국내 첫 발레극장 건설중: 국내외 공연도 보장」, 《조선신보》, 2010. 2. 22 참조.

2) 평양미술대학

평양미술대학은 주체미술의 발전과 창작을 위한 미술 전문가를 키워 내는 대표적인 미술교육기관이다. 평양미술대학은 주체미술 발전의 요구에 맞게 교수교양사업을 강화하여 능력 있는 미술 전문가들을 양성하는 것을 사명으로 하고 있다. 특히 조선화 연구와 창작 보급에 중점을 두고 있다. 평양미술대학은 조선화의 민족적 특성을 올바르게 계승 발전시킨다는 방침에 따라, 조선화 교육을 강화하면서 미술 모든 분야에서 조선화의 회화적 특성을 도입하기 위한 연구사업과 교수사업을 활발하게 진행하고 있다.

평양미술대학의 설립 목표와 방향은 북한의 전후 복구 건설 시기에 김일성의 교시를 통해 북한 미술의 방향을 결정하였는데, 1954년 8월 6일 평양미술대학 전람회와 1954년 8월 16일을 통해 미술가들의 역할과 임무에 대해 강조하면서 "사회주의 민족미술 건설에서 미술대학이 수행해야 할 임무와 교수교양 방향"을 직접 지도하였다.

김일성이 말한 평양미술대학의 방향은 다음과 같다. ① 주체를 세우기 위해서는 조선화를 토대로 하여 미술을 발전시켜야 한다. 이를 위해 조선화과를 확정하고 조선화 교육 사업을 강화해야 한다. ② 미술에서 민족적 특성을 구현해야 한다. ③ 당과 혁명에 이바지하는 미술 인재들을 키우는 교수사업을 강화하며, 교원들의 정치 실무 수준을 높여야 한다. ④ 대학생들에게 화구, 학용품을 충분히 보장해 주고, 대학의 물질적 토대를 꾸려야 한다. ⑤ 미술을 대중화시키는 문제 등으로 북한 미술의 방향을 결정하는 것이었다.

평양시 동대원 구역에 위치한 북한 최초의 미술대학인 평양미술대학은 1947년 9월 16일에 세워진 평양미술전문학교를 전신으로 한다. 평양미술대학전문학교가 1949년에 대학으로 승격하였고 1952년 10월 평양미술대학으로 확대·개편되었다.

교육과정은 전문부 3년, 대학 4년 6개월, 박사원 과정으로 이루어져 있다. 조선화, 회화, 조각, 공예, 산업미술, 기초교육학부의 6개 학부를 두고 있으며, 전문 학과로는 조선화, 서예, 유화, 출판화(인쇄), 벽화, 영화 및 무대 미술, 조각, 미술 이론, 도자기, 유리 공예, 나무, 옻칠 공예, 금속 공예, 수예, 방직, 의상 미술, 공업 미술, 상업 미술 등 20여 개의 전문학과와 30여 개의 전문강좌가 있다. 별도의 박사원 과정이 있으며, 부속기구로 주체미술연구소, 김일성동지혁명사상연구실, 미술관, 도서관, 작품창작실, 실습공장 등이 있다.

평양미술대학은 이후 김정일 국방위원장의 지도 아래 북한의 '주체 문예사상'을 지침으로 '피바다'식 가극 무대미술 이론을 비롯하여 미술 전문가 육성에 필요한 교재와 참고서를 발간하기도 한다. 또한 미술의 기초인 실기 교육을 위한 연필소묘 방법의 창안과 돌조각·나무조각을 이용한 기법의 창안, '대기념비조각창작'에 대한 방법과 기법 연구 등의 연구성과도 있다. 평양미술대학은 통신교육체계와 미술교원양성체계를 갖추고 있어, 명실상부한 북한 미술 교육의 핵심 교육기관이라고 할 수 있다.

북한에서는 평양미술대학 졸업생들이 주체미술 발전의 주력이 되었다고 선전하는데, 북한의 대표적 기념비적 조각인 만수대대기념비를 비롯하여 전국 도처에 산재한 김일성 주석을 형상한 미술작품, 현대적인 건축물의 벽화들, '피바다'식 가극무대 미술 창작에서 핵심적인 역할을 수행하고 있다.

평양미술대학은 북한의 민족미술 인재 양성과 과학 연구사업에서 큰 성과를 이룩한 공로를 인정받아 창립 20돌과 30돌에 즈음하여 두 차례에 걸쳐 국기훈장 제1급을 수여 받았으며, 1997년 50돌을 맞이하여 '평양미술대학 창립 50주년 기념보고회'를 성대히 개최하여 성과를 과시하기도 하였다. 1997년 10월 5일에 길이 31.5m, 높이 4.6m 크기의 백두산 3대장군 교시말씀판이 건립되어 있다.

3) 평양연극영화대학

평양연극영화대학은 1953년 11월 1일 평양종합예술학교로 시작하였다가 1959년에 평양연극영화대학으로 개편하였다. 이후 영화에 대한 중요성이 높아지면서 1972년에 평양영화대학으로 개편하였다가 1989년에 다시 평양연극영화대학으로 개명하였다. 연극영화대학에서 영화대학으로 개명한 것은 영화가 연극에 비하여 홀대받고 있다는 인식 때문으로 알려져 있다. 김일성 유일체제가 강화되면서 영화의 비중이 높아졌는데, 연극영화대학에서는 연극교육을 위주로 하면서 영화교육을 소홀히 하고 있다는 판단 때문이었다.[38]

평양 연극영화대학은 정확하게 연예인이라기보다는 연극이나 영화와 관련 전문인을 양성하는 연극, 영화인들의 요람이다. 학생 수는 500명 정도로 알려져 있다. 영화촬영소에서 배우수업을 받기도 하지만 북한에서 영화인들은 평양연극영화대학 출신들이다.[39]

남이나 북이나 스타가 된다는 것은 하늘의 별따기처럼 어려운 일

---

[38] 김정일, 앞의 글, 1993, 272쪽, "당에서는 문학예술가운데서 영화예술을 앞에 내세우고 장려하고있는데 연극영화대학에서는 영화교육을 홀시하고있습니다. 지난날 연극영화대학에서 연극교육을 위주로 하고 영화교육을 홀시한것은 문학예술을 발전시키는데서 우리 당이 일관하게 견지하고있는 기본방침과 어긋납니다. 위대한 수령님께서는 문학예술부문에서 영화예술이 제일 중요한 자리를 차지하고있다고 교시하시였습니다. 영화예술은 우리 당의 위력한 선전수단으로서 혁명투쟁과 건설사업에서 커다란 역할을 하고있으며 전반적문학예술발전에서 매우 중요한 자리를 차지하고있습니다. 그렇기때문에 당에서는 문학예술을 발전시키는데서 영화예술을 중심고리로 틀어쥐고 거기에 힘을 집중하고있는것입니다. 당에서는 지금 연극에 대하여 별로 큰 기대를 걸지 않습니다. 영화에 출연한 배우들속에서 신파잔재가 나오는것을 보면 대체로 연극배우를 하던 사람들입니다. 사실 지금의 연극은 18~19세기의 예술로서 이제는 낡았습니다. 오늘 연극예술앞에는 지난날의 낡은 틀을 대담하게 마스고 주체시대의 요구에 맞는 새형의 혁명연극을 창조하여야 할 과업이 나서고있습니다. 그런것만큼 연극영화대학에 낡은 연극을 배워주는 전문학부를 둘 필요가 없습니다".

[39] 김정일, 위의 글, 275쪽, "예술영화촬영소들에서 운영하고있는 배우양성반에만 매달릴수도 없습니다. 배우양성반에서는 교육기일이 짧기때문에 사상예술적으로 준비된 전망성있는 영화배우를 키우기 어렵습니다. 배우양성반을 나온 배우들은 전문교육과정을 체계적으로 거치지 못하였기때문에 한두번은 영화에 출연하여 역을 잘 형상할수 있지만 그다음부터는 더 발전하지 못합니다. 배우양성반은 빨리 늘어나는 영화배우에 대한 수요를 보장하기 위하여 내온것이지 재능있는 배우들을 키워내기 위하여 내온것은 아닙니다".

이다. 영화배우로 발탁된 경우에도 반드시 연기수업을 받아야 한다.40) 영화인들이 선망 받는 전문 직업으로 인기가 높다보니 경쟁률도 매우 높은 편이다. 평양연극영화대학의 경우 평균입시 경쟁률은 100대 1을 넘는 것으로 알려져 왔다. 그러나 평양연극영화대학 출신 탈북자 면담에 의하면 인기도는 시대에 따라서 차이가 큰 것 같다. 1970년대에는 영화대학이 그렇게 인기가 높지 않았다고 한다.41) 반면 1990년에는 최고 인기의 대학으로 국제관계대학보다 인기가 높았다고 한다. 1990년대는 당선전선동부 부장이 입학자 개개인에 대해서 서명을 해야 할 정도로 인기가 높았다고 한다.42)

평양연극영화대학의 학부는 영화학부, 연극학부, 출판 및 보도학부로 구성되어 있는데, 학부 4년, 전문부가 3년 과정으로 구성되어 있다. 영화창작 학부는 촬영가, 이론가를 비롯한 창작부문 인력 양성을 목적으로 이론교육과 실기교육을 한다. 영화배우학부는 배우, 방송원을 양성한다. 영화기술학부는 영화부문의 전문 기술 인력들을 양성한다. 이 외에 기초교육학부가 있다.

탈북자의 증언에 의하면 영화대학에서는 본과에 들어가기 전 4년간의 중고등학교 과정으로 전문부를 두고 전문연기자를 양성하였다

---

40) 다른 직업을 갖고 있다가 영화배우로 발탁되는 경우도 있다. 북한의 대표적인 스타 배우였던 오미란은 평양예술단의 무용배우로 예술가 생활을 시작하다 아름다운 몸매와 밝은 인상으로 영화 〈축포가 오른다〉에 캐스팅되면서 배우로서 길을 걸었다. 2000년 이후 가장 많은 영화의 주인공을 맡은 배우 리영호는 김일성종합대학교 학생시절 영화 〈홍길동〉에 발탁되면서 스타덤에 오른 이후 짙은 눈썹과 매력적인 미소로 청중의 사랑을 받고 있다. 이외에도 인기배우 김연화, 장선희, 홍영희, 김용린 등은 이런 어려운 과정을 뚫고 스타반열에 오른 배우들이다. 〈살아 있는 령혼들〉의 주인공 김연화는 철도국 체육단 소속의 농구선수였다가 공개 오디션을 통해 선발되어 배우양성소에서 본격적인 연기를 배운 다음 배우로 활동하고 있다. 〈춘향전〉의 주인공으로 청순한 외모로 사랑받는 장선희는 순안공항 접대원이었다가 신상옥 감독에게 발탁되어 배우로 활동하게 되었다. 16세에 영화 〈꽃파는 처녀〉의 주인공으로 발탁되어 북한 지폐 도안에도 올랐던 홍영희는 공장선반공으로 일하다가 발탁된 케이스이다. 국민아버지로 꾸준한 인기를 누린 인민배우 김용린은 탄광 굴진공, 벌목공으로 일하다가 뒤늦게 연극영화대학에 입학하여 배우로 활동하기 시작하였다.
41) 2011년 5월 11일 오영선(평양연극영화대학 출신) 인터뷰.
42) 2011년 5월 11일 오진하(평양연극영화대학 졸업) 인터뷰.

고 한다.43) 짐작컨대 영화촬영소의 배우양성소를 대체한 것으로 판단된다. 이들 학부에는 영화문학창작과, 영화연출과, 텔레비전 연출과, 영화촬영과, 영화배우과, 영화이론과, 영화녹음과, 필름현상과 등 영화예술관련 학과, 영화기술 관련 학과, 방송·사진을 비롯한 출판보도 관련 학과와 강좌들이 구성되어 있었다고 한다.

이러한 학과 구성은 이후 몇 차례 조정되었다. 탈북자 면접에 의하면 영화문학가 양성 사업은 초기 김일성종합대학 조선어문학부 창작학과에서 이루어졌다. 이후 영화문학가 양성사업을 연극영화대학에서 담당하였다.44) 하지만 탈북자 증언에 의하면 영화문학창작과는 연극영화대학에서 분리되어 4·15문학창작단에서 전담하였고, 학과도 이론과, 촬영과, 연출과로 축소되었다고 한다.45) 사진보도반은 1987년에 폐과되고, 인쇄공업대학으로 이전되었고, 1991년에는 영화이론, 연출창작, 배우, 화술(방송)학부가 있었다고 한다.46)

또한 박사원 과정이 설치되어 있으며, 부설기관으로 영화예술이론연구소가 있다. 재직간부양성 및 통신교육체계를 갖추고 있다. 부대시설로 또한 녹음실, 영화편집실, 필름현상실, 표준영사실, 무대실기장, 방송실기장, 녹화실, 음악실, 미술실기실, 사진 촬영장 등의 시설

---

43) 2011년 5월 11일 오진하(평양연극영화대학 졸업) 인터뷰.
44) 김정일, 앞의 글, 1993, 274쪽, "영화대학에 영화문학과를 내오면 김일성종합대학 조선어문학부 창작학과에 준 영화문학작가양성지표를 넘겨와야 합니다. 영화문학작가를 김일성종합대학에서 키우겠는가 영화대학에서 키우겠는가 하는 문제가 제기될수 있는데 일장일단이 있습니다. 영화문학작가를 김일성종합대학에서 키우면 문학수업은 잘할수 있지만 영화수업은 영화대학만큼 할수 없습니다. 영화문학작가를 영화대학에서 키우면 김일성종합대학에서처럼 문학수업을 잘할수 없을것입니다. 내 생각에는 영화문학이 어디까지나 영화를 위한 문학인것만큼 영화문학작가는 영화대학에서 키우는것이 좋을것 같습니다. 문제는 문학과 영화에 다같이 정통한 유능한 영화문학작가를 키워내는데 있습니다".
45) 2011년 5월 11일 오영선(평양연극영화대학 출신) 인터뷰. 1991년 평양연극영화대학 재학 시 학과는 영화예술론과(이론과), 연출과, 촬영과, 무대미술과였다고 한다. 촬영과의 경우에는 3개 학과로 100여 명의 학생이 있었고, 연출과는 1개 학습으로 30여 명 정도였다고 한다. 그리고 분장 양성학과가 따로 있다고 한다.
46) 2011년 5월 11일 오진하(평양연극영화대학 출신) 인터뷰. 인터뷰에 의하면서 각 학부의 인원수도 연출창작과의 경우 7명(교원 1인당 1명씩), 배우 41명, 영화이론은 중앙당 고위부 자녀가 주로 차지했으며 매번 변동이 있어 인원수 파악 불가하다고 하였다.

이 마련되어 있다.

과목은 공통으로 배우는 일반과목으로 8과목, 전문 분야별로 배우는 전공과목 4과목이 있다. 공통과목은 김일성혁명역사, 김정일혁명역사, 김일성 노작, 김정일 노작 등의 사상교양과목을 위주로 배운다. 전문과목은 영화발전(영화역사), 연출이론, 제작작행정, 제작실무로 이루어져 있다.47) 전공과목의 경우 교재의 90%가 러시아어로 이루어져 있다.48)

통신강좌도 개설되어 있다. 통신강좌는 현직에서 활동하고 있는 현역 영화인을 대상으로 한 수업으로 3년 기간으로 한 달에 몇 번씩 수업을 받는다고 한다.49)

평양연극영화대학에서 직접 영화를 창작하기도 한다. 청소년영화창작단은 원래 학생들의 실습교육을 목적으로 만들어진 창작단이었는데, 우수한 기량을 인정받으면서 1980년대 후반부터 본격적인 영화창작단체로 인정받아 공식으로 일반인을 대상으로 한 예술영화를 창작한다.

평양연극영화대학은 김정일 국방위원장이 1970년대 중반 '예술인재 양성기지로 발전시키'라는 교시에 따라 청소년영화창작단을 만들어 일찍부터 영화예술 후비대들로 하여금 영화 실무를 익히도록 하고 있다. 청소년영화창작단에서는 1997년 5월 31일 예술영화 〈학생민경대 앞으로〉를 창작하기도 하였다. 이외에도 예술영화 〈옥이〉, 〈봉선이와 원옥이〉, 〈산정의 처녀기사〉, 〈우리 영심이〉, 〈도시처녀 시집와요〉, 〈청춘대통로〉, 〈높이 나는 새〉 등이 평양연극영화대학 청소년영

---

47) 2011년 5월 11일 오영선(평양연극영화대학 출신) 인터뷰.
48) 영화실기 수업에 필요한 필름 양이 충분하지 못해서 실습에 어려움을 겪고 있다. 북한에서 자체로 생산되는 필름이 있지만 그 질이 사제 필름으로도 사용하기 어려울 정도로 저급하여서 사용할 수 없고, 영화촬영에 이용하는 필름은 100% 수입품이다. 촬영과의 경우 1년에 실습용 필름으로 300m짜리 1통이 제공되는 수준이어서 제대로 실기를 연습할 수 없었다고 한다. 부족한 필름은 학생들이 구해오는데, 간부 자제가 많아서 따로 구해왔다고 한다. 2011년 5월 11일 오영선(평양연극영화대학 출신) 인터뷰.
49) 2011년 5월 11일 오영선(평양연극영화대학 출신) 인터뷰.

화창작단의 작품이다. 영화 외에도 연극 〈대하는 흐른다〉, 장막시극 〈보통강의 서사시〉 등을 창작하여 호평을 받았다. 장막시극 〈보통강의 서사시〉는 인민상을 계관하기도 할 정도로 높은 평가를 받았다. 평양연극영화대학 청소년영화창작단은 연극영화계의 발전을 공로로 국기훈장 제1급을 수여받았다.

영화대학을 졸업하면 중앙당에서 관련 기관으로 배치한다. 가장 선호하는 곳은 조선기록영화촬영소이며, 다음은 조선4·26아동영화촬영소라고 한다. 조선기록영화촬영소는 현지지도 중심의 다큐멘터리 제작을 담당하므로 정치적 토대가 좋아야 한다. 일부 학생은 사회안전부나 보위부 등에 배치되어 내부 교육용 영화로 첩보영화를 제작하기도 한다.50)

4) 평양교예학교

교예는 서커스의 북한식 표현이다. 북한에서 교예가 차지하는 위상은 대단하다. 평양교예단이 세계대회에서 다수 입상하는 등 세계적인 수준을 자랑한다. 교예공연을 위한 전문극장인 평양교예극장을 비롯하여 인프라도 잘 갖추어져 있으며, 교예배우에 대한 사회적 평판도 높다. 북한에서 교예가 발전할 수 있게 된 것은 김일성 주석과 김정일 국방위원장의 관심에 힘입은 바 크다.

북한에서 교예학교가 세워진 것은 1950년으로, 처음에는 평양교예단의 부속 학교로 출발하였다. 출발당시 평양교예학교는 별도의 교예극장도 없었다. 그러다 "평양교예학교를 내오기는 하였으나 따로 내오지 않고 평양교예단에 배속시켜놓았기 때문에 교육수준이 응당한 높이에 이르지 못하고 있으며 배우들을 얼마 키워내지 못하고 있습니다. 평양교예학교를 지금처럼 평양교예단에 배속시켜두어서는

---

50) 2011년 5월 11일 오영선(평양연극영화대학 출신) 인터뷰.

교예배우문제를 풀 수 없습니다. 평양교예단에서 극장을 운영하면서 교예학교도 맡아보다보니 배우양성에 대하여서는 관심을 돌리지 못하고있습니다."라는 김정일 국방위원장의 지시에 따라 1972년 6월에 평양교예단에서 완전히 분리되어 별도의 기관으로 독립하였다.

김정일 국방위원장은 교예배우 양성에 많은 관심을 가진 것으로 알려져 있다. 김정일 국방위원장은 "교예배우후비선발사업은 걸릴것이 없습니다. 그전에는 사람들이 교예에 대한 옳은인식을 가지고 있지 못하였기 때문에 누구도 자기 자식에게 교예배우를 시키려고 하지 않았습니다. 정전 직후에만 하여도 사람들이 자기 자식들에게 교예배우를 시키지 않으려고 하기 때문에 고아원과 육아원을 찾아다니면서 고아들을 데려다 교예배우로 시켰습니다. 그런데 지금은 저마다 자기 자식들을 교예배우로 키워 달라고 하고 있습니다."고 하였는데 이것은 북한에서 교예가 매우 인기 있는 종목으로 자리 잡았다는 것과, 교예배우가 되는 것이 전망 있는 직업으로 인식되고 있다는 것을 보여준다.

평양교예학교의 교육은 6년 과정으로 전국 각지에서 12~13살 정도의 청소년 가운데 체육적 소질과 적당한 체격을 갖춘 학생을 선발하여 교예전문배우로 양성한다. 북한이 자랑하는 평양교예단의 배우 대부분이 평양교예학교 출신들이다. 북한에서는 평양교예학교와는 별도로 공장이나 기업소, 협동농장, 일반학교 등의 교예소조나 교예서클이 조직되어 있어, 평양교예단의 인민배우 김택성과 같이 자질이 있는 자들이 교예배우로 발탁되기도 한다.

5) 작가등단

북한에서 작가가 되는 일은 하늘에서 별 따기만큼 어렵다. 남한에서는 각종 언론사에서 시행하는 신춘문예를 비롯하여 전문 문예잡지의 수도 많고 다양하여 작가로서 등단의 기회가 많이 열려 있다. 반면 북한에서는 작품을 발표할 수 있는 기회와 발표 지면이 절대적으로 부족하다. 북한에서도 작가가 되기를 원하는 사람은 많지만 실제 작가로서 성공하는 사람은 극히 소수일 수밖에 없다. 그만큼 작가는 선망의 대상이며, 사회적 지위도 매우 높다.

북한에서 작가가 되는 길은 몇 가지 있지만 가장 일반적인 방법은 중앙에서 발간하는 출판물에 글을 싣는 것이다. 중앙에서 발간하는 잡지로는 조선작가동맹 중앙위원회 기관지인 『조선문학』, 예술전문 잡지인 『조선예술』, 대중종합 대중잡지 『천리마』, 청소년을 대상으로 한 잡지인 『청년문학』과 『아동문학』, 여성동맹 기관지인 『조선녀성』 등이 있다. 또한 조선노동당당기관지인 ≪노동신문≫, 내각 기관지인 ≪민주조선≫, 청년동맹 기관지인 ≪청년전위≫의 3대 신문이 중앙에서 발간하는 신문이다. 여기에 형식상으로는 지방지이지만 중앙지 역할을 하는 평양시 당위원회 기관지인 ≪평양신문≫ 등의 4개 신문이 중앙지에 해당한다.

중앙에서 발행하는 전국 단위인 이들 잡지나 신문에 시, 소설, 시나리오, 평론 등의 작품이 실리면 작가동맹의 인정을 받아 3년제의 전문 작가 양성소인 김형직 사범대학에서 작가수업을 받을 수 있게 된다. 그러나 이 같은 당이나 단체의 기관지에 신인의 글을 싣는다는 것은 응모자들 사이의 경쟁도 치열할 뿐만 아니라 수백 페이지에 달하는 남한의 잡지와 달리 북한의 잡지는 지면이 100여 면 내외에 불과하여 지면자체가 제한되어 있다. 이처럼 제한된 지면에 기성 작가도 아닌 작가 지망생의 글이 실린다는 것은 그야말로 특출하지 않으면 글을 싣는다는 것은 매우 어려운 일이다.

북한 내의 각종 기관이나 공장, 기업소, 군부대 등의 단위에서 보내온 작품들도 출판사에서 자체로 심사하여 수록 여부를 결정하는 것이 아니다. 출판사로 보내진 작품들은 전문가들로 구성된 국가심의위원회를 통하여 심사를 받아야 한다. 국가심의위원회는 작품을 놓고 작품의 질적인 면과 작가로서의 자질과 재능 등의 종합적인 검토를 통해 작품을 선별하며, 국가심의위원회를 통과한 작품은 다시 국가검열을 거쳐야 한다. 국가검열은 북한의 모든 출판물이 출판되기 위해서 반드시 거쳐야 하는 과정이다.

북한에서 검열은 모든 예술작품에서 반드시 창작의 전제가 되는 당성, 노동 계급성, 인민성의 문제와 당 정책의 수용과 관철에 대한 검증과정이다. 엄정한 심사과정을 거쳐야만 중앙단위 출판물에 글이 실릴 수 있고, 비로소 작가가 될 수 있는 자격이 주어지는 것이다. 글이 실리고 작가동맹의 추천을 받게 되면 3년 과정으로 전문작가를 양성하는 김형직사범대학 작가양성반에서 작가수업을 받을 수 있게 된다. 작가동맹에서는 국가심의위원회를 통과하려는 작가들을 돕고, 신진작가를 발굴하기 위하여 중앙과 지방에 '군중문학지도부'를 두고서 전문작가를 배치하여 문학지도를 하기도 한다.

전국단위 출판물이 실리는 경우 외에 작가가 될 수 있는 방법은 군중문학 현상공모에 입상하는 것이다.51) 작가동맹에서는 매년 김정일 국방위원장의 생일(2월 16일)을 비롯하여 주요 명절을 기해 기념행사의 하나로 시, 소설, 아동문학, 과학환상소설(공상과학소설), 극문학, 문학평론 등의 분야에서 군중문학 현상공모를 실시한다. 현상공모에 입상하면 '6·4문학상'이 수상되고 김일성종합대학교 문학대학 창작학부에 입학할 수 있는 특전이 주어진다. 또한 ≪소년신문≫, ≪새날≫과 잡지 『청년생활』, 『대학생』, 『새세대』 등을 비롯하여 금성청년출판사에서 간행하는 출판물에 3편 이상의 작품이 실리면 김일성종합대학교 창작학부에 입학할 수 있는 자격이 주어진다. 김일성종합대학 창작학부는 작가가 되는 정통 코스는 아니지만 이곳을 졸업하고 작품 활동을 통해 재능을 인정받아 작가동맹의 추천을 받고 등단할 수 있다.

---

51) 북한에서 인민을 대상으로 한 현상공모가 시작된 기록은 『조선중앙연감 1972』에서 확인할 수 있다. 조선중앙통신사, 『조선중앙연감 1972』, 1972, 343쪽, "혁명의 위대한 수령 김일성동지의 탄생 예순돐을 기념하여 작가동맹에서는 신인문학작품현상모집을, 영화문학창작사에서는 신인영화문학작품현상모집을, 연극인동맹에서는 신인극문학작품현상모집을, 음악가동맹에서는 신인음악작품현상모집을 진행하였다".

4. 예술인의 사회적 지위

　북한에서 작가나 예술가가 된다는 것은 최고 선망의 직업 가운데 하나이다. 작가나 배우가 인기 있는 것은 사회적 평판이 좋고, 대우가 좋기 때문이다. 그렇다고 해서 하루아침에 발탁되는 경우는 없다. 연기자의 경우에도 외모만 가지고 될 수 있는 것이 아니다.

　연기자가 되기 위해서는 연극영화대학을 나오거나 영화촬영소에서 운영하는 배우양성반을 거쳐야 한다. 배우가 되었다고 해도 출연을 보장받는 것은 아니다. 평균적으로 예술영화가 일 년에 20~30편 정도 만들어진다. 최근에는 제작편수가 더 많이 줄었다. 출연할 수 있는 영화 자체가 그리 많지 않다. 그러다 보니 신인을 캐스팅하기보다는 검증받은 배우들을 선호한다. 자연 북한의 인기배우 중에는 오랜 세월동안 꾸준한 연기로 사랑받는 원로배우들이 많다.

　예술인 양성기관을 졸업하고 예술인이 되면 예술단체에 배속되어 활동하게 된다. 북한의 예술인들은 등급이 있다. 2~3마다 평가를 받고, 등급심사에서 합격해야 한 등급씩 올라간다. 등급이 올라가면 생활비도 많아지고, 출연할 기회도 늘어난다. 우리에게 알려진 공훈배우나 인민배우는 예술계에서 십 수 년 이상 활동해야 받을 수 있는 칭호이다. 이러한 공훈 칭호는 사회적 기여도에 대한 국가적 차원의 배려로서 경제적 보상체제가 약한 북한으로서는 정신적인 가치를 인정하는 것이다. 특별히 높은 평가를 받은 작품이나 예술인에 대해서는 하사품이 있기는 하지만 남한처럼 영화의 흥행에 따른 부수적인 소득이나 광고수익 같은 경제적 보상이 뒤따르지 않는다.

　인민배우가 되면 장관급에 해당하는 대우를 받지만 장관급이라고 해서 특별하게 높은 것은 아니다. 특별한 공이 있는 경우에는 시계나 자동차, 아파트를 선물받기도 한다. 그러다 보니 자연 영화에 출연하기 위해서 치열한 경쟁이 벌어진다. 하지만 최근 북한 영화는 경제적인 여건이 어려워서인지, 영화창작 편수가 현저히 줄어서 출연 경쟁은 더욱 치열하다. 예술인들에 대한 복지가 제대로 이루어지지 않음으로써 일어나는 일탈 문제가 크다고 한다. 그리고 배우에 비하여 출연할 수 있는 작품이 제한되므로 캐스팅을 둘러싼 스캔들이나 캐스팅되기 어려운 나이든 배우들의 불법행위도 잦다고 한다.

　이상으로 살펴본 바와 같이 북한의 예술교육은 정치 사상적으로 튼튼히 무장된 주체형의 예술인들을 양성하여 주체사상을 확산하는 데 기여하도록 하는 데 목적이 있다. 이러한 목적에 맞추어 예술인들을 양성하고 대우한다. 하지만 체계적으로 교육된 전문 인력에 대한 사회적 보장이 충분하지 않아서 예술인들이 주어진 역할을 충분히 하지 못하고 있음을 다양한 경로를 통해 확인할 수 있었다.

참고문헌

오영선(평양연극영화대학 졸업), 2011년 5월 11일 인터뷰.
오진하(평양연극영화대학 졸업), 2011년 5월 11일 인터뷰.
박성진(음악연주자, 해금), 2011년 5월 9일 인터뷰.
김철웅(탈북피아니스트), 2011년 5월 11일 인터뷰.
「가극 〈예브게니 오네긴〉 창조성원들을 표창」, ≪로동신문≫, 2010. 2. 15.
「김원균명칭 평양음악대학과 로씨야 챠이꼽스끼명칭 모스크바 국립음악대학 사이의 교류와 협조에 관한 합의서 조인」, ≪로동신문≫, 2010. 3. 16.
「북한 작가의 産室.. 문학통신원 제도」, ≪연합뉴스≫, 2005. 10. 21.
「음악예술 후비들의 판정 무대: 평양음대 전공졸업시험」, ≪조선신보≫, 2010. 4. 12.
「평양무용대학에 국내 첫 발레극장 건설중: 국내외 공연도 보장」, ≪조선신보≫, 2010. 2. 22.
조선중앙통신사, 『조선중앙연감 1949.9~1950.6』, 1952.
조선중앙통신사, 『조선중앙연감 1954~1955』 (상), 1954.

조선중앙통신사, 『조선중앙연감 1959』, 1959.

조선중앙통신사, 『조선중앙연감 1972』, 1972.

조선중앙통신사, 『조선중앙연감 1974』, 1974.

김일성, 「군중예술을 더욱 발전시키자: 전국농촌예술소조축전참가자들과 한 담화, 1961년 3월 7일」, 『김일성저작집』 15, 조선로동당출판사, 1981.

김일성, 「민족문화유산계승에서 나서는 몇가지 문제에 대하여: 과학교육및문학예술부문일군협의회에서 한 연설, 1970년 2월 17일」, 『김일성저작집』 25, 조선로동당출판사, 1983.

김정일, 「영화창작에서 새로운 앙양을 일으킬데 대하여: 위대한 수령님의 문예사상 연구모임에서 한 결론, 1971년 2월 15일」, 『김정일선집』 2, 조선로동당출판사, 1993.

김정일, 「영화예술교육사업에서 사회주의 교육학의 원리를 철저히 구현할데 대하여: 평양연극영화대학 교직원들앞에서 한 연설, 1971년 7월 8일」, 『김정일선집』 (2), 조선로동당출판사, 1993.

김정일, 「음악무용소품창작에서 요구성을 높일데 대하여: 문학예술부문 책임일군들과 한 담화, 1978년 3월 22일」, 『김정일선집』 6, 조선로동당출판사, 1995.

김정일, 「음악예술론, 1991년 7월 17일」, 『김정일전집』 11, 조선로동당출판사, 1997.

張翼善, 「北韓音樂後備育成에 대한 硏究: 金正日」의 『音樂藝術論』을 中心으로」, 『남북문화예술연구』 통권 제7권, 남북문화예술학회, 2010.

북한 문학교육 양상과 전망

임옥규

1. 북한 사회체제 변화와 문학교육 위상

 북한은 체제의 건설과 유지를 위해 무엇보다 교육의 역할을 중요하게 여기고 있다. 북한은 사회주의 이상과 실천을 위해 사회주의 교육 제도를 실시하고 학교 교육을 중시하였다. 북한에서 교육은 사상 문화교양의 무기이며 '사람들을 공산주의적 인간으로 키우는 사람과의 사업'[1]이다. 또한 국가는 "사회주의 교육학의 원리를 구현하여 후대들을 사회와 인민을 위하여 투쟁하는 견결한 혁명가로, 지・덕・체를 갖춘 공산주의적 새 인간으로 키워야"[2] 하는 역할을 수행한다. 북한에서는 '공산주의 인간학'에 기초한 문학예술을 제시하고 있는

---

[1] 김일성, 「사회주의교육에 관한 테제」(조선로동당 중앙위원회 제5기 제14차 전원회의에서 발표한 테제, 1977.9.5), 재일본조선인총련합회 중앙상임위원회, 1977, 15쪽.
[2] 조선로동당출판사 편, 『조선민주주의인민공화국 사회주의헌법』(1998년 9월 5일 최고인민회의 제10기 제1차 회의), 조선로동당출판사, 1998, 14쪽(헌법 제43조).

데, '자주성에 대한 문제, 자주적인 인간에 대한 문제를 내세우고, 새 시대의 참다운 인간 전형을 창조하여 온 사회를 주체의 요구에 맞게 개조하는데 이바지하는 문학'의 역할을 강조한다. 이에 따르면 문학의 기능은 정치사상교양적 기능, 생활인식적 기능, 문화정서교양적 기능으로 나누어진다.3) 북한이 청소년 양성을 위해 지식과 덕성, 체육 교양을 중시한다는4) 점을 감안하면 문학을 활용한 문학교육은 지식 교양을 위한 교육의 범위에 포함된다고 볼 수 있다. 문학교육은 여러 가지 영역에서 이루어질 수 있는데 학교 교육에서는 교과서와 밀접한 관련을 맺는다.

북한의 교육은 시대적 상황과 사회체제가 지향하는 바에 따라 변모되어 왔다. 이러한 북한 교육의 실제는 구체적으로 교육 이념과 학제 변모, 교육과정 개편, 교과서 체제와 내용 등에서 살펴볼 수 있다.

북한이 고수하는 사회주의 교육의 이념은 해방 직후까지 거슬러 갈 수 있다. 해방 직후 김일성이 발표한 20개조 정강에는 교육과 관련된 부분이 포함되어 있다.5) 여기에는 전반적인 의무교육 실시, 국가경영의 교육제도 개혁에 관한 내용이 소개되는데 이는 이후 북한의 사회주의 교육 정책의 바탕이 된다. 북한 교육은 초기에는 마르크스 레닌주의에 입각한 사회주의 교육의 이상과 반제·반봉건주의를 이념적 기반으로 삼았으며6) 이후 주체사상이 체제이념으로 정립되면서 주체 교육의 성격으로 변모된다. 김일성의 「사회주의교육에 관한 테제」(1977년 9월 5일)7)가 발표되고 김정일의 「교육사업을 더욱 철

---

3) 사회과학원 문학연구소, 『주체사상에 기초한 문예이론: 조선로동당창건 30돐 기념』, 사회과학출판사, 1975, 51~70쪽 참고.
4) 김일성동지로작해설편집부 편, 『청소년들을 지덕체를 갖춘 사회주의, 공산주의 건설자로 키우자』, 사회과학출판사, 1975 참고.
5) 1946년 3월 23일에 발표된 20개조 정강의 16항에 해당되는 내용은 다음과 같다(『김일성전집』 3권, 조성로동당출판부, 1992, 283쪽 참고), "전반적의무교육을 실시하여 국가경영인 소, 중, 전문, 대학교들을 광범히 확장할 것, 국가의 민주주의적 제도에 따라 인민교육제도를 개혁할 것".
6) 문장순, 「북한교육의 변화와 당면과제」, 『남북문화예술연구』 통권 제6호, 남북문화예술학회, 2010, 223쪽 참고.

저히 발전시킬 데 대하여」(1984년 7월)8)가 발표되면서 북한 교육은 이를 최고의 강령으로 삼고 있다.

　북한의 문예이론이 1970, 1980년대를 거쳐 1990년대에 이르러 주체의 문예이론, 주체문학론으로 변화되면서 혁명적 문학예술을 활용한 문학교육의 역할도 중요시되었다. 1990년대 들어 구소련을 위시한 동구권 사회주의 사회가 몰락하면서 그들이 자본주의냐, 사회주의냐의 선택의 기로에 섰을 때 북한은 오로지 사회주의 제도의 우월성을 강조하기 위해 다방면에 힘을 기울였다. 그 중 문학 텍스트는 수령에 대한 충성과 효성을 이끌어낼 수 있는 공산주의 인간형을 양성하기 위해 중요한 교육 분야로 활용되었다. 이후 김일성의 사망으로 김정일 시대가 본격적으로 도래되면서 시대적 어려움을 극복하고 체제의 안정을 도모하기 위해 교육의 역할은 더욱 중요해진다. 김정일 시대9)는 1994년 7월 김일성 사망 이후 후계자 김정일이 최고지도자로 추대되고 조선노동당 총비서에 취임했던 시기부터 2000년대까지로 볼 수 있다. 김정일 시대에 대해서는 정치사회적으로 유일체제의 완성기이며, 북한 사회에서 새로운 세대가 전면에 등장하는 시기이며, 북한 체제의 심화된 위기가 전면적으로 드러난 시기10)로 규정할 수 있다.

　2011년 12월 김정일 사망으로 김정은 체제가 시작되면서 북한은

---

7) 김일성, 「사회주의교육에 관한 테제: 조선로동당 중앙위원회 제5기 제14차 전원회의」, 동경: 재일본조선인총련합회중앙상임위원회, 1977; 김일성, 『김일성저작집』 제7권, 조선로동당출판사, 1978, 355~402쪽.
8) 재일본조선인총련합회 중앙상임위원회 편, 『교육사업을 더욱 철저히 발전시킬 데 대하여』, 동경: 구월서방, 1984.
9) 김정일 시대에 대한 규정은 여러 견해로 나누어진다. ① 본고는 김일성 사망 이후 김정일이 공식지위를 갖고 활동하기 시작한 1994년 7월 이후부터 2000년대까지로 규정하며, 다른 견해들을 살펴보면 ② 김정일 후계체제가 등장하는 1970년대부터 2000년까지를 이르는 확장된 의미로 사용되기도 하고 ③ 80년대 초 김정일이 후계자로 공식화 된 후 80년대 중반 김일성이 언급한 김정일 시대(정론, 조선중앙방송, 2000.7.1)가 있으며 ④ 김정일이 국방위원장으로 재추대됨으로 북한의 최고 권력자의 지위를 갖게 된 1998년부터 2000년대까지라는 논의가 있다.
10) 이종석, 『새로 쓴 현대 북한의 이해』, 역사비평사, 2000, 86~87쪽.

김일성-김정일주의를 지도사상으로 규정하고 교육에도 '온 사회의 김일성-김정일주의화'하기 위해 주체혁명과 선군혁명 위업을 이어 나갈 세대들에 대한 교육 과업을 제시한다.11)

북한의 새로운 교육 사업은 학제의 변천과정과 연관되어 있다. 북한의 학제는 해방 이후 여러 차례에 걸쳐 개편되었으며 1972년에 개편된 유치원(2년), 인민학교(4년), 고등중학교(6년), 대학(4~6년)의 학제가 오랜 기간 동안 유지되었다. 2000년대 이후에는 유치원(2년), 소학교(4년), 중학교(6년), 대학(4~7년)의 기본 체제를 유지해 왔다.12) 북한은 1972년에 '전반적 11년제 의무교육'을 실시하였고 1975년부터는 고등교육을 뺀 나머지 교육기간에 해당되는 11년에 대해서 무상의무 교육제도를13) 실시하고 있다. 북한이 스스로 '교육의 나라'라고 칭하는 이면에는 이러한 무상의무 교육제도가 자리 잡고 있다. 2012년 9월 25일에는 새로운 교육 사업으로 '전반적 12년제 의무교육 실시'에 관한 법령을 발표하였다.14) 북한의 새로운 교육 사업은 전반적 의무교육 실시에 관한 것, 교원에 관한 것, 교육방법에 관한 것, 교육환경에 관한 것, 행정적 지도와 법적 통제에 관한 것으로15) 대별할 수 있

---

11) 조선민주주의인민공화국, 「조선민주주의인민공화국 최고인민회의 법령: 전반적12년제 의무교육을 실시함에 대하여」, ≪로동신문≫, 2012. 9. 26, 2면.
12) 옥일남, 「북한 중등학교 사회과 교과서에 나타난 내용 연구」, 『시민교육연구』 제43권 2호, 한국사회과교육학회, 2011, 96쪽, 참고; 조선중앙통신사, 『조선중앙년감』, 1997, 185, 220~221쪽.
13) 조선중앙통신사, 『조선중앙년감』, 1995, 171쪽(유치원 높은 반 1년, 인민학교 4년, 고등중학교 6년을 합친 11년); 조선중앙통신사, 『조선중앙년감』, 2002, 171쪽(유치원 높은 반 1년, 소학교 4년, 중학교 6년을 합친 11년); 북한은 2002년 9월 1일 이후로 초등교육기관인 '인민학교'를 '소학교'로, 중등교육기관인 '고등중학교'를 '중학교'로 각각 명칭을 변경하였다(임순희, 『북한 청소년의 교육권 실태: 지속과 변화』, 통일연구원, 2005, 13쪽).
14) 조선민주주의인민공화국, 앞의 글, 같은 면. 대상은 5살부터 17살까지의 어린이들과 청소년들이고 교육은 1년제 학교 전교육과 5년제 소학교 3년제 초급중학교, 3년제 고급중학교로 나뉜다.
15) 조선민주주의인민공화국 회고인민회의는 전반적12년제의무교육을 실시할데 대한 문제를 토의하고 다음과 같이 결정한다. 1. 조선민주주의인민공화국의 모든 지역에서 전반적 12년제의무교육을 실시한다. 2. 전반적12년제의무교육의 실시와 관련하여 부족되는 교원들을 보충하며 교원들의 자질을 높이고 교육방법을 개선하기 위한 대책을 세운다. 3. 교육사업에 대한 국가적투자를 늘이며 전반적12년제의무교육을 실시하는데 필요한 조

다. 이 중 교과서에 관한 구체적인 언급은 교수요강 작성 예정과 인쇄공장의 능력을 늘리고 종이 등의 자재 보장으로 교종별 교과서를 원만히 보장한다는 내용에 그치고 있다.

북한의 11년제나 12년제 의무교육 실시는 중등일반 교육 단계의 중요성을 시사하고 있다. 이는 고등교육 과정이나 사회로 진출하기 전의 청소년들에 대한 후대교육을 나라의 흥망과 민족의 미래를 위한 중요한 과업으로 여긴 결과로 해석된다. 문학교육은 청소년들에게 정서적 감화를 통한 정치사상 교양과 지식 교육의 효과를 거둘 수 있기에 북한 교육에서 중요한 역할을 담당한다고 볼 수 있다. 특히 문학관련 교과서에 따른 문학교육은 중등 교육의 마지막 단계에서 실시하여 종합적이고 체계적인 사고력을 요구하고 있다.

북한교육에 대한 남한에서의 연구는 주로 통일 대비 남북 교육 통합의 필요성을 제기하고[16] 남북한 교육과정과 교과서를 비교하고 있다.[17] 김정일 정권 출범 이후에는 김정일 교육정책에 초점을 맞추고 있다. 이와 연관하여 1990년대 이후 교육정책의 변화와 반영에 대한 연구[18]와 정치적 변화에 의해 구분되는 각 시기별 김정일 교육정책과 교육에 부과된 사회적 기능 연구에[19] 주목해 볼 수 있다. 특히 1996년 북한의 교육과정 개편 이후 남한에서 북한 교과서와 교육 내용에 관한 연구가[20] 활발하게 이루어졌는데, 중등과정 국어 관련 교

건과 환경을 마련하다. 4. 전반적12년제의무교육을 성과적으로 실시하기 위한 행정적지도와 법적통제를 강화한다. 5. 조선민주주의인민공화국 내각과 해당 기관들은 이 법령을 집행하기 위한 실무적대책을 세울 것이다(조선민주주의인민공화국, 앞의 글, 같은 면).

16) 한만길, 『통일시대 북한 교육론』, 교육과학사, 1997.
17) 이에 관해서는 1990년대 중반부터 이루어진 한국교육개발원의 과목별 'KEDI 연구보고서'를 참고해 볼 수 있으나 원문내용 제공은 제공기관의 정책에 따르고 있다.
18) 신효숙, 「북한 교육과정에 대한 논의: 사회주의 교육에서 주체교육으로」, 『북한연구학회보』, 북한연구학회, 2001.
19) 조정아, 「김정일 시대의 교육」, 조정아·이향규·김지수·김기석, 『북한교육 60년: 형성과 발전과 전망』, 교육과학사, 2010.
20) 이에 관해서는 신효숙의 「북한교육 연구의 성과와 과제」, 『통일정책연구』 15권 1호, 통일연구원, 2006, 135쪽을 참고할 수 있다. 이 논문에 의하면 북한 교과서와 교육 내용을 분석한 연구자로는 김정일(1993), 이인제(1996), 김인전(1997), 김남주(2000), 김선규

과서 연구는 국어 교과서와21) 국어문학(문학) 교과서 연구22)로 대별된다. 북한 문학교육 연구는23) 문학 텍스트의 활용 방식과 문학교육의 방법론, 내용 등을 다루고 있다. 최근에는 북한 문학 교과서의 정치사상교양 역할에 대해 주목하는 연구들이 있다.24)

전반적으로 문학 관련 교과서에 대한 전체적인 연구는 드문 실정이다. 북한 문학 관련 교과서는 4, 5, 6학년이 연계되어 있어 이에 대한 체계적이고 종합적인 분석이 필요하다. 특히 김정일 시대의 교과서 변모과정은 향후 김정은 시대의 교육의 방향을 가늠해 볼 수 있는 주요한 지침이 될 수 있다. 현재 남한에 소개된 북한의 문학 관련 교과서는 2000년대 초반까지 출판된 것들로 한정되어 있다. 이 글은 김정은 시대의 바탕이 되는 김정일 시대의 북한 문학 관련 교과서 양상

(2000), 나경은(2001), 남호엽(2001), 엄현아(2001), 이영희(2001), 전성희(2001), 이은영(2002), 차우규(2003), 오기성(2003), 박찬석(2003), 권성아(2003), 임미화(2003), 김기석(2003) 등이 있으며 남북한의 교육과정과 교과서를 비교한 연구자로는 한국교육개발원의 연구를 포함하여 아찬희 외(1997), 최석진 외(1997), 노석구(1995, 2001), 하태기(2000), 최현호(2002) 등이 있다.

21) 문무영·김태훈, 「개편된 북한 국어 교과서의 체제와 내용: 고등중학교 1~3학년 교과서를 중심으로」, 『어문연구』 제29권 제3호 통권 제111호, 한국어문교육연구회, 2001; 이인제·민병곤·이재기, 「북한의 읽기 교육 현황 분석: 교수 요강 및 교과서를 중심으로」, 『독서연구』 제7호, 한국독서학회, 2002; 허재영, 「북한 고등중학교 1학년 『국어』의 체제와 내용」, 『한말연구』, 한말연구학회, 2002; 김양희, 「북한 국어과 교과서에 나타난 수령형상」, 『국어교육』, 한국어교육학회, 2004; 김양희, 「80년대 이후 북한의 『국어』 교과서 연구」, 『국어교육연구』 제13집, 서울대 국어교육연구소, 2004.

22) 문선희, 「북한의 고등중학교 문학교육: 남한과의 비교 및 지향점 모색」, 이화여대 석사논문, 1999; 김문태, 「북한의 고전문학 전통과 국어교과교육의 현장」, 『어문연구』 제36권 제2호, 한국어문교육연구회, 2008; 황규수, 「북한 고중 『국어』 및 『문학』과 중국 조선족 『조선어문』 수록 시의 비교 고찰」, 『새국어교육』 제82호, 한국국어교육학회, 2009.

23) 김양희, 「북한의 문학교육: 인민학교, 고등중학교 시 교육을 중심으로」, 『국어교육연구』 제15집, 서울대국어교육연구소, 2005; 박승희, 「북한에서 서정시 교육의 현실적 의미 연구」, 『문학교육학』 제13호, 한국문학교육학회, 2004; 김미혜, 「다문화 교육의 관점에서 본 북한 서정시와 문학교육」, 『국어교육학연구』 제34집, 2009; 이영미, 「문학교육의 내적 동학(動學)」, 『현대문학이론연구』 제30집, 현대문학이론학회, 2007; 이영미, 「북한 문학교육의 동향 고찰」, 『문학교육학』 제22호, 한국문학교육학회, 2007; 이영미, 「북한 문학교육의 제도적 형성에 관한 국제연구사적 문제제기」, 『국제어문』 제54집, 국제어문학회, 2012.

24) 김미진, 「북한의 정치사상교육 양상고찰」, 『한국문화기술』 14, 한국문화기술연구소, 2012; 홍지선, 「북한 문학 교과서에 수록된 '김일성 교시'와 '김정일 말씀' 연구」, 『문학교육학』 38, 한국문학교육학회, 2012.

을 분석하여 북한 문학교육의 문제점과 지향점을 살펴보고 김정은 시대 문학교육을 전망해 보고자 한다.

2. 북한 문학 관련 교과서 체계와 변모

북한 국어 관련 교과서는 『국어』와 『국어문학』(『문학』)으로 대별하여 살펴볼 수 있다. 북한의 학제는 2002년 이후 인민학교가 소학교로, 고등중학교가 중학교로 명칭을 변경하였다. 이 글의 연구대상인 고등중학교(혹은 중학교)의 국어 관련 교과명은 1, 2, 3학년은 '국어', 4, 5, 6학년은 '국어문학(혹은 문학)'으로 지칭된다. 『국어문학』(『문학』)은 중등 교육과정에서 상급생들을 대상으로 하는 국어 관련 교육의 상위 과목에 해당된다. 『국어』 교과서는 주로 말하기, 쓰기, 읽기의 언어기능 교육을 위주로 하고 있고, 『국어문학』(『문학』)은 문학사 위주의 문학교육과 국어지식을 다루고 있다.[25]

문학교과서 관련 출판물로는 1984년에 평양에서 발간된 교사용 학습지도서인 『국어문학 교수요강』이 있고 1994년과 1997년에 평양에서 발간된 『국어문학』이 있다. 이외에 2002년, 2003년에 발간된 『문학』이 있으나 이는 1997년의 2판으로 내용에 약간의 차이가 있을 뿐 기본적인 체제는 동일하다.

이 글의 연구 대상은 고등중학교 4학년부터 6학년까지의 북한 문학 관련 교과서이다. 북한 체제가 '김일성-김정일-김정은'으로 계승되는 과정에서 가장 최근의 교과서 변모양상을 살펴볼 수 있는 것은 김정일 시대에 해당되는 1996년 전후이다.

1996년도에는 "새 학년도가 4월 1일로 된 것과 관련하여 유치원, 인민학교, 고등중학교 모든 교종에 대한 조절과정안과 새 학년도 기

---

25) 문선희, 앞의 글 참고.

본 과정안 각각 14종을 작성하고 교수안, 직관물 등 필요한 조치를 취함으로써 새 학년도 개교를 성과적으로 보장하였다."26)고 밝히고 있다. 좀 더 살펴보면 "인민학교와 고등중학교 교재 121종 가운데서 105종이 개작되였으며 김형직 사범대학에서는 력사와 생물과목을 비롯한 156개 과목에 324개소를 수정보충하고 교원대학에서는 140여건의 강의안을 개작하였다."27)고 하여 1996년을 전후하여 교과서 개편이 대대적으로 이루어졌음을 알 수 있다.

이 글이 이 시기에 주목하는 이유는 북한 문학교육의 전반적인 내용을 아우를 수 있으며 김정은 시대의 문학교육의 향방에 대해 가늠해 볼 수 있기 때문이다. 현재 연구 가능한 대상은 다음과 같다.

<표 1> 교육과정 개편 전후 북한 중등교육 문학 관련 교과서

학년	과목명 및 출판연도				비고
고등중학교 4	『국어문학』 1994	『문학』 1997	『문학』 2002		1997년과 2002년 목차 동일, 내용상 약간의 차이 있음. 2004년도 『문학』 (중학교 4)도 내용이 동일하다.)
중학교 4				『문학』 2004	
고등중학교 5	『국어문학』 1990	『국어문학』 1994	『문학』 1997	『문학』 2001	1990년과 1994년 목차 동일, 1997년과 2001년 목차 동일, 내용상 약간의 차이 있음. 2003년도 『문학』(중학교 5)과 내용 동일.
중학교 5				『문학』 2003	
고등중학교 6	『국어문학』 1989	『국어문학』 1997	『국어문학』 2001		1997년과 2001년 목차 동일, 내용상 약간의 차이 있음

북한 교과서 개편 전후 문학 관련 교과서 변모 양상에 대해서는 교과서 목차 비교와 구체적인 내용 분석을 통해 살펴볼 수 있다. 먼저 학년별 교과서의 차례를 비교하면 다음과 같다.

---

26) 조선중앙통신사, 『조선중앙년감』, 1997, 166쪽.
27) 조선중앙통신사, 『조선중앙년감』, 1998, 223쪽.

<표 2> 고등중학교(중학교) 4학년 문학 관련 교과서 비교

『국어문학』 고등중학교 4 1994.			『문학』 고등중학교 4 1997, 『문학』 중학교 4 2004. (굵은 글씨체는 새로 첨가된 작품)	
문학은 인간학			고대가요와 고대 중세 설화문학	「공후인」
우리나라의 유구한 문학유산	고대가요와 고대중세 설화문학	「주몽전설」		「주몽설화」
	중세시가문학	「정읍사」	고대중세 문학	「정읍사」
		「청산별곡」		「청산별곡」
		「관동별곡」		**시조**
		리규보의 창작과 「농부를 대신하여」	중세 시가문학	「관동별곡」
		「강강수월래」		「강강수월래」
				「방주의 노래」
				「적성촌의 오막살이」
	중세소설문학	허균의 창작과 『홍길동전』 박지원의 창작과 『량반전』 『춘향전』	중세 소설문학	『임진록』
				「재판받는 쥐」
				『홍길동전』
				문학작품의 소재
				『춘향전』
				『량반전』
				「채봉감별곡」
문학작품의 주제와 사상				
품사		명사 수사 대명사	계몽기 문학	「상봉유사」
		련습		
		동사 형용사		
		련습		
		부사 감동사		
		련습		「현미경」
해방 전 진보적 문학		라도향 창작과 「행랑자식」	해방 전 진보적 문학	「벙어리 삼룡이」
		최서해의 창작과 「탈출기」		「초혼」
		『고향』		「탈출기」
		문학의 계급적 성격		
		리상화의 창작과		「빼앗긴 들에도 봄」

우리나라 문학의 영광스러운 혁명전통	불요불굴의 혁명투사 김형직 선생님과 열렬한 녀성 혁명투사 강반석 어머님의 혁명적 시가문학	「빼앗긴 들에도 봄은 오는가」	항일 혁명문학	불요불굴의 혁명투사 김형직 선생님과 열렬한 녀성 혁명투사 강반석 어머님의 혁명적 시가문학	「빼앗긴 들에도 봄은 오는가」
					「락동강」
					「산제비」
					『고향』
					『인간문제』
					「진달래」
					「황금산」
		『인간문제』			「남산의 푸른 소나무」
		「남산의 푸른 소나무」			「짓밟힌 동포야 일어나거라」
		「짓밟힌 동포야 일어나거라」			「만경대에 봄이 와도」
		「만경대에 봄이 와도」		항일혁명 투쟁의 불길 속에서 창작된 혁명적 문학예술	항일혁명문학과 그 특징
	문학작품의 종자				위대한 수령 김일성 대원수 님의 불멸의 친필활동
	항일혁명문학	항일 혁명문학과 그 특징			불후의 고전적 명작 <사향가>
		위대한 수령 김일성 대원수님의 불멸의 친필활동			불후의 고전적 명작 <반일전가>
					<자장가>
					<조선의 별>
					<적기가>
		불후의 고전적 명작 <꽃파는 처녀>에 대하여			<자유가>

		불후의 고전적 명작 〈한 자위대원의 운명〉에 대하여		
		불후의 고전적 명작 〈조선의 노래〉		
		〈조선의 별〉		
		〈자유가〉		
	자랑스러운 우리 문화어			
	토	격토 도움토 복수토 맺음토 이음토 규정토	문학작품의 사회적 성격	
		련습		
		상황토 존경토 시간토 바꿈토		
		련습		
외국문학		쉐익스피어와 『베니스의 상인』	외국문학	『일리아스』
		빅또르 위고와 『레 미제라블』		『삼국연의』
		바이론과 『기계 파괴자들에게』		『베니스의 상인』
				『로빈슨 크루소우』

    위의 표에 따르면 1994년도 국어문학 교과서의 체계는 '문예이론(주체문예이론에 대한 지식)-문학사(작가, 작품 소개)-문법 설명-외국문학'의 형태로 이루어져 있다. 1997년도 체계는 목차에서 살펴볼 수 있듯이 북한 문학사에 해당되는 시기별로 작품을 소개하고 있음을 알 수 있다. 1994년도 교과서에서의 '우리나라의 유구한 문화유산-해방 전 진보적 문학'이란 문학사적 구분은 1997년도로 오면 '고대중세문학-계몽기 문학-해방 전 진보적 문학'으로 변한다.
    1994년에 실린 고전 작품들은 건국신화, 노동의 보람, 봉건생활에 대한 비판, 민중의 고충, 애국심 고취 등에 관한 주제의식을 담고 있다. 문예이론에 대한 설명은 '불후의 고전적 명작'인 〈피바다〉, 〈꽃파는 처녀〉, 〈한 자위단원의 운명〉 등의 우수성을 강조하는 것으로 귀

결된다.

1997년도는 1994년보다 작품 소개에 더 치중하고 있는데 새롭게 소개된 문학 텍스트는 다음과 같다.

중세 시가 문학을 살펴보면 애국명장인 리순신, 김종서의 반침략 애국적인 시조와 진보적 시인인 정철의 시조, 근면한 농민들의 생활을 노래한 남구만의 시조 등을 소개하고 있다. 또한 이 시기 소개된 김려의 「방주의 노래」는 당시 가장 천대 받는 백정과 어부들의 생활을 노래한 서사시로 계급의식을 보이고 있다. 정약용의 「적성촌의 오막살이」는 당시 통치계급에 의해 억압받는 백성들의 삶을 노래하는 서사시로 애국적이며 진보적이라는 평가를 받고 있다. 중세소설 문학인 『임진록』, 「채봉감별곡」은 애국주의, 반봉건의 주제를 다루고 림제의 「재판받는 쥐」는 교활한 쥐에 대한 처벌을 다루고 있다.

계몽기 문학에 속하는 「상봉유사」는 반침략애국주의 창가로, 「현미경」은 반봉건 신소설로 소개되며 「벙어리 삼룡이」의 작가 나도향과 「초혼」의 작가 김소월은 비판적 사실주의문학의 대표작가라고 설명되고 있다. 또한 「락동강」과 「산제비」는 사회주의 사실주의 작품으로 소개되고 「진달래」의 작가 박팔양과 희곡 「황금산」의 작가 송영에 대해서는 해방 이후의 행적을 기리고 있다.

항일혁명문학 항목에서는 김일성이 항일혁명투쟁 시기에 창작하였다는 〈사향가〉, 〈반일전가〉와 김정숙의 〈자장가〉 등이 첨가되어 있다. 또한 이 시기 작품으로 등장한 항일혁명가요인 〈적기가〉는 '붉은기 사상'을 상징하는 것으로 1990년대 중반 북한이 겪게 된 '고난의 행군'을 극복하기 위해 소급된 항일혁명투쟁 정신의 구현이라고 볼 수 있다.28) 사회주의의 순결성을 상징하는 붉은 기는 북한의 체제 위기 극복을 위한 김정일 식 사상적 혁명철학으로 해석될 수 있으

---

28) 「붉은기는 조선혁명의 백전백승의 기치이다」, 《로동신문》, 1995. 1. 19; 「붉은기를 높이 들자」, 《로동신문》, 1995. 8. 28; 「우리의 붉은기는 애국의 기치이다」, 《로동신문》, 1996. 12. 2.

며[29] 〈적기가〉는 1990년대 중반 북한이 겪는 시련과 난관을 이겨낼 수 있는 '백절불굴의 투지와 혁명적 낭만주의, 자기희생과 헌신의 정신'을 일깨워주는 사상교양의 역할을 하고 있다.

<표 3> 고등중학교 5학년 국어문학 관련 교과서 비교

『국어문학』 고등중학교 5 1994			『문학』 고등중학교 5 1997, 『문학』 중학교 5 2003	
			위대한 령도자 김정일 원수님의 불멸의 친필 활동	불후의 고전적 명작 〈조선아 너를 빛내리〉
				불후의 고전적 명작 〈진달래〉
				불후의 고전적 명작 〈제일강산〉
해방 후 문학	새나라 건설기의 문학	조기천의 창작과 「백두산」	새 조국 건설시기의 문학	「백두산」
				『땅』
		『개벽』		「농촌위원회의 밤」
				「로동일가」
				문학작품의 주제와 사상
	조국해방전쟁 시기의 영웅적 문학	「조선은 싸운다」	조국해방전쟁 시기의 문학	「조선은 싸운다」
		「결전의 길로」		「불타는 섬」
		「싸우는 마을사람들」		「결전의 길로」
		성격과 전형		「싸우는 마을 사람들」
		문장과 문장성분		「바다가 보인다」
		문장의 기본틀을 어떻게 짤 것이가		문학작품의 종자
	전후복구건설기의 문학	「새들은 숲으로 간다」	전후복구 건설기의 문학	「새들은 숲으로 간다」
		「시련속에서」		
		「직맹반장」		
		「평남관개시초」		「빛나는 전망」
		『석개울의 새봄』		「시련속에서」
		문학작품의 구성		「평남관개시초」
		우리말 문화어를 잘 살		

---

29) 오창은, 「'고난의 행군' 시기 북한 문학평론」, 이대통일학연구원 편, 『북한문학의 지형도』 2, 청동거울, 2009, 57~58쪽.

		려쓰자	
		문자의 부성분을 어떻게 맞물려야 하는가	『석개울의 새봄』
천리마 시대의 문학		『길동무들』	『력사의 자취』
		「장군님의 어머니」	「장군님의 어머니」
		「붉은 선동원」	문학작품의 언어
		『전사들』	천리마시대의 문학	『전사들』
		『력사의 자취』	『길동무들』
		문학작품의 언어	「붉은 선동원」
		외딴선분, 문장성분의 겹침, 문장성분의 확대	문학작품의 구성
			「조국산천에 안개개인다」
		문장성분의 차례	『대하는 흐른다』
			「벌거벗은 아메리카」
외국 문학		로신과 『축복』	『레 미제라블』
			『압록강가에서』
		발자크와 『우자니 그랑데』	외국문학	『우제니 그랑데』
		레브 똘스또이와 『부활』	『축복』

    고등중학교 5학년 1994년도 『국어문학』과 비교했을 때 1997년도 『문학』에서는 '위대한 령도자 김정일 원수님의 불멸의 친필활동'이라는 새로운 단원이 첨가된다. 이 단원에서는 김정일의 작품인 불후의 고전적 명작 〈조선아 너를 빛내리〉, 〈진달래〉, 〈제일강산〉 등을 소개하고 있다. 김정일은 〈조선아 너를 빛내리〉에서 혁명적 신념을 노래하고 있으며 〈진달래〉에서는 어머니인 김정숙을 찬양하고 〈제일강산〉에서는 조국예찬과 사랑을 표현하고 있는데 이 작품은 1990년대 북한의 조선민족제일주의 정신과 연결된다. 이 세 작품들은 김정일의 충성과 효성, 혁명정신, 조국애를 형상하여 '주체사실주의문학'의 본보기가 되었다고 평가 받는다. 1984년 『교수요강 국어문학 고등중학교(4~6학년)』에 따르면 이전 교과서에는 이 단원 대신 '불요불굴의 혁명투사 김형직 선생님과 열렬한 녀성 혁명투사 강반석 어

머님의 혁명적 시가문학'과 '위대한 수령 김일성원수님의 불멸의 친 필활동'이 들어 있다. 1997년판 교과서에서는 이 단원들이 김정일에 관한 것으로 대체되는데 이는 북한 문학에서의 수령형상의 문제와 연관된다. 김일성 사후 북한 문학의 수령 형상 창조 문제에서 수령 '후계자' 형상 창조의 문제가 중요하게 다루어졌다. 위의 단원은 수령 후계자인 김정일을 '혁명위업의 계승과 완성'의 존재로 형상하고자 하는 의도의 산물로 설정되었다고 볼 수 있다.

'새 조국 건설시기'의 문학 단원에서는 『땅』, 「농촌위원회의 밤」, 「로동일가」 등이 첨가되고 조국해방전쟁 시기의 문학 단원에서는 「불타는 섬」, 「바다가 보인다」가 첨가된다. 이 작품들은 새 조국 건설시기에 이루어진 민주개혁에 대한 감동과 전쟁 시기 애국주의와 대중적 영웅주의 정신을 기리고 있다.

'전후 복구 건설 시기의 문학'에서는 「빛나는 전망」이 첨가되었는데 이 작품은 여성 노동자가 노동의 의미와 보람을 깨닫는 과정을 그리고 있다.

'천리마시대'로 소개되는 단원에서는 1997년도에 새롭게 첨가되는 작품들을 살펴볼 수 있다. 「조국산천에 안개 개인다」 소개에서는 장막희곡(4막 8장)인 이 작품의 일부를 소개하면서 수령의 풍모와 탁월한 전략과 전술, 고매한 덕성을 소개하고 있다. 이는 1992년도 『주체문학론』에서의 수령형상론 내용과 맞닿아 있다. 『대하는 흐른다』는 북한 토지개혁을 다룬 작품으로 1997년도 교과서에서는 주인공의 성격 형성과정을 강조하고 있다. 「벌거벗은 아메리카」는 미국을 풍자하고 조롱한 백인천의 대표적인 시 작품이다.

<표 4> 고등중학교 6학년 국어문학 관련 교과서 비교

『국어문학』 고등중학교 6 1989			『국어문학』 고등중학교 6 1997, 『국어문학』 고등중학교 2001	
주체문학의 대전성기		위대한 수령 김일성원수님의 영광찬란한 혁명력사를 반영한 총서 '불멸의 력사'	주체문학의 대전성기	
		『1932년』		『1932년』
				문학은 인간학
		「고요」		「고요」
		「나의 조국」		「나의 조국」
		「당의 참된 딸」		『푸른 하늘』
		「월미도」		『충성의 한길에서』
		「영원히 한 길을 가라」		「당의 참된 딸」
		문학의 종류와 형태		「나는 영원히 그대의 아들」
		「자기 위치 앞으로」		「자기 위치 앞으로」
		「어머니」		『빛나는 아침』
		위대한 수령 김일성원수님의 문풍을 라배우자		「그이는 우리의 최고사령관」
		단일문과 복합문		『빈터우에서』
				성격과 전형
				「어머니」
				「승리의 기치따라」
		문장을 바꾸어 짜는 방법		「영원한 우리 수령 김일성 동지」
				『갑오농민전쟁』
				창작방법과 사조
				「영원무궁하라 조선의 미래여」
				<민족과 운명>
				「높이 들자 붉은기」
				『혁명의 수뇌부 결사옹위하리라』
				문학작품의 종류와 형태
외국 문학		고리끼와 『어머니』	외국 문학	『쏘베트 려권』
		장광자와 『압록강가에서』		「어머니」
		양말과 『청춘의 노래』		「청춘의 노래」
		오스뜨롭스끼와 『강철은 어떻게 단련되였는가』		『강철은 어떻게 단련되였는가』
		창작방법과 사조		

1997년 고등중학교 6학년 교과서에 실려 있는 「문학은 인간학」을 살펴보면 문학의 정의를 "언어를 가지고 인간과 그들의 생활을 살아 움직이는 그대로 눈앞에 펼쳐보이듯 그리는 예술의 한 형태"라고 규정한다. 문학을 인간학이라고 하는 이유에 대해서는 김정일의 교시인 "문학은 인간학이다. 산 인간을 그리며 인간에게 복무한다는 데 인간학으로서의 문학의 본성이 있다."라고 밝히고 있다. 자주적 인간, 주체의 인간학 문학이 주체의 인간학으로서 사명을 다하기 위해 산인간을 그려야 하고 생활을 잘 그려야 할 것을 주문한다. 특히 '공산주의적 새 인간학'으로 '자주성에 대한 문제, 자주적인 인간에 대한 문제를 내세우고, 새시대의 참다운 인간 전형을 창조하여 온 사회를 주체의 요구에 맞게 개조하는데 이바지하는 문학'의 역할을 강조한다. 이를 위해 문학의 기능을 수령을 중심으로 한 사회정치적 생명체를 강화하는 것으로 본다. 또한 이 글에서는 문학의 기능을 정치사상교양적 기능, 생활인식적 기능, 문화정서교양적 기능으로 설명하면서 『1932년』을 이 세 기능을 완수한 작품으로 설명하고 있다. 그 이유는 『1932년』이 '수령의 불멸의 형상을 통해 수령의 위대성을 보여주고', '수령에 대한 충실성으로 인민을 교양하고', '1932년 혁명 당시 인민들의 깊은 정서'를 고취하게 한 작품이기 때문으로 설명된다.

1996년도 전후 고등중학교 6학년 교과서를 비교해 보면 '불멸의 력사' 총서에 대한 설명 단원이 1997년 교과서에는 반영이 되지 않고 있다는 점을 알 수 있다. 물론 1989년에 실린 '불멸의 력사' 총서 작품들이 1997년에도 동일하게 실려 있기도 하다. 1997년 교과서에서는 총서에 관한 전반적인 내용을 삭제하고 개별 작품에 더 치중하고 있다. '주체문학의 대전성기'에 대한 설명도 1989년에는 김일성 위주로 1997년에는 김정일 위주로 내용의 초점이 바뀐다. 1997년도 교과서에 첨가된 작품으로는 『푸른 하늘』, 『빛나는 아침』, 「그이는 우리의 최고사령관」 등이 있다. 『푸른 하늘』은 김정일을 찬양하는 '불멸의 향도' 총서에 속하는 작품들이다. 『빛나는 아침』은 '불멸의 력사'

총서 해방 후편에 속한 작품으로 해방된 조국에서 인테리(지식인)들에 대한 인재육성을 다루고 있다. 「그이는 우리의 최고사령관」은 김정일 찬가이다.

이외에도 김일성 서거 1돌을 기린 서사시 「영원한 우리 수령 김일성 동지」와 「영원무궁하라 조선의 미래여」가 있다. 「영원무궁하라 조선의 미래여」는 1995년 9월 1일 새 학년도 개교일을 맞이하면서 김일성에 대한 그리움을 기념하는 서사시이다. 1989년보다 1997년 교과서에 더 많은 작품이 수록되어 있는데 그 중 〈민족과 운명〉에 대해서는 김정일의 영도 아래 주체문학예술의 대전성기를 장식하고 있다고 설명하고 있다. 이 다부작 예술영화문학에 대해서 '민족의 운명이자 개인의 운명'이라는 종자를 설명하고 수령, 당, 인민이 제일이라는 조선민족제일주의 사상에 대해 피력하고 있다.

「높이 들자 붉은기」와 「혁명의 수뇌부를 경사옹위하리라」는 1997년 교과서에 소개된 작품으로 당시 북한 사회의 어려움인 '고난의 행군'을 이겨내려는 의지를 김정일에 대한 충성으로 전환하고 있음이 나타난다. 이 시들에는 '붉은기 사상'과 '총폭탄정신', '수령결사옹위정신'이 군인정신과 결합되어 나타난다. 이러한 시들을 통해 당시 학교 문학교육에 위기 극복을 위한 통치 이데올로기를 반영하고 있음을 알 수 있다.

외국문학 단원에서는 4학년은 문예부흥기, 진보적 낭만주의, 고대, 중세 시기의 작품들을 소개하고 5학년은 진보적 낭만주의 프롤레타리아 문학 비판적 사실주의의 작품들을 소개하고 6학년은 비판적 사실주의를 포함한 근대 이후의 중국과 소련의 작품들을 소개하고 있다.

외국문학 단원에서는 1996년 이후 좀 더 유연하게 서구의 작품들을 소개하고 있음을 알 수 있다. 1997년도 『국어문학』(고등중학교 4)에서는 고대부터 계몽주의 시대까지의 작품들에 대해 사조와 더불어 설명하고 있다. 1994년도에 소개된 세익스피어와 그의 작품 「베니스의 상인」에 대해서는 문예부흥기 작품으로 자본주의를 비판하고 있다고 평가하고 있다. 이외에도 진보적 낭만주의에 속하는 『레미제라블』, 『기계파괴자들에게』를 소개하고 있다. 1996년 이후 소개된 외국문학은 『일리아스』, 『베니스의 상인』, 『로빈슨크루소우』, 『우제니 그랑데』 등의 서구 문학과 『축복』, 『압록강가에서』, 「청춘의 노래」 등의 중국문학, 『부활』, 『어머니』, 『강철은 어떻게 단련되는가』 등의 소련문학이다. 이들 작품은 사회주의 위업의 완성에 도움이 되는 경향을 지니고 있다고 소개되는데 주로 프롤레타리아 문학, 비판적 사실주의, 사회주의적 사실주의 사조에 해당된다. 이러한 경향을 살펴보면 북한 문학 교과서에서의 외국문학은 사실주의 위주의 작품 소개의 목적 외에 작품 속에 담겨진 반봉건, 자본주의 사회 고발, 사회주의 혁명투사의 모습을 널리 교양하기 위한 역할을 부여받고 있음을 알 수 있다.

3. 북한 문학교육의 지향점과 문제점

북한에서 학생들은 '교육'과 '교양'으로 구성되는 교육을 받아야 하며 '학습'의 임무를 지닌다. 광의의 교육은 사람들을 지덕체를 갖춘 사회적 존재로 키우는 사업을 의미하고 협의의 교육은 사람들에게 지식과 기능을 가르치는 사업을 의미한다. 교양은 사람들에게 사상의식과 도덕품성을 형성시켜 주는 사업을 의미하는데 협의의 교육과 교양을 합치면 광의의 교육이 된다.[30] 학습은 학생들의 가장 중요한 임무이자 인민들이 평생 동안 생활화해야 할 혁명임무이다.[31]
북한 중등일반 교육 과정에서 1~3학년의 국어 과목이 문학작품을

---

30) 남진우 외, 『사회주의 교육학: 사범대학용』, 교육도서출판사, 1991, 9쪽 재인용; 홍지선, 「북한 문학 교과서에 수록된 '김일성 교시'와 '김정일 말씀' 연구」, 『문학교육학』 38, 한국문학교육학회, 2012, 435쪽.
31) 『경애하는 수령 김일성원수님께서 학습을 잘할데 대하여 주신 교시』, 재일본조선인통신 교육협회, 1973, 3~4쪽.

통해 사상정서교양을 함양하고 언어기능을 향상시키는32) 성격을 지닌다면 4~6학년의 국어문학(문학) 과목은 수령의 혁명사상, 주체사상과 주체적 언어문예 사상, 김정일의 언어문예 방침으로 학생들을 무장시키며 언어와 문학에 대한 일반 기초지식과 실천적 기능을 키워주고 혁명 정서와 사고력을 발전시켜 수령과 지도자에게 충직한 혁명전사로 키우고자 하는 목적을33) 지닌다. 북한 교과서를 통해 본 문학교육의 지향점과 문제점은 다음과 같다.

1) 역사주의적 원칙을 견지한 지식기능 교육

북한 문학관련 교과서는 문학사, 문학이론, 문법 등을 다루고 있다. 문학사 교육에서는 문학사를 역사적 시기로 구분하여 학년별로 소개하고 있다. 4학년은 고대 중세 문학에서 계몽기 문학, 해방 전 문학의 단계까지 소개되고 5학년은 해방 후 문학에서 전후복구 건설기의 문학, 천리마 시대의 문학까지, 6학년은 주체문학의 대전성기가 주요 대상이 된다. 여기에서는 역사적으로 사회적 환경 속에서 창작된 작품들을 제시하고 작가의 생애와 작품을 분석하고 있다. 이외에 문법 지식도 점차 어려운 단계로 나아가고 있다. 이러한 체계는 문학을 역사적 발전단계가 있는 유기물로 취급하는 역사주의적 원칙을 견지하는 것이다. 이러한 관점은 문학작품의 이해와 감상보다는 사회 역사적 토대와 문학의 관계에 더 초점을 두게 된다.

북한의 문학사 교육은 반제, 반봉건 투쟁과 항일혁명투쟁, 사회주의 체제 건설과 주체 문예 사상의 전개를 중심으로 전개된다. 1996년 이후 교과서는 작가와 작품 선택에 있어 이전보다는 유연한 태도를 취한다. 고전에 해당되는 작품들은 북한의 문학사적 흐름에 따르면서

---

32) 김양희, 「북한의 문학교육」, 『국어교육연구』 제15집, 서울대국어교육연구소, 2004, 200쪽.
33) 교육위원회 보통교육부, 『교수요강 국어문학 고등중학교(4~6학년용)』, 교육위원회 보통교육부, 1984, 3쪽.

지배계층의 사상에 해당되는 문학은 제외시키면서도 진보적인 작가와 작품은 신분에 상관없이 소개하고 있다. 북한 국어문학 교과서는 문학사적 체계에서 학습하는 문학수업의 형태를 띠며 작품 선택의 기준은 작가의 사상성과 작품의 주제에 따르고 있다. 4, 5, 6학년 국어문학 교과서 문학사를 중심으로 연계되어 있으며 긍정적 모범을 보이는 작품들을 통해 학생들을 감화시키고 교양하려는 의도를 보인다.

북한 교과서에 나타난 문학사 교육은 각 시대의 특성을 이해시키고 작가의 생애와 작품을 학습시키는 지식 교육의 성격을 지니나 작가와 작품 선택에 대한 편파성과 이념적 지향성과 문학 외적 환경중시라는 문제점을 지닌다.

2) 주체형의 혁명인재 육성 위한 정치사상 교양

북한에서 문학 관련 교과서에 대한 교육은 의무교육의 마지막 단계에 해당되는 중등교육과정에서 4, 5, 6학년에 해당되는 상급생들을 대상으로 하고 있다. 북한은 전반적 12년제 의무교육에 대해 새 세대들을 당과 수령, 조국과 인민에게 끝없이 충실한 혁명인재로, 유능한 사회주의 건설자로 키워내기 위한 정당한 조치라고 설명한 바 있다.[34] 1990년대 북한 교육에서 강조하는 용어는 무엇보다 혁명적 수령관으로 이는 충성과 효성을 다하는 주체형의 혁명인재를 키우는 것[35]이다.

김일성 사망 이후 1994년 9월 인민교육지에 「새학년도 교육강령집행에 나서는 몇 가지 문제」(교육성 보통교육부)라는 글이 소개되었다. 이 글에서는 1994년도 교육의 방향설정에 있어 가장 중요한 문제는 "모든 교수 교양사업을 친애하는 지도자 김정일 원수님의 사상리론에

---

[34] 조선민주주의인민공화국, 「조선민주주의인민공화국 최고인민회의 법령: 전반적12년제 의무교육을 실시함에 대하여」, ≪로동신문≫, 2012. 9. 26, 2면.
[35] 조선중앙통신사, 『조선중앙년감』, 1991, 185~186쪽.

기초하여 조직진행하며 교수교양의 전과정을 친애하는 지도자동지에 대한 충실성교양으로 일관시키는 것"이라고 지적하였다.36) 모든 학생들을 김정일에게 "인간적으로 완전히 매혹되고 절대적인 숭배심을 가지게 하며 지도자동지에 대한 충실성을 신념화, 량심화, 도덕화, 생활화하도록" 교육하여야 한다는 점을 강조하였다. 이러한 교육방향에 따라 김일성과 김정일에 대한 충성과 효성 교육이 강조되었다.

1996년에는 "보통교육부문에서 정치사상교육을 앞세우는 데 힘을 넣으면서 현실발전의 요구에 맞게 교육내용을 개선해나감으로써 당과 수령에게 끝없이 충실하고 지덕체를 갖춘 혁명인재들을 더 많이 키워낼 수 있게" 되었다고 설명한다. 또한 "주체86(1997)년에 교육부문에서는 「사회주의교육에 관한 테제」와 당의 교육방침을 관철하기 위한 투쟁을 힘있게 벌려 새 세대들을 정치사상적으로, 과학기술적으로 준비된 혁명인재로 키우는데서 커다란 성과를 이룩하였다."37)고 밝히고 있다.

1998년에는 북한에서 강성대국론이 제기되면서 학교교육을 정상화하고 교육에 부과된 시대적 소명을 완수하기 위해서 학생들을 선군정치사상으로 교육하는 것이 시급한 과제가 되었다. 공산주의적 인간 육성은 주체형의 혁명가로 교양 개조하는 것을 일컫는데, 학교교육에서 주체사상교양, 선군사상교양, 사회주의신념교양을 강화하여 '선군혁명투사'로 양성해야 한다는 점이 강조되었다.38)

전반적으로 문학 텍스트는 민족성과 주체성을 강조하고 있다. 고전에 해당되는 문학작품은 민중성을 지향하는 인민문학의 형태를 보이며 해방 이전 작품소개에서는 북한의 혁명전통을 교육하려는 의도를 보인다. 해방 이후 작품들을 통해서는 공산주의 인간형을 교육하

---

36) 조정아, 「김정일 시대의 교육」, 이향규 외, 『북한교육 60년: 형성과 발전과 전망』, 교육과학사, 2010, 241쪽.
37) 조선중앙통신사, 앞의 책, 1997, 165쪽.
38) 위의 책, 245쪽.

려는 양상을 보이고 주체문학에 해당되는 작품들은 민족성과 주체성을 강조하고 있다. 그 변경된 교과서 내용에 대해서는 "보통교육부분에서는 주체성과 민족성을 철저히 구현하고 교육내용과 방법을 끊임없이 개선하여 교육의 질을 높이도록 하는데 중점을 두었다."[39]라는 글을 통해 교육의 목적이 이전 시기보다 주체성과 민족성을 강조하는 방향으로 흘렀음을 알 수 있다. 문학사적인 측면에서는 고전작품을 통해 민중성을 지향하고 있으며 해방 이전 작품들을 통해서는 북한의 혁명전통을 수립하고자 하였다. 또한 해방 이후 작품들은 공산주의 인간형 교육에 적합한 작품들이 선정되었고 주체문학에 해당되는 작품들을 통해서는 민족성과 주체성을 교육하고 있음을 알 수 있다. 다부작 예술영화〈민족과 운명〉등을 소개하여 조선민족제일주의 교양을 실시하였다.

교과서 개편이 이루어진 1996년은 북한이 고난의 행군을 겪고 있는 시기였다. 이 시기 북한 문학교육 양상은 김정일 우상화, 공산주의적 혁명인재 양성이 주요 목적임이 드러나고 주체적 문예이론 교육, 문화어에 대한 기초이론과 문학에 대한 역사적 이해 및 세계문학의 사조에 대한 습득이 주요한 내용을 이루었다. 1996년 이후에는 수령 결사옹위 정신이 강조되어 북한의 위기를 수령에 대한 충성으로 극복할 수 있도록 유도하는 교육의 역할이 부여되고 있다.

이 글에서 살펴본 북한 교과서의 문학교육 양상을 통해 북한에서 교육은 북한 체제를 유지하기 위한 기능을 바탕으로 혁명 인재를 키워낼 수 있는 역할을 담당하고 있음을 확인할 수 있었다. 정치사상 교양은 학생들을 주체사상으로 무장하기 위한 것이 목적으로 반제교양, 사회주의적 애국주의 교양을 강화하고 있다. 북한에서 교육은 사회주의 사회를 건설하는 중요한 임무를 지니고 있기에 당과 수령의 지도와 영향하에 놓여 있고 문학교육은 이에 대한 충실한 반영을 실

---

39) 조선중앙통신사, 앞의 책, 1998, 223쪽.

행하고 있다.

이러한 내용을 통해 북한 교육의 목적은 지속적으로 공산주의 인간형을 양성하고 사회주의 제도의 우월성을 강조하는 데 두고 있음을 알 수 있다. 또한 교육을 통해 인테리를 양성하고 인민을 교육하며 민족간부를 양성하고 정치사상교육에 치중하고 있음을 알 수 있다. 전반적으로 수령후계자인 김정일 체제의 우월성을 강조하는 목적이 강해지고 혁명적 수령관을 강조하기 위해 충효에 관련된 작품들이 증가되고 당시 북한이 겪고 있는 '고난의 행군'을 이겨내기 위한 방편으로 '붉은 기 정신'에 관련된 작품들이 새롭게 소개되고 있다.

전반적으로 국어문학 교과서는 문학교육의 고유의 기능보다는 정치사상교육과 공산주의 혁명인재 양성 교육의 역할에 치우쳐 있으며 1996년 이후에는 북한의 위기를 극복하는 이데올로기 교육에 중점을 두고 있음을 알 수 있다.

4. 김정은 시대 문학교육 전망

김정은 체제가 출범하면서 북한 교육은 전반적 12년제 의무교육을 선포하고 이에 따른 교육 사업을 실시할 것을 예고하고 있다. 여기에 따르면 후대 중시를 위한 교육을 중시하여 혁명 인재를 육성하고 김정일 애국주의가 구현된 사회주의 문명국을 건설하는 것이 주요 목표가 되고 있다. 앞서 살펴보았던 북한의 체제 전환기 교육 양상과 김정은 시대의 의무교육 선포 내용을 통해 향후 문학교육에 대해 다음과 같이 전망해 볼 수 있다.

첫째, '김일성-김정일-김정은'으로 이어지는 혁명전통의 역사적 계승성이 문학교육에 구현될 것으로 전망된다. 1996년 교과서 개편 이후 북한 문학 교육은 사회 정치 이데올로기의 의식화와 심미화에 초점을 맞추고 있음을 알 수 있었다. 문학 관련 교과서는 수령 후계자의 권위를 확고하게 하기 위해 혁명 계승의 정당성을 부여하고자 당과 수령에 대한 충성과 효성을 강조하는 문학텍스트들을 선택하여 통치 담론의 재생산과 위기 극복을 위한 이데올로기 교육의 역할을 하였다. 김정은 후계자 유일 지도체계였던 2009년 1월 8일부터 2011년 12월 17일까지의 특징으로 '후계자의 자질과 품성을 내부적으로 선전, 제도적 정비와 인적 정비 단행'40)을 들 수 있으며 이중 후계자의 자질과 품성에 대한 선전은 문학 텍스트에도 구현된다. 북한 문학 관련 교과서에서는 불후의 고전적 명작이라 일컫는 〈사향가〉(김일성 창작), 〈조선아 너를 빛내리〉(김정일 창작) 등을 통해 수령의 애국사상을 교육에서 활용할 것이 당부되었는데 이는 '김일성-김정일-김정은'으로 이어지는 지도체제에 대한 당위성을 부여하고 인민의 충성심을 유도하기 위한 교육 방법이었다. 북한은 2009년 5월부터 김정은을 선전하는「발걸음」이라는 노래를 제작하여 보급하고 식량배급소 주위에 '수령복, 장군복, 대장복'이라는 표어를 부착하였다고 한다.41)

둘째, 김정은에 대한 수령 상징성을 강조하는 교육이 이어질 것으로 전망된다. 최근의『조선문학』에 형상된 문학을42) 살펴보면 백두산의 삼지연과 보천보 일대를 답사하는 김정은에 대한 묘사가 나온다. 현지지도를 하는 김정은의 모습은 현지지도 강행군으로 사망했던 김정일의 행보를 떠올리게 한다. 일련의 시들은 백두산과 김정일이 태어난 백두밀영고향집에 대한 김정은의 현지답사를 상징적으로 보여주고 있는데 이는 김정은에게 수령 후계자로서의 상징성을 부여하고자 하는 것이다. 이러한 상징성은 북한 교과서에도 반영될 것으로 전망된다.

셋째, 2012년에는 '김정일 애국주의'를43) 예술교육사업에 구현할

---

40) 이기동,「김정은의 권력승계 과정과 권력구조」,『북한연구학회보』제16권 제2호, 2012, 3~4쪽.
41) 위의 글, 4쪽.
42) 조선작가동맹 중앙위원회기관지,「련시 백두산을 안고살자 (1)」,『조선문학』, 문학예술출판사, 2012년 제10호, 28~32쪽; 조선작가동맹 중앙위원회기관지,「련시 백두산을 안고살자 (2)」,『조선문학』, 문학예술출판사, 2012년 제11호, 24~27쪽.

것이44) 당부되는데 이는 대를 이은 절대적 충성을 유도하는 것으로 보인다. 김정은 시대에는 지도자에 대한 충성을 강조하는 새로운 사상으로 '김정일 애국주의'라는 표현이 사용되고 있다. 이는 김정일 시대에 김일성에 대한 충성을 강조하였던 전례를 똑같이 답습하는 것으로 보인다. 북한은 김정일 애국주의의 정당성을 김정일의 조국애와 인민에 대한 헌신성에서 찾고 있다.45) 이는 후대사랑, 미래사랑으로 확장되어 소년단 창립 66주년을 축하하고 12년제 의무교육제 실시로까지 나아가고 있다.

넷째, 김정은 시대 체제의 우월성을 강조하기 위해 선군혁명 역량을 강조하는 문학텍스트가 교육에 활용될 것으로 전망된다. 북한에서 2000년대 전후 등장한 선군혁명문학의 형태가 사회현실 주제 작품과 결부되어 희망찬 미래를 예고하는 작품들이 문학 텍스트로 선정될 것으로 전망된다.

이상으로 북한 문학교육은 교과서를 통해 미래 세대를 혁명 투사로 키울 수 있는 지식, 정치, 문화, 도덕 교양과 교육의 형태를 보인다는 것을 알 수 있었다.

---

43) 「위대한 김정일애국주의는 백전백승의 기치다」, ≪노동신문≫, 2012. 6. 21, 2면, "위대한 김정일 애국주의는 자주시대를 대표하는 지도사상인 주체사상, 선군사상이 맥박치고 있다." "애국사상 발전의 가장 높고 빛나는 지위를 차지하는 최고봉의 애국주의" "김정일 애국주의는 숭고한 조국관에 기초".
「일군들은 인민에 대한 헌신적복무정신을 깊이 간직하자(사설)」, ≪노동신문≫, 2012. 5. 12, "오늘 우리 당은 전체 일군들과 당원들과 근로자들이 김정일 애국주의의 기치를 높이 들고 나갈 것을 바라고 있다", "김정일 애국주의는 가장 숭고한 후대관, 인민관으로 일관되어 있다"고 강조.
44) 사설 「김정일애국주의를 예술교육사업에 철저히 구현하자」, 『예술교육』 2012년 6호, 2.16예술교육출판사, 2012, 12~13쪽 참고.
45) 위의 글, 16쪽.

참고문헌

교육도서출판사 편, 『국어문학』 고등중학교 4, 교육도서출판사, 1994.
교육도서출판사 편, 『국어문학』 고등중학교 5, 교육도서출판사, 1994.
교육도서출판사 편, 『문학』 중학교 4, 교육도서출판사, 2004.
교육위원회, 『(교수요강) 국어문학: 고등중학교 4~6학년용』, 교육위원회 보통교육부, 1984.
김성우 외, 『국어문학』 고등중학교 6, 교육도서출판사, 1997.
김성우 외, 『문학』 중학교 5, 교육도서출판사, 2003.
김성우 외, 『문학』 고등중학교 5, 교육도서출판사, 1997.
김성우 외, 『문학』 고등중학교 5, 교육도서출판사, 2001.
김성우 외, 『문학』 고등중학교 6, 교육도서출판사, 2001.
김용은 외, 『국어문학』 고등중학교 5, 교육도서출판사, 1990.
김용은 외, 『국어문학』 고등중학교 6, 교육도서출판사, 1989.
김용은 외, 『국어문학』 고등중학교 6, 교육도서출판사, 2001.
김일성동지로작해설편집부 편, 『청소년들을 지덕체를 갖춘 사회주의, 공산주의 건설자로 키우자』, 사회과학출판사, 1975.
재일본조선인총련합회 중앙상임위원회 편, 『교육사업을 더욱 철저히 발전시킬데 대하여』, 동경: 구월서방, 1984.
조선민주주의인민공화국, 「조선민주주의인민공화국 최고인민회의 법령: 전반적 12년제의무교육을 실시함에 대하여」, ≪로동신문≫, 2012. 9. 26.
조선작가동맹 중앙위원회기관지, 『조선문학』, 문학예술출판사, 2012년 제10호.
조선작가동맹 중앙위원회기관지, 『조선문학』, 문학예술출판사, 2012년 제11호.
조선중앙통신사, 『조선중앙연감』, 1991~2000.
현종호 외, 『문학』 고등중학교 4, 교육도서출판사, 1997.
현종호 외, 『문학』 고등중학교 4, 교육도서출판사, 2002.
『경애하는 수령 김일성원수님께서 학습을 잘할데 대하여 주신 교시』, 재일본조선인통신교육협회, 1973.

『예술교육』(2012년 6호), 2.16예술교육출판사, 2012. 11.

김문태, 「북한의 고전문학 전통과 국어교과교육의 현장」, 『어문연구』 제36권 제2호, 한국어문교육연구회, 2008.

김미진, 「북한의 정치사상교육 양상고찰」, 『한국문화기술』 14, 한국문화기술연구소, 2012,

김미혜, 「다문화 교육의 관점에서 본 북한 서정시와 문학교육」, 『국어교육학연구』 제34집, 2009.

김양희, 「북한 국어과 교과서에 나타난 수령형상」, 『국어교육』, 한국어교육학회, 2004.

김양희, 「북한의 문학교육: 인민학교, 고등중학교 시 교육을 중심으로」, 『국어교육연구』 제15집, 서울대국어교육연구소, 2005.

김양희, 「80년대 이후 북한의 『국어』 교과서 연구」, 『국어교육연구』 제13집, 서울대국어교육연구소, 2004.

김일성, 「사회주의교육에 관한 테제: 조선로동당 중앙위원회 제5기 제14차 전원회의」, 동경: 재일본조선인총련합회중앙상임위원회, 1977.

문무영·김태훈, 「개편된 북한 국어 교과서의 체제와 내용: 고등중학교 1~3학년 교과서를 중심으로」, 『어문연구』 제29권 제3호 통권 제111호, 한국어문교육연구회, 2001.

문선희, 「북한의 고등중학교 문학교육: 남한과의 비교 및 지향점 모색」, 이화여대 석사논문, 1999.

문장순, 「북한교육의 변화와 당면과제」, 『남북문화예술연구』 통권 제6호, 남북문화예술학회, 2010.

박덕규·김미진, 「북한 수령형상 교육의 운영과 실제: 북한 교과서를 중심으로」, 〈남북통일과 문화예술교육〉, 한국문화기술연구소 제11회 국제 학술심포지엄, 2011. 5. 25.

박승희, 「북한에서 서정시 교육의 현실적 의미 연구」, 『문학교육학』 제13호, 한국문학교육학회, 2004.

석인해 외, 『문학독본교수참고서』, 교육도서출판사, 1956.

신효숙, 「북한교육 연구의 성과와 과제」, 『통일정책연구』 15권 1호, 통일연구원,

2006.

양자운, 「북한 중등학교제도 연구: 학제, 학교조직, 교육과정 중심으로」, 성균관대 석사논문, 2010.

오창은, 「'고난의 행군'시기 북한 문학평론」, 이대통일학연구원 편, 『북한문학의 지형도』 2, 청동거울, 2009.

옥일남, 「북한 중등학교 사회과 교과서에 나타난 내용 연구」, 『시민교육연구』 제43권 2호, 한국사회과교육학회, 2011.

윤희원, 「북한 지역 국어교육의 현황」, 『선청어문』, 서울대국어교육과, 1999.

이기동, 「김정은의 권력승계 과정과 권력구조」, 『북한연구학회보』 제16권 제2호, 2012.

이영미, 「문학교육의 내적 동학(動學)」, 『현대문학이론연구』 제30집, 현대문학이론학회, 2007.

이영미, 「북한 문학교육의 동향 고찰」, 『문학교육학』 제22호, 한국문학교육학회, 2007.

이영미, 「북한 문학교육의 제도적 형성에 관한 국제연구사적 문제제기」, 『국제어문』 제54집, 국제어문학회, 2012.

이인제·민병곤·이재기, 「북한의 읽기 교육 현황 분석: 교수 요강 및 교과서를 중심으로」, 『독서연구』 제7호, 한국독서학회, 2002.

이종석, 『새로 쓴 현대 북한의 이해』, 역사비평사, 2000.

조정아·이향규·김지수·김기석, 『북한교육 60년: 형성과 발전과 전망』, 교육과학사, 2010.

차종환·신법타·양학봉, 『이것이 북한교육이다』, 나산출판사, 2005.

한만길 엮음, 『북한에서는 어떻게 교육할까』, 우리교육, 1999.

한만길, 『통일시대 북한교육론』, 교육과학사, 1997.

허재영, 「북한 고등중학교 1학년 『국어』의 체제와 내용」, 『한말연구』, 한말연구학회, 2002.

황규수, 「북한 고중 『국어』 및 『문학』과 중국 조선족 『조선어문』 수록 시의 비교 고찰」, 『새국어교육』 제82호, 한국국어교육학회, 2009.

'전반적11년제의무교육'의 정치적 함의

김미진

1. 북한의 교육체계

　북한의 교육은 마르크스·레닌주의와 김일성의 주체사상을 바탕으로 공산주의 이념을 도입하고 사회주의를 교육시키는 데 주력을 다하는 것에 초점을 둔다. 또한 공산주의적 인간육성, 주체사상, 집단주의, 이론과 실천의 결합을 교육이념으로 삼는 것도 이러한 점에 기초한다. 북한 교육은 크게 두 가지의 문건을 통해 교육의 목적과 이념이 세워졌다. 첫 번째는 북한의 「사회주의 헌법」이고 두 번째는 「사회주의 교육에 관한 테제」이다.
　먼저 북한의 「사회주의 헌법」에 명시된 교육은 '지덕체를 갖춘 공산주의적 새 인간'을 만드는 것을 목표로 하고 있는데 여기에서 '공산주의적 새 인간'이란 공산주의 혁명을 완수하고 공산주의 사회를 건설하는데 적극적으로 헌신할 수 있는 인간을 의미한다.[1] '공산주의적 새 인간'을 만들기 위해서 북한은 집단의 학습 활동을 하며 협동농장 방문이나 생산활동과 같은 실제 생활과 밀접한 지식을 습득하도록 한다. 더불어 '사회주의 교육의 지도사상은 공산주의, 주체사상이며, 사회주의 교육을 발전시키는데서 가장 중요한 문제는 당의 유일사상 체계를 세우는 것'[2]이라고 천명하며 주체사상에 기초한 교육을 진행한다.

1977년 9월 5일에 열린 조선로동당 중앙위원회 제5기 제14차 전원회의에서 발표된 「사회주의 교육에 대한 테제」는 북한 교육의 큰 틀을 마련했다고 평가되고 있는데, 이 문건의 핵심은 "사람들을 자주성과 창조성을 가진 공산주의적혁명인재로 키우는데 사회주의교육의 목적"이 있다는 것이다. 사회주의교육의 내용으로는 정치사상교육, 과학기술교육, 체육교육 등 세 가지가 있다. 정치사상교육은 "학생들을 혁명적세계관이 서고 공산주의적인간의 사상도덕적풍모를 갖춘 혁명인재"로 키우기 위한 것이다. 과학기술교육은 "인류가 달성한 선진과학과 기술의 성과를 체득시키고 그 활용능력을 키워주기 위한 것"이며, "청소년학생들의 체력을 증진시켜 그들을 로동과 국방에 튼튼히 준비시키는데" 체육교육의 사명이 있다고 말하고 있다.[3]

또한 이 문건에서는 북한의 교육제도가 "로동계급의 혁명위업, 사회주의, 공산주의 건설위업에 복무하는 혁명적인 교육제도이며 국가가 완전히 책임지고 전체 인민을 공부시키는 가장 인민적인 교육제도"라고 주장하며, '전반적의무교육'과 '전반적무료교육', '일하면서 배우는 교육', '국가적어린이보육교양'[4]을 제도로 내세우고 있다. 이처럼 북한의 사회주의교육은 수령인 김일성의 담화에서부터 출발해 교육의 체계를 구축했다.

한편 북한 교육 제도의 변천과정은 크게 사회주의 교육 도입 시기

---

1) 한만길, 『통일시대 북한교육론』, 교육과학사, 1997, 30~33쪽 참조.
2) 위의 책, 34쪽.
3) 김일성, 「사회주의교육에 관한 테제」, 동경: 재일본조선인총련합회 중앙상임위원회, 1977, 3~27쪽 참조.
4) 위의 책, 42~55쪽 참조.

(1945~1950), 전쟁 후 복구 시기(1950~1959), 기술교육 강조 시기(1959~1966), 김일성 유일사상 확립 시기(1966~1972), 전반적 11년제 의무교육 시기(1972~1985), 고등교육의 대중화 시기(1985~현재)로 나누어 볼 수 있다.5) 특히 '김일성 유일사상 확립 시기'인 1966년 이후에는 김일성 유일체제 정착의 일환으로 교육적 측면에서 우상화 교육이 시행되었는데, 1968년부터 본격적으로 정치사상교육의 일종인 김일성에 대한 우상화 과목이 신설되었으며 김일성의 혁명 전통을 깨우치고 계승하기 위한 교과의 수업이 이루어졌다. 북한의 교육 사업의 방침으로 중시되고 있는 '전반적11년제의무교육'을 바탕으로 한 북한의 학제를 아래와 같이 도표화할 수 있다.

<표 1> 북한의 학제6)

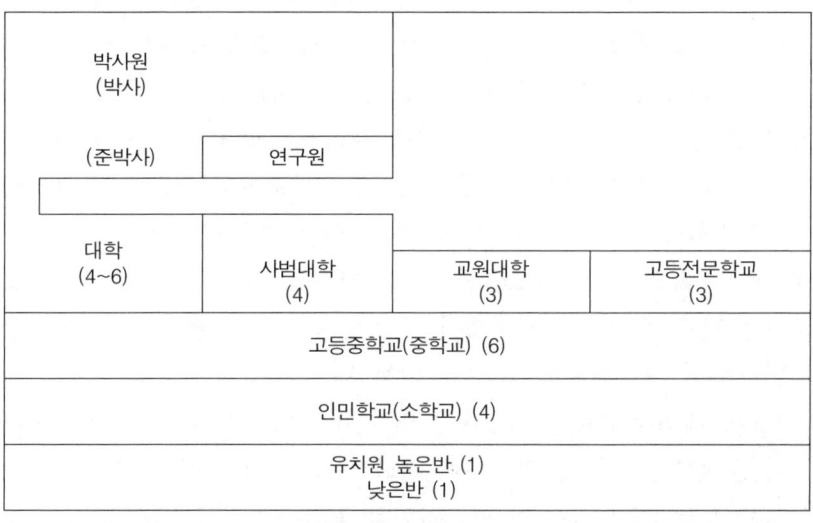

<표 1>에서 볼 수 있는 북한의 학제 가운데 2003년 이후 인민학교가 소학교로, 고등중학교가 중학교로 명칭을 변경7)하였으며, 2012년

---
5) 한만길, 앞의 책, 1997, 42쪽 참조.
6) 위의 책, 54쪽 참조.
7) 이후 본고에서는 인민학교를 '소학교', 고등중학교를 '중학교'로 표기함을 밝혀둔다.

9월에 열린 최고인민회의에서 '전반적12년제의무교육'을 실시할 것이 결정되어 2013년부터 다시 한 번 수정될 예정이다.

'전반적12년제의무교육' 법령은 김정은 체제를 맞이한 북한이 '지식경제시대 교육발전의 현실적요구와 세계적추이에 맞게 교육의 질을 결정적으로 높여 새 세대들을 완성된 중등일반지식과 현대적인 기초기술지식, 창조적능력을 소유한 주체형의 혁명인재로 키우는 가장 정당하고 우월한 교육'[8]이라고 밝히며 교육부분에서부터 변혁을 모색하고 있는 것이다. 즉 전반적11년제의무교육을 김일성-김정일 시대의 '숭고한 후대교육사상과 정력적인 령도가 낳은 빛나는 결실'[9]이라고 칭송하고 이 성과를 받아들여 앞으로의 주체혁명과 선군혁명의 위업을 수행해 나가겠다는 새 시대의 의지가 담긴 부분이다.

'전반적12년제의무교육'이 1972년부터 이어진 '전반적11년제의무교육'과 비교해 달라지는 점은 우선, 교육을 받게 될 대상의 연령이 5세부터 17세까지 확대된 것으로 교육을 마치는 연령이 기존의 16세에서 한 살씩 늘어났다. 그리고 '1년제학교전교육'과 '5년제소학교', '3년제초급중학교', '3년제고급중학교'로 세분화하는데, 이전의 4년제소학교를 5년제 학교로 전환하는 작업은 2014년부터 그리고 6년제이던 중학교를 3년제초급중학교와 3년제고급중학교로 나누어 운영하는 것은 2013년부터 진행한다. 또한 교육과정안이나 교수요강은 2013년부터 배급되는데, 이렇게 해서 북한의 새로운 교육정책인 '전반적12년제의무교육'은 2013년부터 본격적으로 시행되는 것이다.[10]

이 글에서는 「사회주의교육에 관한 테제」에서 밝히고 있는 사회주의교육의 세 가지 내용 가운데 인민을 공산주의적혁명인재로 키우고 혁명전통의 정통성을 확보하고 유지하기 위한 교육 방법으로 활용되

---

8) 「조선민주주의인민공화국 최고인민회의 법령: 전반적 12년제의무교육을 실시함에 대하여」, ≪로동신문≫, 2012. 09. 26, 2면 참조.
9) 위의 글, 같은 면 참조.
10) 위의 글, 같은 면 참조.

고 있는 '정치사상교육'을 주요 논의로 삼을 것이다. 특히 의무교육이 본격적으로 시작되는 시점인 소학교(4년)부터 중학교(6년)의 교육과정 중 정치사상교육 과목의 운영 실태와 문학 교과서에서 이루어지는 정치사상교육 현황을 분석하는 데 초점을 둘 것이다. 또한 연구 진행의 시기상 이 글에서 다루게 될 북한 교육과 그 정치적 함의에 관한 논의는 '전반적12년제의무교육'이 시행되기 이전인 2012년까지로 한정함을 밝힌다.

2. 정치사상교육의 운영 실태

북한에서 사회주의 교육을 발전시키기 위해 가장 중요한 문제로 여기는 것은 '당의 유일사상 체계를 세우는 것'이다. 북한의 체제는 한마디로 '유일체제'이며 절대권력자인 수령을 중심으로 전체사회가 일원적으로 편재되어 있다. 이렇다 보니 문화적으로 광범한 '개인숭배현상'을 동반하는데, 이를 위해 교육기관에서는 김일성, 김정일의 혁명역사를 정규과목으로 채택하고 있다.[11] 따라서 현재 시행 중인 '전반적11년제의무교육'에 해당되는 중등교육 시기에는 필수교과목으로 수업을 진행하고 있으며, 이것은 '12년제의무교육'이 실시되어도 변함이 없을 것이다.

북한 어린이들에게 있어 이러한 정치사상교육은 탁아소에 입소하기 이전의 가정교육에서부터 자연스럽게 습득되는 것이며 탁아소에 입소한 후부터는 공식적인 교육과정에 편제되어 혁명 수업을 받게 된다.

어린이반부터는 오전에 한 번, 오후에 한 번 간식을 나누어준다. 점심에 밥을 먹을 때는 장면 벽에 걸려 있는 초상화를 향하여 두 손을 높이

---

[11] 이종석, 『(새로 쓴) 현대북한의 이해』, 역사비평사, 2000, 211쪽 참조.

들고, "경애하는 아버지 김일성 원수님 고맙습니다. 맛있게 먹겠습니다."
라고 보육원이 말하면 아이들은 보육원을 따라서 인사를 한 다음 간식이
나 밥을 먹어야 한다며 김일성 숭배사상을 인식시킨다.
(…중략…)
어린이반 시기가 끝난 다음 2~3세의 교양반 시기와 유치원 가기 전인
3~4세의 준비반 시기를 거치게 된다. 이 시기부터는 말 그대로 본격적인
교양이 들어가는데 대부분 충실성 교양으로 일관되어 있다. 김일성은 언
제 어디에서 태어났는가, 김일성의 아버지는 누구인가 등등 단순한 우상
화 교양이 들어간다.
(…중략…)
1980년대 중반기부터 유치원에도 김정일 어린 시절 수업이 더 보충되
었다. 이 과목은 말 그대로 김정일이 어렸을 때부터 비범한 예지, 탁월한
영도력, 고매한 공산주의 품성, 뛰어난 전략을 지녔기 때문에 이 세상에
서 가장 위대한 후계자의 귀감이라고 높이 찬양하면서 어린이들을 교양
하는 충실성 교양 과목이다. (…중략…) 김정일의 어린 시절 이야기 과목
은 김일성의 어린 시절 이야기과목보다 늦게 나왔다. 이 한가지 사실을
놓고 봐도 김정일에 대한 우상화 사업은 80년대 중반기부터 유치원에도
일반화하기 시작하였음을 알 수 있다.
―여금주, 「쉴 틈 없는 유치원 교육과정」[12]

북한의 어린이들이 태어날 때부터 가정에서 자연스럽게 습득하게
되는 김일성 개인숭배사상은 유치원 높은 반부터 시작되는 의무교육
단계에 이르러 〈표 2〉와 〈표 3〉에서 보이는 것처럼 교과목과 교과서
를 통해 공식적이고 또한 본격적으로 이뤄진다.
의무교육과정에서의 본격적인 김일성 우상화 교육은 1983년에 개
정한 교육과정을 통하여 확고하게 정착되었으며,[13] 소학교에서는

---
[12] 한만길 엮음, 『북한에서는 어떻게 교육할까: 북녘에서 살다 온 16인의 생생한 교육체험기』, 우리교육, 1999, 29~35쪽.

'경애하는 수령 김일성 대원수님 어린시절', 중학교에서는 '위대한 수령 김일성 대원수님 혁명활동', '위대한 수령 김일성 대원수님 혁명력사'와 같은 과목이 개설되어 혁명전통과 관련된 수업이 진행되고 있다.

1974년에 공식적으로 후계자로 공인된 김정일은 1980년부터 후계자로서 활동을 시작한다. 1980년대 후반부터는 김정일에 대한 개인숭배 캠페인도 가속화되었는데, 이른바 '혁명적 가문과 비범한 천재성을 부각'시키며 '백두산 밀영 탄생을 공식화'하고 '구호나무문헌학습'이라는 활동을 전개한다.[14]

이렇게 시작된 김정일에 대한 우상화 작업은 1986년의 교육과정 개정에 이르러 김정일에 대한 혁명전통 과목을 정규과목에 포함시키기에 이른다. 김일성의 과목과 마찬가지로 소학교에서는 '위대한 령도자 김정일 장군님 어린시절', 중학교에서는 '위대한 령도자 김정일 원수님 혁명활동'과 '위대한 령도자 김정일 원수님 혁명력사'라는 이름의 과목이 교육되고 있다.

한편, 김일성-김정일 부자와 더불어 '백두산3대장군'으로 지칭되는 김정숙에 관한 우상화도 함께 진행되고 있는데, 전술되었던 김일성-김정일 교육도 과목과 유사한 형태를 보인다. 인민학교 과정이었을 때는 '위대한 공산주의혁명투사 김정숙어머님 어린시절'이라는 이름으로 학년별로 일주일에 한 시간씩 수업시간이 배정되었다. 하지만 2003년 인민학교의 이름이 소학교로 바뀌면서 교과목명칭이 '항일의 녀성영웅 김정숙어머님 어린시절'로 바뀌었으며, 학년별 주당 한 시간씩 주어지던 수업시간이 4학년에 한해서만 주당 한 시간씩으로 수업시간이 줄어들었다. 대신 '사회주의 도덕'이 소학교 1학년과 2학년 기준으로 한 시간씩 더 늘어있다. 하지만 중학교 과정에서는 김정숙을 지칭하는 수식어가 '위대한 공산주의혁명투사'에서

---

13) 한만길, 앞의 책, 1997, 149쪽.
14) 이종석, 앞의 책, 516~517쪽 참조.

'항일의 녀성영웅'으로 바뀌었을 뿐 주당 주어진 수업시간에는 변동이 없다. 이 과목들의 교과서에는 김일성과 김정일의 일생과 활동 모습을 전기의 형태로 서술하고 사진과 조선화 등도 활용한다.

다음의 〈표 2〉는 2012년을 기준으로 북한의 소학교와 중학교에서 행해지는 북한 학생들의 교육 과정을 도표화한 것이다.

〈표 2〉 북한 소학교 교육과정[15]

번호	교과명	학년별 주당 수업시간 수			
		1학년	2학년	3학년	4학년
1	경애하는 수령 김일성 대원수님 어린시절	1	1	1	2
2	위대한 령도자 김정일 장군님 어린시절	1	1	1	2
3	항일의 녀성영웅 김정숙 어머니 어린시절				1
4	사회주의 도덕	2	2	1	1
5	국어	6	6	7	8
6	수학	6	6	6	6
7	자연	2	2	2	2
8	위생				1
9	체육	2	2	2	2
10	음악	2	2	2	2
11	도화공작	2	2	1	1
12	영어				
13	컴퓨터			1	1

6세부터 시작되는 소학교 과정에서는 우선 백두산3대장군의 우상화 과목이 교육과정에 처음 편성되어 학생으로 하여금 본격적으로 우상화 교육과 정치사상교육을 받을 수 있게 했다. 소학교는 비교적 나이가 어린 학생들이 수업을 받기 때문에 우상화 과목 역시 백두산3대장군의 '어린시절'을 주요 텍스트로 삼아 혁명을 위한 비범한 예지 등을 학습할 수 있도록 하고 있다.

반면 소학교에서 중학교로 학년이 높아질수록 정치사상교육은 더

---

15) 통일부 통일교육원, 『2012 북한이해』, 통일교육원, 2012, 189쪽.

욱 세분화되고 구체화되면서 본격적인 혁명 전통을 가르치기 위한 교과목으로 세분화된다.

<표 3> 북한 중학교 교육과정16)

번호	교과명	학년별 주당 수업시간 수					
		1	2	3	4	5	6
1	위대한 수령 김일성 대원수님 혁명활동	1	1	1			
2	위대한 수령 김일성 동지 혁명력사				2	2	2
3	위대한 령도자 김정일 원수님 혁명활동	1	1	1			
4	위대한 령도자 김정일 동지 혁명력사				2	2	2
5	항일의 녀성영웅 김정숙 어머니 혁명력사				1		
6	현행당정책				1주	1주	1주
7	사회주의 도덕	1	1	1	1	1	1
8	국어	5	5	4			
9	문학				4	3	2
10	한문	2	2	1	1	1	1
11	외국어	4	3	3	3	3	3
12	력사	1	1	2	2	2	2
13	지리	2	2	2	2		
14	수학	7	7	6	6	6	6
15	물리		2	3	4	4	4
16	화학			2	3	3	4
17	생물		2	2	2	3	3
18	체육	2	2	2	1	1	1
19	음악	1	1	1	1	1	1
20	미술	1	1				
21	제도					1	1
22	컴퓨터				2	2	2
23	실습(남·녀)	1주	1주	1주	1주	1주	1주

소학교 과정에서는 백두산 3대장군의 어린시절을 배웠다면, 중학교에서는 이들 3대 장군의 혁명활동과 더불어 혁명역사에 대해 배운

---

16) 위의 책, 191쪽.

다. 그리고 고학년에서는 '현행당정책'을 학년당 1주일 동안 수업하도록 만들어서 정치사상교육을 보다 강화하려는 측면을 볼 수 있다. 또한 국어과 교과목은 저학년에서는 국어를, 고학년에서는 문학을 배우도록 함으로써 문학 작품에 대한 깊이 있는 교육이 이루어질 수 있도록 했다. 외국어 과목에 대한 비중도 높아져 중학교 전 학년에 걸쳐 외국어 수업이 진행되는데, 영어의 비중이 높아지면서 대부분 중학교에서 영어를 외국어 과목으로 채택하고 있다. 영어와 함께 컴퓨터 조기교육의 실시에 따라 2008년 9월부터 소학교 3학년 과정부터 컴퓨터 교육이 이루어지고 있으며, 중학교 4학년, 5학년, 6학년을 대상으로 수업시간을 주당 2시간으로 늘려서 교육한다.

백두산3대장군의 혁명들뿐 아니라 북한의 교육과정에 속하는 모든 과목들에서 이들의 정치사상교육은 자연스럽게 교육되어 지는데, 특히 국어와 공산주의도덕과 같은 과목에서 비중이 높게 다루어진다. 예를 들면, 고등중학교 1~3학년 국어 교과서에 있는 단원 중에서 김일성 우상화 단원은 16개(21.3%), 김정일 우성화 단원은 9개(12.0%), 김일성가계 선전 단원이 7개(9.3%)로서 김일성 부자에 대한 우상화 내용이 전체의 42.6%를 차지하고 있다.[17]

구체적으로 중학교 1학년에서 배우는 『위대한 수령 김일성대원수님 혁명활동』 교과서의 구성을 살펴보면 다음과 같다.

만경대초가집에서 탄생하시여 / 타도제국주의동맹 / 새날소년동맹을 무으시고 / 길림육문중학교에 자리를 잡으시고 / 길림감옥에서 / 카륜회가 준비되던 나날에 / 위험한 고비를 넘기시며 / 그 이름도 빛나는 김일성장군 / 돈 한푼 받지 않는 학교를 세워 주시고 / ≪머슴군≫으로 가장하시고 / 반일인민유격대창건 / 남만으로 가시는 길에 있은 이야기 / 온갖 슬픔을 이겨 내시며 / 인민의 새 세상 / 왕재산으로 가시는 길에서 /

---

17) 한만길, 앞의 책, 1997, 184쪽 참조.

소왕청유격구방어전투 / 죽음에서 구원된 사려장 / 로야령과 더불어 길이 전할 이야기 / 북만원정의 길에서 / 태워 버리신 ≪민생단≫문서보따리 / 마안산아동단원들에게 돌려 주신 사랑 / 녀성중대 / 만강마을에서의 연극공연 / ≪소를 임자에게 돌려 보냅시다≫ / 위대한 수령님의 뜻을 받들고 / 보천보전투 / 간삼봉전투 / 소년중대에 대한 이야기 / 학습은 혁명하는 사람들의 첫째가는 의무[18]

중학교 1학년에서 배우는 이 과목에서는 주로 김일성의 탄생과 항일혁명운동 당시까지의 혁명활동이 기록되어 있다. 김일성의 탄생 일화부터 김일성의 활동을 전기의 형태로 기술해보이고 있는데, 전기의 형태를 띠고 있지만 김일성을 우상화하기 위한 목적이 강한 교과목이다 보니 어렸을 때부터 비범한 예지로 인자한 인품을 가진 영웅의 모습으로 혁명 활동을 해나갔다는 식의 신화적 서술이 지배적이다.
　이러한 과목이 고학년으로 올라갈수록 '혁명력사' 과목으로 대치되는데, 저학년에서 배운 '혁명활동'의 내용이 김일성의 일생과 함께 혁명적인 '활동'에 초점을 맞추었다면, '혁명력사' 과목에서는 김일성의 혁명 활동이 시기 구분과 함께 보다 구체적으로 기술되어 교육된다. 구체적으로 중학교 4학년의 『위대한 수령 김일성대원수님 혁명력사』 교과서의 구성을 살펴보자.

위대한 수령 김일성대원수님께서 조선혁명에 나아갈 길 개척
[주체1(1912.4)-주체20(1931.12)]
　위대한 수령 김일성대원수님께서 탄생, 위대한 혁명가로 성장 / 혁명활동 개시, 타도제국주의동맹 결성 / 길림에서의 청년운동 / 주체사상 창시 / 카륜회의 / 항일무장투쟁 준비

---

[18] 최동철·장리준, 『위대한 수령 김일성대원수님 혁명활동: 중학교』 1, 평양: 교육도서출판사, 2005, 차례쪽.

위대한 수령 김일성대원수님께서 항일무장투쟁을 조직령도
[주체20(1931.12)-주체34(1945.8)]
항일무장 조직전개 / 항일무장투쟁의 일대 앙양

위대한 수령 김일성대원수님께서 새 조국건설을 조직령도
[주체34(1945.8)-주체39(1950.6)]
건당, 건국, 건군의 3대과업 제시 / 주체의 혁명적당 창건 / 광범한 대중을 당의 두리에 결속 / 인민민주주의정권의 수립과 민주개혁 / 새 조국건설을 위한 대중운동 / 사회주의정권의 수립과 첫 인민경제계획 수행 / 정규적혁명무력으로 강화발전 / 북조선로동당 제2차대회 / 4월남북련석회의 / 조선민주주의인민공화국 창건

위대한 수령 김일성대원수님께서 조국해방전쟁을 승리에로 조직령도
[주체39(1950.6)-주체42(1953.7)]
모든것을 전쟁승리에로 조직동원 / 남반부 넓은 지역의 해방 / 새로운 반공격 / 적극적인 진지방어전 / 전시 당의 강화 / 전시생산과 전후복구건설 준비 / 조국해방전쟁의 위대한 승리

위대한 수령 김일성대원수님께서 전후복구건설과 사회주의기초건설을 조직령도
[주체42(1953.7)-주체49(1960.12)]
전후복구건설 / 사회주의협동화 / 주체확립에서의 결정적전환 / 조선로동당 제3차대회 / 중파도당 폭로분쇄 / 사회주의공업화의 기초축성 / 혁명전통교양과 사회주의교양 / 청산리정신, 청산리방법 창조 / 해외동포운동의 발전[19]

---

[19] 강홍수 외, 『위대한 수령 김일성 대원수님 혁명력사: 중학교』 4, 평양: 교육도서출판사, 2003, 차례쪽.

위에서와 같이 '혁명력사' 과목에서도 김일성의 탄생, 항일무장투쟁, 새 조국건설, 조국해방전쟁 등 김일성의 활동이 제시되어 있으며 세부내용은 앞선 '혁명활동' 과목의 내용에서 크게 벗어나지 않은 내용과 형태를 보인다.

하지만 '혁명활동' 과목에 비해 '혁명력사' 과목에서 두드러지게 나타나는 특징은 '주체 1년'부터 시작되는 북한식 역사구분이라고 할 수 있다. 일반적인 서기와 함께 사용되는 북한식 연호인 '주체 연호'는 김일성이 태어난 해를 원년으로 삼은 것으로, 김일성의 항일혁명투쟁의 역사를 '혁명전통'으로 만들어 계승하고 그의 사상을 영원히 유지시키며 또한 '김일성을 하나의 신으로 창조해 내고, 그의 일생과 함께 북한사회가 존재하고 있음을 상징적으로 표현하고 있는 것'20)으로 평가할 수 있다.

북한은 체제의 전통성 확보와 유지를 위해 '혁명전통'을 그들의 역사로 내세웠으며, 수령인 김일성이 태어난 1912년을 혁명전통역사의 원년으로 삼아 '주체 연호'를 사용하기 시작했다. 하지만 이것은 김일성 사후 3년 즉, 이른바 유훈통치가 끝나는 시점은 1997년 7월에 선포된 것인데 수령 사망 후 위기에 처할 수 있는 체제를 고수하기 위한 수단으로 혁명전통의 역사를 계승한 것이다.21)

소학교에서부터 중학교까지의 의무교육이 진행되는 10년에 걸쳐 학생들은 김일성과 김정일에 대한 우상화 교육을 반복적으로 받게 되는데, 이러한 교육 형태는 유일사상체계의 확립을 위한 김일성-김정일 부자에 대해 맹목적 충성으로 이끌기 위한 강제적인 주입식 교육이며 이것은 학생들의 창의성을 저하시키고 학습에 대한 자율성을 보장할 수 없게 한다.

---

20) 조은희, 「북한 혁명전통의 상징화 연구」, 이화여대 박사논문, 2007, 66쪽 참조.
21) 1997년 7월 8일 김일성의 기일에 삼년상이 끝났다는 선언과 함께, 김일성이 태어난 1912년을 원년으로 하는 주체 연호를 사용할 것과 김일성의 생일인 4월 15일을 태양절로 한다는 것이 선언되었다. 와다 하루키, 『북조선』, 돌베개, 2009, 270쪽 참조.

3. 문학 교과서에 나타난 정치사상교육

김일성, 김정일 과목의 교재인 교과서는 김일성과 김정일, 김정숙이 이룩한 혁명 역사를 서술해 놓은 전기 형식을 취하고 있다. 반면에 문학 교과서에서는 "4학년은 고대중세문학에서 계몽기 문학, 해방 전 문학의 단계까지 소개되고 5학년은 해방 후 문학에서 전후복구 건설기의 문학, 천리마 시대의 문학까지, 6학년은 주체문학의 대전성기가 주요 대상"이 된다.22) 또한 주로 김일성과 김정일이 창작했다는 작품들과 '수령형상문학'으로 대표되는 작품들의 해제를 통해 문학적 정치사상교육이 이뤄진다.

북한 중학교의 "국어 과목의 교과명은 국어 문학으로 1~6학년까지 동일하지만, 국어 과목의 교육을 위한 교과서명은 중학교 1~3학년용은 '국어'이고, 4~6학년용은 '국어문학'으로 학년에 따라 다르"23)게 나뉜다. 하지만 1996년 교육과정 개편 이후 '국어 문학'이라는 과목명이 '문학'으로 바뀌었으며 이후 교육과정에서도 '문학'으로 표기되어 있음을 알 수 있다. 따라서 이 글에서는 '국어 문학'과 '문학'의 교과서명을 현재 북한에서 사용하고 있는 그대로 '문학'이라고 표기할 것이다.

문학 교과는 앞의 표에서도 알 수 있듯이 중학교 4~6학년을 대상으로 개설되는 교과목인데, 중학교에서는 문학 교과에 대한 교육 목적을 아래와 같이 강조하며 국어과 과목의 학습과 교수의 중요성을 피력하고 있다.

> 고등중학교 ≪국어문학≫과목교육의 목적은 위대한 수령님의 혁명사상, 주체사상과 주체적언어문예사상, 친애하는 지도자선생님의 언어문예방침으로 학생들을 무장시키며 그들에게 언어와 문학에 대한 일반기초지

---

22) 임옥규, 「북한 교과서 개편에 따른 문학교육 양상」, 『한국문화기술』 제13호, 한국문화기술연구소, 2012, 18쪽.
23) 이인제, 「북한의 국어과 교육에 관한 연구」, 한국교원대 박사논문, 1996, 143쪽.

식과 실천적기능을 키워주고 혁명적정서와 사고력을 발전시킴으로써 위대한 수령님과 친애하는 지도자선생님께 끝없이 충직한 혁명전사로 키우는데 있다.[24]

또한 학생들에게 문학을 가르치는 것은 "공산주의 교양의 힘 있는 수단"이라고 하면서, "문학 교수를 통한 공산주의 교양은 직접 공산주의자들의 형상을 보여 주는 작품은 물론, 우리 시대와는 아주 다른 낡은 시대의 진보적 인간들을 보여 주는 과거 작품에서도 가능하다."[25]고 설명하고 있다.

먼저 문학 교과서의 구성을 살펴보면 다음과 같다.

[문학] 중학교 4학년[26]
<고대중세문학>
고대가요와 고대중세설화문학: 공후인 / 주몽설화
중세시가문학: 정읍사 / 청산별곡 / 시조 / 관동별곡 / 강강수월래 / 방주의 노래 / 적성촌의 오막살이
중세소설문학: 임진록 / 재판받는 쥐 / 홍길동전 / 춘향전 / 량반전 / 채봉감별곡
<계몽기문학>
상봉유사 / 현미경
<해방전 진보적문학>
벙어리 삼룡이 / 초혼 / 탈출기 / 빼앗긴 들에도 봄은 오는가 / 락동강 / 산제비 / 고향 / 인간문제 / 진달래 / 황금산
<항일혁명문학>

---

24) 교육위원회 보통교육부 편,『국어문학 교수요강(고등중학교 4~6학년용)』, 평양: 교육위원회 보통교육부, 1984, 3쪽.
25) 학우서방 편,『문학교수법』, 동경: 학우서방, 1963, 114쪽 참조.
26)『문학(중학교 제4학년용)』, 평양: 교육도서출판사, 2004, 차례쪽.

불요불굴의 혁명투사 김형직선생님과 열렬한 녀성혁명투사 강반석어머님의 혁명적시가문학: 남산의 푸른 소나무 / 짓밟힌 동포야 일어나거라 / 만경대에 봄이 와도

항일혁명투쟁의 불길속에서 창작된 혁명적문학예술: 항일혁명문학과 그 특징 / 위대한 수령 김일성대원수님의 불멸의 친필활동 / 불후의 고전적명작 ≪사향가≫ / 불후의 고전적명작 ≪반일전가≫ / 자장가 / 조선의 별 / 적기가 / 자유가

<외국문학>

일리아스 / 삼국연의 / 베니스의 상인 / 로빈슨 크루소우

[문학] 중학교 5학년[27]

<위대한 령도자 김정일원수님의 불멸의 친필활동>

불후의 고전적명작 ≪조선아 너를 빛내리≫ / 불후의 고전적명작 ≪진달래≫ / 불후의 고전적명작 ≪제일강산≫

<새 조국건설시기의 문학>

백두산 / 땅 / 농촌위원회의 밤 / 로동일가 / 문학작품의 주제와 사상

<조국해방전쟁시기의 문학>

조선은 싸운다 / 불 타는 섬 / 결전의 길로 / 싸우는 마을사람들 / 바다가 보인다 / 문학작품의 종자

<전후복구건설시기의 문학>

새들은 숲으로 간다 / 빛나는 전망 / 시련속에서 / 평남관개시초 / 석개울의 새봄

<천리마시대의 문학>

력사의 자취 / 장군님의 어머니 / 문학작품의 언어 / 전사들 / 길동무들 / 붉은 선동원 / 문학작품의 구성 / 조국산천에 안개 개인다 / 대하는 흐른다 / 벌거벗은 아메리카

---

[27] 김성우, 『문학(중학교 제5학년용)』, 평양: 교육도서출판사, 2003, 차례쪽.

<외국문학>
레 미제라블 / 압록강가에서 / 우제니 그랑데 / 축복

[문학] 중학교 6학년28)
<주체문학의 대전성기>
1932년
<문학은 인간학>
고요 / 나의 조국 / 푸른 하늘 / 충성의 한길에서 / 당의 참된 딸 / 나는 영원히 그대의 아들 / 자기 위치 앞으로 / 빛나는 아침 / 그이는 우리의 최고사령관 / 빈터우에서
<성격과 전형>
어머니 / 승리의 기치따라 / 영원한 우리 수령 김일성동지 / 갑오농민전쟁 / 창작방법과 사조 / 영원무궁하라 조선의 미래여 / 민족과 운명 / 높이 들자 붉은기 / 혁명의 수뇌부 결사옹위하리라
<문학작품의 종류와 형태>
<외국문학>
쏘베트려권 / 어머니 / 청춘의 노래 / 강철은 어떻게 단련되였는가

문학 교과서에 소개된 외국문학의 특징은 주로 러시아, 중국, 그루지아와 같은 사회주의 국가들의 작품이거나 자본주의와 부르조아 사회에 대해 비판적인 시각을 보이고 있는 작품들, 그리고 프롤레타리아 작가의 작품들이 대부분이다.

중학교 5학년에 수록된 『레 미제라블』에 관한 해제를 보면, "한생을 외롭게 보내고 세상을 떠나는 쟝발쟝, 딸애를 키우기 위하여 천신만고하며 애 쓰다가 비참하게 죽는 팡띠느, 어린 나이에 무서운 고역과 천대에 시달리는 꼬제트, 거리를 헤메는 나 어린 방랑소년 가브로

---

28) 김성우·오정환 외, 『문학(고등중학교 제6학년용)』, 평양: 교육도서출판사, 2001, 차례쪽.

슈 등의 모습을 통해 부르죠아 사회는 인민대중에게는 ≪지옥≫이라는 것을 보여 준다."29)라고 설명하는 것과 같이 부르주아 사회를 비판하며, 그들의 사상과 체제를 옹호고수하기 위한 장치들을 문학 교과목에서도 실천하고 있는 것으로 보인다. 또한 중국 프로레타리아 문학의 창시자 중 한 명인 로신의 작품 『축복』을 수록하였고, 중학교 6학년 문학 교과서에서는 사회주의적사실주의문학을 소개하며 '수령이 정확한 혁명리론과 투쟁방침을 내놓고 로동계급을 비롯한 근로인민대중을 사회주의혁명에로 현명하게 이끌어 나가게 된 것'30)이라고 설명하고 있다. 이렇듯 문학 교과서를 통해 소개되는 외국 작품들은 주로 '사회주의'와 '혁명을 위한 투쟁'과 같은 모습을 지향하는 것들로 채워져 있음을 알 수 있다.

이와 더불어 수령형상문학작품에 대한 소개도 하고 있는데, 직접적으로 수령형상작품으로 지칭하지는 않았지만 중학교 5학년 교과서에 조기천의 『백두산』과 리종순의 『조국산천에 안개 개인다』, 중학교 6학년에 '불멸의 력사' 총서 가운데 『1932년』, 희곡 『승리의 기치따라』, 리종렬의 「고요」 등과 같은 작품이 수록되어 있다.

'불멸의 력사' 총서 가운데 『1932년』은 총서의 출발이 되는 작품으로 김일성이 조선인민혁명군을 창건한 1932년을 소재로 하고 있어 '혁명전통'을 강조하기에 적절한 작품이라는 의미를 가지고 있다. 희곡 『승리의 기치따라』는 '〈성황당〉식 혁명연극' 가운데 '수령형상의 첫 작품'31)이라는 평가를 받고 있는 작품이며, 리종렬의 단편소설 「고요」는 1980년대를 대표하는 수령형상작품으로 현지지도에 앞장서는 수령과 그런 수령을 보필하고 한 철도원에게 인정을 베푸는 인자한 지도자상을 표현한 작품이다. 이처럼 앞서 언급된 작품들은 북한의

---

29) 김성우, 앞의 책, 196쪽.
30) 김성우·오정환 외, 앞의 책, 152쪽.
31) 류만, 「수령형상창조에 관한 우리 당의 주체적문예리론을 폭넓고 깊이있게 구현한 혁명적대작」, 『조선예술』 1993년 제8호, 평양: 문예종합출판사, 1993, 18쪽.

대표적인 수령형상문학작품으로서 가치를 지닌 작품들이기 때문에 학생들을 가르치는 데 있어 다른 작품들에 비해 보다 학습효과를 기대할 수 있을 것이다.

북한에서는 수령형상을 창조하는 것이 주체문학건설의 기본의 기본이며, 문학의 지상 과업이라고 말하고 있다.32) 북한에서는 수령의 형상을 창조하는 것을 수령에 대한 충실성을 교양시키고 김일성의 유일사상체계를 확립하기 위한 가장 확실한 수단으로 삼고 있다. 따라서 북한의 교육과정 가운데 문학 교과목은 수령형상문학 작품과 김일성-김정일의 '불멸의 친필활동'과 같은 작품들을 읽히고 교육시키는 과정에서 수령에 대한 우상화는 물론 문학예술의 영도자로서 수령의 이미지를 각인시키는 역할을 한다.

4. 북한의 혁명교육과 미래 전망

북한의 교육은 마르크스·레닌주의와 김일성의 주체사상에 기초하고 있다.33) 사회주의 이념을 고취시키고 수령인 김일성과 김정일을 우상화시키기 위한 활동이 문학예술을 비롯한 사회전반에서 행해지고 있다. 또한 인민을 교양시키는 목적을 가진 교육에서도 빠질 수 없이 등장하는데, 북한의 혁명교육은 주로 김일성과 김정일의 수령형상화 작업을 통해 이루어진다.

이 글에서 살펴본 북한 교육의 특징은 크게 김일성, 김정일 과목의 교육과 11년제 의무교육의 전반적 시행을 들 수 있는데, 특히 김일성의 유일체제를 견고히 하기 위한 방법으로 학생들에게 주입식 혁명교육을 추진했다는 점을 들 수 있다. 먼저 김일성에 대한 혁명수업이 진행되었는데, 소학교와 고등중학교에서 각각 어린시절과 혁명활동·

---

32) 김정일, 『주체문학론』, 평양: 조선로동당출판사, 1992, 126쪽 참조.
33) 한만길, 앞의 책, 1997, 29쪽.

혁명역사 과목을 개설해 가르쳤으며 1986년에는 교육과정 개정을 통해 김정일에 대한 과목도 정규과목으로 포함시켰다. 이러한 혁명수업은 북한의 '전반적11년제의무교육'이 본격적으로 시행되면서 '의무교육'이라는 틀 안에서 보다 체계적이고 집중적으로 이루어지게 된다.

한편 혁명수업은 김일성, 김정일 과목에서뿐만 아니라 일반 교과과정에서 기본적으로 행해지는데, 1984년에 발행된 『국어문학 교수요강(고등중학교 4~6학년용)』[34])을 살펴보면 해당과목의 교육목표를 "위대한 수령님의 혁명사상, 주체사상과 주체적언어문예사상, 친애하는 지도자선생님의 언어문예방침으로 학생들을 무장시키며 그들에게 언어와 문학에 대한 일반기초지식과 실천적기능을 키워주고 혁명적정서와 사고력을 발전시킴으로써 위대한 수령님과 친애하는 지도자선생님께 끝없이 충직한 혁명전사로 키운데 있다."고 밝히고 있다. 즉, 북한의 문학교육은 김일성과 김정일의 가르침을 본받아 혁명전통을 이어나가고, 북한교육의 최종 목표인 공산주의적 새 인간을 양성하기 위한 학습이 이루어지도록 한다. 그 방법으로 수령형상문학을 수록해 학습하도록 했으며, 외국작품 가운데서는 사회주의를 옹호하고 있거나 프롤레타리아 문학 작가의 작품들을 주로 소개했다.

북한의 교육이 혁명전통을 이어나가고 체제 유지를 위한 혁명 교육 위주로 이루어지며 그와 더불어 혁명의 정당성 확보를 위한 김일성, 김정일 과목과 같은 정치사상교육과목을 필수 교과목으로 채택해 교육하는 것은 학생들의 창의성을 저해하기 쉽다. 김일성과 김정일의 일대기와 혁명 활동, 역사를 학생들은 자율성을 보장받지 못한 채 획일적인 수령형상 관련 수업을 반복적·주입식으로 무려 11년에 걸쳐 학습하게 되는 것이다. 물론 그 상위단계의 학교에 진학하게 되더라도 이러한 우상화와 우상화 수업은 끊임없이 받게 된다.

이러한 교육 진행은 향후 통일된 한반도에 극심한 교육 이질화를

---

34) 교육위원회 보통교육부 편, 앞의 책, 3쪽.

초래할 수 있다. 다양한 가치를 인정하고 스스로의 노력과 책임으로 삶의 가치관을 형성해 가는 데 익숙한 사람들이 주체사상을 유일한 가치라 교육받은 사람들을 어떻게 받아들이느냐의 문제와, 주체사상의 견지에서 시대를 구분하는 북한의 역사 교육에 있어서도 통일 후 상당한 혼란이 예상되기 때문이다.[35]

체제를 견고히 하고 수령의 위치를 강력하게 유지하기 위한 방안으로 오랫동안 시행되고 있는 김일성과 김정일 과목은, 세계화 교육 체계 속에서는 퇴보하게 될 것이며 통일 이후의 한반도에서 극복해야 할 가장 시급한 문제가 될 것이다.

참고문헌

강홍수 외, 『위대한 수령 김일성대원수님 혁명력사: 중학교 4』, 평양: 교육도서출판사, 2003.
교육위원회 보통교육부 편, 『국어문학 교수요강(고등중학교 4~6학년용)』, 평양: 교육위원회 보통교육부, 1984.
김성우, 『문학(중학교 제5학년용)』, 평양: 교육도서출판사, 2003.
김성우·오성환 외, 『문학(고등중학교 제6학년용)』, 평양: 교육도서출판사, 2001.
김일성, 「사회주의교육에 관한 테제」, 동경: 재일본조선인총련합회 중앙상임위원회, 1977.
김정일, 『주체문학론』, 평양: 조선로동당출판사, 1992.
류 만, 「수령형상창조에 관한 우리 당의 주체적문예리론을 폭넓고 깊이있게 구현한 혁명 적대작」, 『조선예술』 1993년 제8호, 평양: 문예종합출판사, 1993.
최동철·장리준, 『위대한 수령 김일성대원수님 혁명활동: 소학교 1』, 평양: 교육도

---

[35] 박덕규, 「북한의 교육 현실과 남북한의 교육 이질화 극복 방안」, 『한국문예창작』 제2권 제2호, 한국문예창작학회, 2003, 235쪽 참조.

　　　　　서출판사, 2001.
학우서방 편, 『문학교수법』, 동경: 학우서방, 1963.
『문학(중학교 제4학년용)』, 평양: 교육도서출판사, 2004.
「조선민주주의인민공화국 최고인민회의 법령: 전반적 12년제의무교육을 실시함
　　　　　에 대하여」, ≪로동신문≫, 2012. 09. 26.
박덕규, 「북한의 교육 현실과 남북한의 교육 이질화 극복 방안」, 『한국문예창작』
　　　　　제2권 제2호, 2003.
와다 하루키, 서동만 역, 『북조선: 유격대국가에서 정규군국가로』, 돌베개, 2009.
이인제, 「북한의 국어과 교육에 관한 연구」, 한국교원대 박사논문, 1996.
이종석, 『(새로 쓴) 현대북한의 이해』, 역사비평사, 2000.
임옥규, 「북한 교과서 개편에 따른 문학교육 양상」, 『한국문화기술』 제13호, 한국
　　　　　문화기술연구소, 2012. 06.
조은희, 「북한 혁명전통의 상징화 연구」, 이화여대 박사논문, 2007.
통일부 통일교육원, 『2012 북한이해』, 통일교육원, 2012.
한만길, 『통일시대 북한교육론』, 교육과학사, 1997.
한만길 엮음, 『북한에서는 어떻게 교육할까: 북녘에서 살다 온 16인의 생생한
　　　　　교육체험기』, 우리교육, 1999.

민요를 통한 북한 음악교육의 지향

배인교

1. 북한 교육과정 속의 음악수업과 교과서

북한의 교육제도를 보면, 크게 취학 전 교육체계, 학업을 전문으로 하는 교육체계, 그리고 일하면서 공부하는 성인교육체계의 세 범주로 구분된다. 이 중 학업을 전문으로 하는 교육체계 안에서의 기본 학제는 4-6-4(6)제로 소학교 4년, 중학교 6년, 대학은 4~6년을 근간으로 하는 11년 의무교육을 실시하고 있다. 그리고 2002년 9월에 초등교육기관인 인민학교를 소학교로, 중등교육기관인 고등중학교를 중학교로 각각 개칭하였다.[1] 북한 학교 교육체계와 남한의 공교육체계를 비교하면, 통일부 공식 블로그[2]에 소개되어 있는 다음의 자료 1에서 확인할 수 있다.

---

[1] 『2009 북한개요』, 통일연구원, 2009, 386~387쪽.
[2] http://blog.unikorea.go.kr

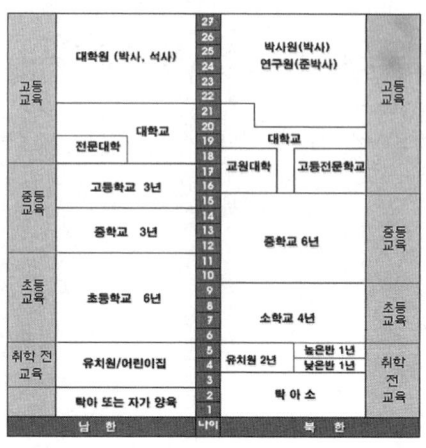

<자료 1> 남북한 학제 비교

    북한의 경우 남한의 중·고등학교 음악수업이 그러하듯이 중학교 6년 동안 음악수업이 매년 있는 것은 아니며, 음악은 중학교 5학년까지 주당 1시간씩 수업3)하고 있다. 따라서 본고의 분석대상인 고등중학교 음악교과서는 1학년부터 5학년까지 5종이며, 현재 북한자료센터의 고등중학교 음악교과서 소장 현황은 다음의 〈표 1〉에서 확인할 수 있다.

<표 1> 북한자료센터의 고등중학교 음악교과서 소장 현황

	1990년	1996년	2001년
1학년	○	○	○
2학년	○	○	○
3학년	○	○	○
4학년	○	×	○
5학년	×	○	○

    북한의 고등중학교 음악교과서를 분석한 기존의 논문들은 거의 대부분이 교육대학원 석사학위논문4)이며, 1990년대 이후 꾸준히 발표

---

3) 앞의 책, 통일연구원, 392쪽.

되고 있다. 각각의 학위논문에서 다뤄진 음악교과서 내용 분석은 주로 영역별, 주제별 분석에 한정되어 있을 뿐, 수록 악곡에 대한 심층적 분석이 이루어지지 않았다. 뿐만 아니라 1980년대 후반 북한에서 조선민족제일주의가 주창된 이후 고등중학교 음악 교과서에서 어떤 민요가 어떤 방식으로 실려 있는지, 그리고 그 양상은 어떠한지 등을 살펴볼 필요가 있다. 따라서 본고에서는 1990년대 이후 북한에서 출판된 고등중학교 음악교과서의 민요 제재곡을 분석함으로써 북한 고등중학교에서의 민족음악교육 중 민요교육 양상에 대하여 살펴보도록 하겠다.

논의의 전개를 위해 이 글에서는 북한의 고등중학교 1학년부터 5학년까지의 음악교과서 내용 중 민요와 관련 있는 단원을 중심으로 살펴보려 한다. 현재 통일부 산하기관인 북한자료센터에서 접할 수 있는 북한의 고등중학교 음악교과서는 위의 〈표 1〉과 같다. 그러나 1996년판과 2001년판은 1학년 제3단원만 다를 뿐 나머지는 모두 같아서, 북한자료센터에서 소장하고 있지 않은 4학년의 교과서5)도 2001년에

---

4) 배원희, 「북한 음악교육에 관한 연구: 제도와 교과서를 중심으로」, 한양대 석사논문, 1995; 정혜령, 「북한 음악 교육의 분석적 고찰: 고등중학교 음악을 중심으로」, 성신여대 석사논문, 1995; 심부자, 「북한음악교육의 분석적 고찰: 인민학교, 고등중학교 중심으로」, 원광대 석사논문, 1997; 허춘자, 「북한의 고등중학교 음악교과서 분석연구」, 단국대 석사논문, 1998; 이수미, 「북한 음악 교육에 대한 연구: 1996년 개정된 북한 고등중학교 음악교과서를 중심으로」, 전남대 석사논문, 2000; 조정호, 「북한의 고등중학교 1, 2, 3학년 음악교과서 분석」, 경상대 석사논문, 2001; 조현주, 「북한 고등중학교의 음악교과서 분석」, 경북대 석사논문, 2001; 정원이, 「북한 고등중학교 음악교과서 분석연구: 1990년과 1996년 발행본을 중심으로」, 중앙대 석사논문, 2002; 심연미, 「북한의 고등중학교 음악교과서에 관한 분석: 김일성 사망 전·후 고등중학교 음악 교과서를 중심으로」, 전북대 석사논문, 2002; 이영미, 「북한의 고등중학교 음악교과서에 관한 고찰」, 목원대 석사논문, 2002; 한선희, 「남북한 중등 음악교과서 비교 연구: 지학 교과서와 고등중학교 교과서를 중심으로」, 건국대 석사논문, 2003; 박희정, 「남.북한 중등음악 교과서 비교분석: 가창교육 중심으로」, 중앙대 석사논문, 2005; 윤금혜, 「북한의 중학교 음악교과서 분석 연구」, 성신여대 석사논문, 2006; 이지연, 「남북한 음악교과서 비교분석 연구」, 한양대 석사논문, 2009; 정수진, 「남북한 음악교과서 분석」, 한양대 석사논문, 2010 외 다수.
5) 이수미는 자신의 석사논문(이수미, 「북한 음악 교육에 대한 연구: 1996년 개정된 북한 고등중학교 음악교과서를 중심으로」, 전남대 석사논문, 2000, 17~23쪽)에서 1996년에 발행된 고등중학교 4학년 음악교과서의 내용을 분석하고 있으나, 필자가 논문의 내용을 검토해 본 결과 이수미가 사용한 고등중학교 4학년 음악교과서는 고등중학교 5학년 음

출판된 것과 크게 다르지 않다고 판단된다. 따라서 북한의 고등중학교 음악교과서는 2001년까지 세 차례 발행되었으나, 내용상 판형은 둘로 나눌 수 있기에 1990년에 출판된 음악교과서는 『음악-가』라 하고 1996년 이후 발행된 음악교과서는 『음악-나』[6]라고 하겠다. 이제 『음악-가』와 『음악-나』에 수록[7]되어 있는 민요와 관련된 단원들을 참고하도록 하겠다.

<표 2> 음악교과서 수록 민요관련 단원

		『음악-가』		『음악-나』
1			1	가요 설명 중 민요의 개념
			19	안땅장단과 흘라리
2	6	민요의 개념	12	민요의 개념
	7	소해금독주 〈봄맞이〉의 삽입 민요		
3	14	명승가	14	풀무타령
	보	세월아 가지마라	18	민요조식
4	보	황금산의 백도라지	5	명승가
			7	가야금독병창 〈직동령의 승리방아〉
			15	경치도 좋지만 살기도 좋네
5			3	소해금독주 〈봄맞이〉 삽입 민요
			13	양산도장단과 배띄여라

위의 〈표 2〉에서 보듯이 북한의 고등중학교에 수록된 민요곡들은 남한에서 접할 수 있는 민요곡이 아니며, 남한 학자의 눈에 익숙한 곡은 〈풀무타령〉뿐이어서 북한 고등중학교 음악교과서에 수록된 민요가 어떤 성격의 곡인지 분석할 필요가 있다. 또한 민요와 관련된

    악교과서임을 확인하였으며, 결국 1996년에 출판된 북한의 4학년 음악교과서는 없는 셈이다.
    또한 북한자료센터의 목록에서 확인할 수 있는 1997년 고등중학교 4학년 음악교과서는 사서와 면담해본 결과 없는 자료임을 확인하였다.
6) 주지하다시피 1996년의 북한은 김일성 사후에 경제적 위기를 맞았던 '고난의 행군'시기로, 물자부족이 심각한 시기였다. 이러한 요인 때문인지 1996년판의 교과서의 제책 상태가 그리 좋은 편이 아니다. 또한 교과서의 종이 재질도 얇고 짙은 회색빛이 나는 갱지로 인쇄하여서 글자 판독이 어려운 경우도 있다. 따라서 1996년판과 2000년대 판본의 내용이 대체로 일치하기 때문에 『음악-나』는 2000년대 이후 출판된 교과서를 사용하도록 하겠다.
7) 『음악-가』와 『음악-나』의 판형별 단원 구성은 말미의 부록을 참고하시오.

단원은 그 내용으로 보아 전체 4개의 범주로 나누어 분석할 수 있다. 즉, 북한 고등중학교 음악교과서에 수록된 민요와 관련된 단원은 민요의 개념, 기악곡에 삽입된 민요, 가창 제재곡, 민요 선법론으로 구분할 수 있다.

한편 이영미는 그의 석사논문에서 1996년에 출판된 고등중학교 6학년 음악교과서의 단원 구성을 소개하고 각 단원의 내용과 조성, 박자, 영역을 분석8)하였다. 그런데 본고의 관심인 민요와 관련하여 군밤타령과 민요 아리랑을 분석한 내용을 보면, 군밤타령은 라 대조, 아리랑은 쏠 대조라고 하였다. 그런데 북한의 아리랑은 남한에서 말하는 신아리랑으로 악보의 조표를 G장조로 하여 쏠 대조라고 하였으나, 민요의 조식에 의하면 제I-5음조식인 도레미솔라의 도선법으로 되어 있는 곡이다. 그러나 이 글에서는 입수하지 못한 6학년 교과서는 논의의 정확성을 위해 제외하도록 하겠다.

2. 고등중학교 음악교과서의 민요 이론 교육

1) 민요의 개념

1990년대 이후 출판된 고등중학교 음악교과서에서는 민요의 개념은 1~2학년에 제시되어 있으며, 『음악-가』에서는 2학년 교과서 제6과 〈라〉소조 시창곡에서, 『음악-나』에서는 1학년 1과와 2학년 12과에서 민요의 개념을 설명하고 있다.

먼저 『음악-나』의 1학년 교과서에는 제1과 〈김일성장군의 노래〉 단원 말미에 가요의 개념을 송가, 혁명가요, 서정가요, 당정책해설가요, 민요 등으로 나누어 설명하고 있으며, 2학년 교과서의 것들은 모

---

8) 이영미, 앞의 글, 2002, 28쪽.

두 주 단원의 내용과는 별도로 참고자료처럼 제시되어 있다. 이들의 내용을 표로 정리하면 다음의 〈표 3〉과 같다.

〈표 3〉 북한 고등중학교 1~2학년 교과서 수록 민요의 개념

『음악-나』 1학년 1과	민요는 원래 오랜 력사적과정에 근로인민들속에서 창조되고 불리워온 노래이다. 그러나 작곡가들이 만든 가요들중 오랜 세월이 흐른 뒤에도 인민들속에서 널리 불리우는 노래도 민요로 된다. 〈노들강변〉, 〈그네뛰는 처녀〉등 많은 노래들이 작곡가가 있지만 민요로 된다.9)
『음악-가』 2학년 6과	민요란 오랜 력사적과정을 거쳐서 인민들의 집체적지혜에 의하여 창조되고 다듬어진 노래를 말한다. 인민대중의 생활감정을 그대로 반영하고있는 민요는 인민들의 로동생활과정에 발생발전하였으며 오랜 시기를 거쳐 여러지방에 퍼지는 과정에 보다 다양하게 발전하였다. 대표적인 민요들로는 〈아리랑〉, 〈도라지〉, 〈모란봉〉등을 들수 있다.10)
『음악-나』 2학년 12과	오랜 력사적과정에 근로인민들속에서 창조되고 불리워 온 노래를 민요라고 한다. 민요에는 로동민요, 서정민요, 륜무가형식의 민요, 풍자민요, 서사민요 등 여러가지 종류가 있다. 그가운데서 가장 많이 불리우는것은 로동민요이다. 민요는 선률이 아름답고 우아하며 유순하고 흥취가 나는것이 특징이다. 대표적인 민요로는 〈아리랑〉, 〈도라지〉, 〈풍년가〉등을 들수 있다.11)

〈표 3〉에서 제시된 민요 설명을 보면, 1학년 교과서의 것은 민요의 일반적인 개념을 적어 놓은 것이고, 2학년 교과서의 것은 민요의 개념, 분류, 민요의 음악적 성격 등이 제시되어 좀 더 심화된 내용임을 알 수 있다. 또한 『음악-나』의 1학년 교과서 1과에 수록된 가요의 하위 범주로써의 민요의 개념에는 전통민요와 신민요가 모두 포함되어 있음을 알 수 있다. 2학년 교과서의 것은 두 내용이 약간 차이가 있다. 즉, 『음악-가』에서는 민요의 창작 방식과 창작 과정, 그리고 대표민요를 소개하고 있는 데 비해, 『음악-나』에서는 민요의 창작 방식, 민요의 분류, 민요의 음악적 특징, 대표민요를 소개하고 있어 『음

---

9) 김미빈·김승길·조태봉·송광철, 『음악(고등중학교 제1학년용)』, 평양: 교육도서출판사, 1996, 10쪽.
10) 조태봉·윤영활·송광철·김종균, 『음악(고등중학교 제2학년용)』, 평양: 교육도서출판사, 1990, 18쪽.
11) 조태봉·송광철·김영심·김미빈, 『음악(고등중학교 제2학년용)』, 평양: 교육도서출판사, 2001, 30쪽.

악-나』의 내용이 좀 더 깊이가 있다고 할 수 있다.
 이러한 북한 교과서의 민요에 관한 설명은 남한의 향토민요에 관한 설명과 그리 다르지 않아 보인다. 남한의 교육계에서 사용하고 있는 일반적인 민요의 개념을 보면 다음과 같다.

민요(향토민요)

 '민요는 민중들에 의해 형성, 발전, 향유되는 가락과 사설과 기능이 융합된 노래이며, 대개 작곡, 작사자가 알려져 있지 않고 구비전승되어 오는 노래'라고 할 수 있다.
 민요는 민중들에 의해 형성(만들어지고) 발전(변화되고) 향유(불려지는) 노래이다.
 민요는 가락, 사설, 기능이 융합된 노래이다. 가락 없이, 또는 사설 없이, 또는 기능 없이 민요는 성립되지 않는다. 세 가지가 똘똘 뭉쳐 있는 그 자체가 민요이다.
 민요는 작곡, 작사자가 알려져 있지 않다. 민요는 대개가 공동작이며, 개인작이라 하더라도 그 작곡자나 작사자가 문제되지 않는다.
 예) 쾌지나칭칭나네, 강강술래, 정선 아라리, 둥당기타령, 논매는소리, 모심는소리, 노젓는소리.[12]

 즉, 민요에 관한 설명에는 남·북한 공히 시간, 창작자, 기능에 관한 개념이 포함되어 있음을 알 수 있다. 그러나 북한 교과서의 민요는 남한의 것과 몇 가지 차이점을 갖는다.
 첫째로, 북한에서는 민요라는 하나의 제시어로 모든 범주의 민요를 포괄하고 있는데 비해 남한의 초·중등교육에서는 민요의 범주를 향토민요, 통속민요, 전래동요, 창작국악동요로 세분하여 설명하고 있어 남·북한이 차이가 있음을 볼 수 있다.

---

[12] 김혜정, 『초등 국악교육의 이해와 실제』, 민속원, 2007, 17~18쪽.

둘째, 북한 교과서의 민요 개념을 살펴보면, 향토민요의 개념에 예시곡으로 통속민요를 수록하고 있는데 비해, 남한에서는 이 둘, 즉 향토민요와 통속민요를 분리하여 설명하고 각기 다른 예시곡을 제시하고 있어 차이를 보인다.

세 번째로 북한에서는 민요의 개념에 '노동'이나 '근로'를 강조하고 있음에도 불구하고 예시곡으로 〈아리랑〉, 〈도라지〉, 〈풍년가〉 등 남한에서는 경기 통속민요나 유희요로 구분하는 곡을 들고 있다.

네 번째로 남한에서는 창작 국악곡을 '창작국악동요'라는 별도의 장르로 구분하고 있는데 비해, 북한에서는 민요의 범주 안에 전통민요, 신민요 그리고 일제강점기 이후 민요풍으로 새롭게 만들어낸 노래 등을 포함하고 있는 것을 볼 수 있다. 즉, 북한 교과서의 민요의 개념과 함께 제시된 예시곡인 〈모란봉〉과 〈그네뛰는 처녀〉는 모두 북한에서 새롭게 만들어낸 민요풍의 노래이다. 〈모란봉〉은 1957년에 조령출이 작사하고, 일제강점기 기생가수였던 김관보와 서도소리 명창이었던 김진명이 경기 통속민요인 〈창부타령〉을 편곡하여 만든 노래이며, 〈그네뛰는 처녀〉[13] 역시 1957년에 김준도가 작곡한 세마치장단의 곡이다.

따라서 북한 음악교과서의 '민요'는 남한의 것에 비해 그 범위가 넓으며, 하위범주를 제시하지 않은 반면에 남한 음악교과서의 '민요'는 민요의 개념을 나누어 장르의 형성과정과 특성, 그리고 각각의 개념에 맞는 예시곡을 제시하고 있어 차이를 보인다고 하겠다.

---

13) 예술교육출판사 편, 『조선민족음악전집: 민요풍의 노래』 1, 평양: 예술교육출판사, 2000, 78~79쪽.

2) 민요의 음조직

『음악-나』의 음악교과서에는 여러 악곡에 대한 설명과 함께 3학년 교과서의 18과에 민요조식을 다섯 가지로 나누어 소개[14]해 놓았으며, 이를 '5음조식'이라 하였다. 조식은 민요에서 음이 배열되는 순서를 말하며 남한에서 말하는 선법, 혹은 토리와 관련이 있다.

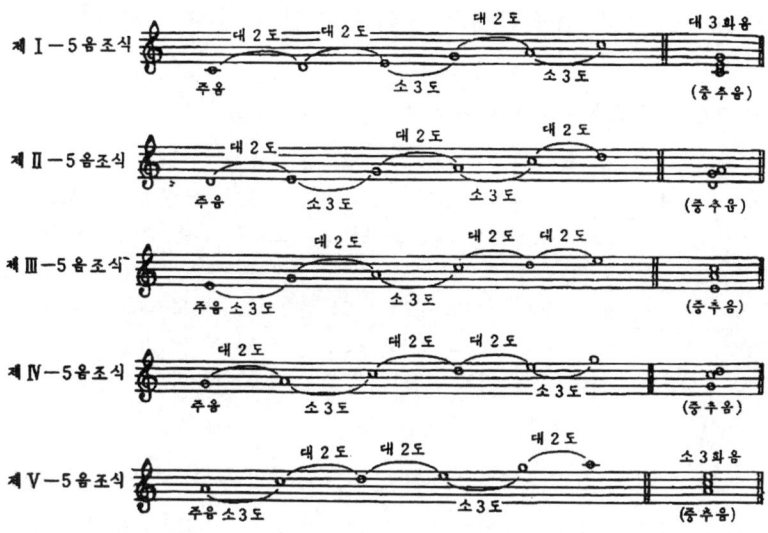

<악보 1> 2001년 3학년 교과서 수록 북한 민요의 5음조식

위의 악보에서 보듯이 북한에서는 민요의 음 구조를 다섯 가지로 나누고 있음을 알 수 있다. 우선 제I형은 전형적인 장조적 5음계이며, 예로 〈아리랑〉, 〈풍년가〉, 〈노들강변〉이 있다고 하였으며, 이에 비해 제V형은 단조적5음계로 계면조이고 〈조선팔경가〉와 〈봄노래〉가 이에 해당한다고 하였다. 그리고 제IV형은 제I형의 변형으로 평조이고, 이

---

14) 송광철·김미빈·김군일·조태봉, 『음악(고등중학교 제3학년용)』, 평양: 교육도서출판사, 2001, 44~45쪽.

형태의 민요에는 〈모란봉〉, 〈양산도〉, 〈도라지〉등이 있으며, 제Ⅲ형은 제Ⅴ형의 변형으로 〈밀양아리랑〉과 〈영천아리랑〉 등이 있다고 하였다. 마지막으로 Ⅱ형에 대해서는 "조식적색채가 특이한것으로 하여 그에 의한 조식적표현성은 매우 다양하다. 이 형태는 어느 음을 중추음으로 하여 선률진행과 인성이 이루어 졌는가에 따라 실지 작품에서는 소조 또는 대조로 되며 대조와 소조의 특징이 서로 결합되여 작품에 표현되기도 한다."15)고 하면서 민요의 예를 들지 않았다. 이러한 북한의 5음조식을 남한식 설명과 음정관계로 정리해 보면 다음의 표와 같다.

<표 4> 북한의 5음조식에 대한 남한식 설명

북한			남한	
5음조식	선법	조식의 음정	솔미제이션	민요토리
제Ⅰ		장2도-장2도-단3도-장2도-단3도	도-레-미-솔-라	신경토리
제Ⅱ		장2도-단3도-장2도-단3도-장2도	레-미-솔-라-도	수심가토리
제Ⅲ		단3도-장2도-단3도-장2도-장2도	미-솔-라-도-레	메나리토리
제Ⅳ	평조	장2도-단3도-장2도-장2도-단3도	솔-라-도-레-미	진경토리
제Ⅴ	계면조	단3도-장2도-장2도-단3도-장2도	라-도-레-미-솔	반경토리

민요의 선법이나 음조직에 대해서 남한 학자들 사이에서도 이견이 있으나 대체로 지역별로 차이가 있다는 점은 공유하는 부분이다. 그러나 북한 고등중학교 교과서에 수록된 민요 조식에 관한 설명에서 남한의 민요 선법론과 세 가지 차이점을 볼 수 있다. 첫째, 남한의 이론과는 달리 북한에서는 민요의 음조직을 설명하면서 지역적 특성으로 구분하지 않고 음구조로만 파악한다는 점이다. 둘째, 남한의 학자들은 제Ⅰ형을 제Ⅳ형의 변형으로 인식하고 있는데 비해 북한에서는 제Ⅰ형을 원형으로 인식하고 있는 점이 또 하나의 차이점이다. 그리고 셋째, 제Ⅱ형에 대한 인식의 차이가 있다. 제Ⅱ형은 앞의 〈표 4〉

---

15) 위의 책, 45쪽.

에서 보듯이 남한에서는 수심가토리라고 부르는 음구조를 갖고 있다. 그러나 북한은 제Ⅱ형을 '특이'하다고 설명하고 있어 주목된다. 이에 더하여 남한에서 육자배기토리라고 칭하는 조식은 별도의 설명이 없는 점도 주목된다.

이러한 차이가 생겨난 이유에 대해서는 여러 가설과 논증이 필요할 것이나 대체로 북한 체제 형성기의 음악인들의 작업과 관련지어 생각해 볼 수 있을 것이다. 북한 체제 형성기인 1945년부터 1950년대까지 북한음악을 주도했던 한시형이나 함덕일 등은 일제강점기에 서양음악을 다뤘던 사람들이며, 이들에 의해 음악이론이 정립되어 갔다. 이들 중에 체제 초기 북한에서 민요의 발굴과 채보를 통한 연구를 진행했던 한시형은 서양음악을 다뤘던 음악인이이자 북한 가요들을 창작한 작곡가였다. 또한 1946년부터 1989년까지 43년간 조선음악가동맹 중앙위원회 위원장을 역임했던 리면상은 일제강점기에 일본 유학 후 일본선율에 영향을 받은 신경토리 스타일의 수많은 대중음악과 신민요를 작곡했던 작곡가이다. 이렇게 북한 체제 형성 초기에 북한의 음악이론가들과 정책입안자들은 전통음악에 대한 깊이 있는 이해가 부족하였을 뿐 아니라 자신들에게 익숙했던 신경토리 선율과 음악을 무비판적으로 수용하면서 지방 특성이 강조되지 않고, 통속민요가 강조되었으며, 신경토리를 원형으로 인식하는 현상이 만들어진 것은 아닌가 한다.

한편 '특이'한 제Ⅱ형과 관련하여 『음악-나』에서 양산도장단, 즉 세마치장단과 함께 소개된 민요 〈배띄여라〉에 대한 북한 『문학예술사전』의 설명을 보면, "〈배띄어라〉는 전형적인 서도민요로 알려진 〈양산도〉와 조생김, 박자, 리듬의 측면에서 일정한 공통성을 가지고 있다16)"고 설명하고 있으며, 〈수심가〉나 〈배따라기〉와 같은 민요를 서도지방의 민요로 설명17)하여서 남한에서 말하는 경서도를 북한에서

---

16) 사회과학원 주체문학연구소, 『문학예술사전』 (중), 평양: 과학백과사전종합출판사, 1991, 148쪽.

는 '경'이 빠진 서도라고 인식하고 있음을 볼 수 있다. 이에 더하여 육자배기토리에 관하여 설명하지 않는 이유는 추후 재논의가 필요하며, 이러한 남북한 민요연구자의 민요 음조직에 대한 이해의 차이는 향후 통일 이후 극복해야할 하나의 과제가 될 것으로 보인다.

3. 기악 감상 가창 영역의 민요 제재곡 분석

1) 기악(관련)·감상 영역에서의 민요

북한 고등중학교 음악교과서에는 민요를 기악곡에 삽입하거나 악기연주를 위해 편곡한 민요곡을 보충교재로 수록하고 있기도 하다. 즉,『음악-가』에서 소해금독주 〈봄맞이〉에서는 민요 두 곡이 삽입되어 있으며, 3학년 교과서와 4학년 교과서의 보충교재에는 단소연습곡으로 〈세월아 가지마라〉, 기타연습곡으로 〈황금산의 백도라지〉가 있으며,『음악-나』에서는 5학년 3과에 소해금독주 〈봄맞이〉가 있다.

먼저,『음악-가』의 2학년 7과와『음악-나』의 5학년 3과에 수록되어 있는 소해금독주 〈봄맞이〉를 보도록 하겠다. 그런데『음악-가』와 『음악-나』의 〈봄맞이〉 설명이 약간 다르다.『음악-가』에서 소해금독주 〈봄맞이〉는 "사회주의농촌테제를 활짝 꽃피워나아가는 농업근로자들의 새봄을 맞이한 기쁨을 노래[18]"하고 있다. 이 작품은 크게 세 부분으로 구성되어 있는데 첫 번째 제시부에서는 민요 〈이팔청춘가〉로 시작되고, 둘째 부분인 중간부에서는 민요 〈새 봄을 노래하네〉의 선율과 변주가 기본이 된다고 한다. 그리고 셋째 부분에서는 반주악기들의 총 연주로 첫 부분을 반복하면서 "우리 당의 고마운 은덕에 풍만한 황금의 대지를 마련하여 충성으로 보답하려는 농업근

---

17) 사회과학원,『문학예술대사전』(DVD), 2006.
18) 조태봉·윤영활·송광철·김종균, 앞의 책, 19쪽.

로자들의 확고한 결의를 형상하고 있다19)"고 하였다. 이에 비해 『음악-나』의 소해금독주 〈봄맞이〉는 "소해금독주 ≪봄맞이≫는 우리 인민들속에 널리 알려 진 민요들인 ≪맑은 아침의 나라≫와 ≪새봄을 노래하네≫를 소재로 하여 농업근로자들의 새봄을 맞이한 기쁨을 노래20)"하고 있다고 하여, 삽입된 민요의 내용이 다르다. 이러한 인용문과 『음악-가』의 〈봄맞이〉를 비교해서 보면, 〈이팔청춘가〉 대신 〈맑은 아침의 나라〉라는 노래로 바뀌어져 다른 음악으로 인식하게 된다. 따라서 소해금독주곡 〈봄맞이〉는 민요 〈이팔청춘가〉와 〈맑은 아침의 나라〉, 그리고 〈새 봄을 노래하네〉를 사용하여 만들어진 곡이기에 각각의 민요가 어떤 곡인지 살펴 볼 필요가 있다.

　소해금독주곡 〈봄맞이〉의 첫 번째 삽입곡인 〈이팔청춘가〉는 경기민요 〈청춘가〉와 같은 노래로, 신민요이다. 김예풍의 『조선족 민요의 전승과 변용에 대한 음악적 연구』에 인용된 〈이팔청춘가〉의 악보21)를 보면, 솔-라-도-레-미의 음계를 갖는 진경토리 음악임을 알 수 있다. 이에 비해 『음악-나』에서 제시된 〈맑은 아침의 나라〉는 〈이팔청춘가〉와 곡명이 달라서 일견 다른 곡으로 인식하게 만든다. 그러나 김예풍은 이 둘이 같은 선율의 곡이며, 가사만 수령에 대한 숭배요로 개작된 것22)이라고 하였다. 〈이팔청춘가〉와 〈맑은 아침의 나라〉 가사를 비교해 보면 다음의 〈표 5〉23)와 같다. 그리고 아래 〈표 4〉의 가사에서 보듯이 〈맑은 아침의 나라〉 가사가 〈이팔청춘가〉의 2배에 달하며 악보에서 보면 〈이팔청춘가〉의 두 절을 〈맑은 아침의 나라〉 1절로 사용하고 있음을 볼 수 있다.

---

19) 위의 책, 21쪽.
20) 박동식·김종오·김종균·정인갑, 『음악(고등중학교 제5학년용)』, 평양: 교육도서출판사, 2001, 6쪽.
21) 김예풍, 「조선족 민요의 전승과 변용에 대한 음악적 연구」, 한국학중앙연구원 박사논문, 2004, 168쪽.
22) 위의 책, 169~170쪽.
23) 위의 책, 같은 쪽. 〈표 5〉는 김예풍의 글 〈표 47〉의 일부를 재인용한 것이다.

<표 5> <이팔청춘가>와 <맑은 아침의 나라> 가사 비교

	<이팔청춘가>		<맑은 아침의 나라>
1	이팔은 청춘에 소년몸 되어 문명의 학문을 닦아를 봅시다	1	동녘이 밝아서 붉은해빛 넘치니 아름다운 아침에 산과물이 곱구나 강산이 변했다고 놀라지 말아라 사회주의 락원이 이땅우에 솟았다
2	세월이 가기는 흐르는 물 같고 사람이 늙기는 바람결 같고나		
3	진나라 시황도 막을수 없었고 한나라 무제도 어쩔수 없었다	2	가난과 어둠이 영원히 사라진 땅에 인민들의 로동은 즐겁기만 하구나 이 강산 그 어디나 오곡백과 넘치고 꽃피는 거리마다 노래소리 넘친다
4	천금을 주고도 세월은 못사네 못사는 세월을 허송치 말아라		
5	노지를 말아라 노지를 말아요 이팔청춘에 노지를 말아라	3	수령님 모시여 행복한 내나라 인민들은 그 품에 화목하게 산다네 삼천리 우리 겨레 피줄은 하나요 제주도 끝까지 이 행복을 누리자
6	우리가 살면은 몇백년 살까요 살아서 생전에 사업을 이루세		

이팔청춘가

<악보 2> 『조선민요1000곡집』의 <이팔청춘가>

또한 『조선민요1000곡집』24)에 수록된 <이팔청춘가>25)와 <맑은

---

24) 윤수동, 『조선민요 1000곡집(연구자료)』, 평양: 문학예술종합출판사, 2000.
25) 위의 책, 322쪽.

아침의 나라〉26) 악보를 보면 선율이 약간 차이가 있기는 하나 기본적으로 같은 곡임을 알 수 있다. 또한 『조선민요1000곡집』에서 〈이팔청춘가〉는 세태민요 중 경기도 민요 항목에 분류해 놓은 것에 비해, 〈맑은 아침의 나라〉는 광복 후 재창조 재형상된 민요로 분류하되, 원전은 〈이팔청춘가〉라고 밝혀 놓아서 두 곡이 동일 곡임을 알 수 있다.

〈악보 3〉 『조선민요1000곡집』의 〈맑은 아침의 나라〉

---

26) 위의 책, 650쪽.

새봄을 노래하네

<악보 4> 『조선노래대전집』 <새봄을 노래하네>

    다음으로 <새봄을 노래하네>는 『조선민요1000곡집』에 원전을 <처녀총각>이라고 병기[27]해 놓았는데, <악보 1>[28]에서 보듯이 1934년에 범오(본명 유도순)가 작사하고 김준영이 작곡한 <처녀총각>과 동일곡이다.

---

27) 위의 책, 662쪽.
28) 문학예술출판사 편, 『조선노래대전집』, 평양: 문학예술출판사, 2002, 2410쪽.

이를 보면, 소해금독주곡 〈봄맞이〉는 교과서의 설명에서 보듯이 〈이팔청춘가〉를 처음과 끝에 연주하고 중간에 〈처녀총각〉의 선율을 변주한 곡이며, 곡 전체가 "라-도'-레'-미'-솔'"의 경기민요선법으로 이루어져 있는 곡임을 추측할 수 있다.

2. 들려오네 들려와 뜨락또르 발동소리
  봄을 맞는 가슴에 새 희망을 안겨주며
  이 끝 저 끝 울려가는 고동소리 즐거워라
  (후렴)

3. 봄이 왔네 봄이 와 우리 기쁨 넘쳐나네
  씨앗뭍는 마을에 넘실넘실 파도치며
  풍년벌이 안겨오네 황금물결 설레이네
  (후렴)
  (원전: 처녀총각)

〈악보·5〉『조선민요1000곡집』〈새봄을 노래하네〉

기악곡에 나타나는 민요는 소해금독주곡 〈봄맞이〉 외에 기악과 노래로 제시된 〈명승가〉와 단소 연주를 위한 단소악보로 제시된 〈세월아 가지마라〉, 그리고 기타연습악보로 제시된 〈황금산의 백도라지〉가 있다.

〈명승가〉는 1930년에 김룡환이 작곡하고 조령출이 작사한 〈양양팔경가〉가 원곡이다. 그러나 북한에서는 1973년에 이곡을 〈명승가〉로 개명하고 가사의 내용도 개작하였다. 교과서에 수록되어 있는 〈명승가〉의 악보 일부와 『조선민요1000곡집』에 수록되어 있는 〈명승가〉 악보29)를 비교하면 다음과 같다.

〈악보 6〉 1990년 3학년 〈명승가〉

---

29) 윤수동, 앞의 책, 661쪽.

<악보 7> 『조선민요1000곡집』 <명승가>

<표 6> <양양팔경가>와 <명승가>의 가사 비교

	<양양팔경가>		<명승가>
1	산좋고 물좋은 양양이로구나 우리 자랑인 팔경이로구나 앞들엔 동해안 두들엔 설악산 해안을 끼고도는 락산사로다	1	산좋고 물좋은 이강산이로구나 우리 자랑인 동해안이로구나 앞에는 백사장 해당화 피구요 뒤에는 푸른숲에 백학이 난다네
2	산좋고 물좋은 양양이로구나 우리 자랑인 팔경이로구나 남으로 화주대 북으로 운보산 정간정 바라보니 의상대로다	2	산좋구 물좋은 이강산이로구나 우리 자랑인 서해안이로다 봄이면 과수원 사과꽃 피구요 가을엔 황금파도 출렁인다네
		3	산천이 좋아서 명승이라더냐 살기 좋으니 락원이로다 하늘은 사시절 맑기도 하구요 밤에는 달과 별이 보석을 뿌린듯
후렴	에헤야 좋구 좋다 팔경이로구나	후렴	에헤야 좋구 좋다 명승이로구나

위의 가사를 보면, 신민요 <양양팔경가>에 비해 <명승가>는 북한 지역 전반을 다루고 있으며, '사회주의 조국의 아름다운 모습'을 보

<악보 8> 1990년 3학년 보충교재

여주기 위해 가사를 바꾸어 개작했음을 알 수 있다.

다음으로 단소 연주를 위한 보충교재로 제시된 〈세월아 가지 마라〉 악보와 『조선노래대전집』에 수록된 민요 〈세월아 가지마라〉의 악보를 제시하면 〈악보 8〉, 〈악보 9〉와 같다.

3학년 교과서에 수록된 단소연습곡 〈세월아 가지 말아〉에 대한 북한 『문학예술사전』의 내용을 인용하면 다음과 같다.

주체76(1987년)에 무용 ≪부채춤≫의 음악에 가사를 붙여 창작한 민요풍의 서정가요이다. 1957년에 창작한 무용 ≪부채춤≫의 음악 (최옥삼 작

세월아 가지 말아

<악보 9> 『조선노래대전집』 <세월아 가지 말아>

곡)에 리종률이 가사를 붙여 ≪우리 행복 끝없네≫로 불리워지던 노래는 1987년에 와서 위대한 수령 김일성동지를 천만년 길이 모시고 살고싶은 우리 인민의 절절한 념원을 반영한 새로운 가사를 붙이고 그 제목을 ≪세월아 가지 말아≫로 고쳤다. 가사에는 한평생을 다 바치시여 우리 인민에게 크나큰 영광과 행복을 안겨주신 위대한 수령님에 대한 우리 인민의 다함없는 흠모와 대를 이어 영원히 그이를 받들어갈 전체 조선인민의 한결같은 마음이 훌륭한 시적형상으로 뜨겁게 반영되여있다. 전통적인 민요5음조식에 기초하고있는 노래의 선률은 유순한 순차진행과 선률적굴림새가 중모리장단을 바탕으로 하여 서정적으로 결합되여있는것으로 하여 민족적정서가 진하게 풍기면서도 서정성이 강한것이 특징이다. 가요는 우리 인민의 뜨거운 마음을 민족적색채가 진한 통속적인 선률에 담아 서정

깊게 노래하고있는것으로 하여 근로자들속에서 널리 사랑을 받고있다.30)

위의 글을 보면 〈세월아 가지 말아〉는 1957년에 가야금산조의 명인으로 알려진 최옥삼이 작곡하고 리종률이 가사를 붙여 만든 〈우리 행복 끝없네〉를 재창작한 노래임을 알 수 있다. 그런데 위의 악보에서 보듯이 〈세월아 가지 말아〉는 "솔-라-도′-레′-미′"의 음구조를 갖는 진경토리의 민요선율로 이루어져 있으며, 곡의 흐름이 경기민요 〈천안삼거리〉와 비슷하다. 따라서 1957년에 최옥삼이 당시 널리 알려져 있던 〈천안삼거리〉의 선율을 일부 바꾸어 만든 일종의 '노가바' 스타일의 민요풍 노래임을 알 수 잇다.

1990년에 출판된 고등중학교 4학년 음악교과서에 수록된 단원 중 민요와 관련된 단원은 보충교재 중에 기타를 위한 연습곡으로 제시된 조선민요 〈황금산의 백도라지〉이다. 〈황금산의 백도라지〉는 진경토리 선율로 이루어진 경기민요 〈도라지〉와 선율은 동일하나 가사가 개작31)된 곡이다. 이 노래는 "위대한 수령님의 은덕으로 해마다 백도라지풍년이 드는 황금산에서 새 생활을 꽃피워가고있는 우리 인민의 끝없이 행복한 생활감정을 진실하게 노래하고있다. 가요에서는 지난날 헤여날수 없는 생활의 도탄속에서 눈물을 흘리며 캐던 도라지를 나라의 주인으로 된 오늘에는 흥겨운 노래부르며 캔다는 표현을 통하여 력사적시대의 대비속에서 우리나라 사회주의제도의 우월성을 형상적으로 잘 보여주고 있다."32)고 한다. 그리고 김예풍은 학위논문의 〈표 45〉에 조선족의 〈도라지〉 가사와 북한의 〈황금산의 백도라지〉 가사를 비교해 놓았으며, "수령님에 대한 '숭배요'로 탈바꿈한다33)"고 평가하였다. 현재 〈황금산의 백도라지〉는 옥류금으로 많

---

30) 사회과학원, 앞의 책(DVD), 2006.
31) 엄하진, 『조선민요의 유래』(1), 평양: 예술교육출판사, 1992, 184쪽.
32) 사회과학원, 앞의 책, 2006. (DVD)
33) 김예풍, 앞의 글, 167쪽.

기타곡 《황금산의 백도라지》

<악보 10> 1990년 4학년 <황금산의 백도라지>

이 연주하고 있으며, 남한에서도 옥류금과 국악관현악단의 협주로 많이 연주되고 있는 곡이다.

다음으로 『음악-나』의 4학년 제7과 가야금독병창 <직동령의 승리방아> 감상 단원에서는 북한에서 새롭게 민요풍으로 창작된 민요풍의 노래, 혹은 민요식 노래인 <직동령의 승리방아>를 볼 수 있다. '민요풍의 노래'는 북한에서 일제강점기의 신민요 전통을 이어 새롭게 만들어진 노래들[34]을 말한다.

---

34) 배인교, 「북한의 민요식 노래와 민족장단」, 『우리춤 연구』 12집, 우리춤연구소, 2010, 148쪽.

<악보 11> 2001년 4학년 <직동령의 승리방아>

<직동령의 승리방아>는 박원철 작사, 박왈빈 작곡의 노래이며, 1969년에 창작되었다. "라-도′-레′-미′-솔′"의 음계를 갖으며, 음계의 최저음인 '라'음으로 종지한다. 또한 박자를 5/8박자로 표기하고 있는데, 이 곡의 장단은 엇모리장단이다. 북한에서 1994년까지 만들어진 500여곡의 민요풍의 노래 중에서 엇모리장단으로 이루어진 곡은 5곡에 불과[35]하다.

가야금독병창은 "독창에 가야금병창이 결합되고 거기에 배합편성 기악반주가 동반되는 음악연주형식"이며, "독창가수와 여러명의 가야금병창가수들 그리고 소편성의 배합관현악으로 구성되는 가야금독병창은 성악과 기악의 표현적가능성을 최대한으로 발영할수 있기

---

35) 위의 글, 164쪽.

때문에 보다 다양하고 풍부한 음악형상을 창조할수 있게 한다."고 하였다. 또한 가야금독병창 〈직동령의 승리방아〉는 "조국해방전쟁승리를 위하여 인민군대원호사업에 적극 떨쳐 나선 후방녀성들의 헌신적투쟁모습을 진실하게 담고 있"으며, "선률은 또한 가사소리마디의 첫 음절들에 방아소리를 재현한 ≪쿵덕쿵≫음조를 두고 있는것을 비롯하여 ≪쿵덕쿵≫음향을 적극 살려 씀으로써 흥취나는 정서를 돋구어 준다."고 하였다.36)

2) 가창·시창 영역에서의 민요

〈악보 12〉 2001년 3학년 〈풀무타령〉

---

36) 김종균·배명진·박동식·정인갑, 『음악(고등중학교 제4학년용)』, 평양: 교육도서출판사, 2001, 17~18쪽.

<악보 13> 『조선노래대전집』 <풀무타령>

　북한의 음악교과서에서 민요를 가창 제재곡으로 사용한 예는 『음악-나』의 <풀무타령>이 유일하다. 그러나 시창 영역에서 <훌라리>, <경치도 좋지만 살기도 좋네>, <배띄여라>와 같은 곡들도 있다.
　『음악-나』의 3학년 교과서에 수록되어 있는 제14과의 조선민요 <풀무타령>은 합창곡으로 편곡되어 가창곡으로 제시되었다. 교과서에서 2부합창으로 편곡된 <풀무타령> 악보 일부와 『조선노래대전집』에 수록되어 있는 <풀무타령>[37]의 악보는 위와 같다.

---

37) 문학예술출판사 편, 『조선노래대전집』, 2002, 2415쪽.

위의 악보에서 보듯이 풀무타령은 "미-솔-라-도′-레′"의 음구조를 가지고 있으며, 음계의 중간음인 '라'에서 종지하고 '솔'음은 '라'에서 하행할 때만 나타나는 것으로 보아 메나리토리의 곡임을 알 수 있다. 그런데 『조선민요1000곡집』의 광복 후에 '재창조 재형상민요'에 3학년 교과서에 수록된 〈풀무타령〉과 같은 선율과 가사를 갖는 〈풀무타령〉이 있는 것으로 보아 이 곡 역시 전통민요가 아닌 북한에서 개작한 노래임을 알 수 있다.

다음으로 시창단원에서 제시된 민요 가창곡들을 살펴보도록 하겠다. 『음악-나』의 1학년 19과의 단원명은 '〈도〉대조시창 15, 16'이다. 이 단원은 도대조, 즉 다장조의 선율을 익히는 동시에 민족장단으로 구분하고 있는 안땅장단을 익히도록 구성되어 있는데, 이러한 도대조의 음 구성과 안땅장단의 리듬형을 갖는 곡으로 조선민요 〈흘라리〉를 시창곡으로 제시해 놓았다.

〈악보 14〉 2002년 1학년 〈흘라리〉

시창곡으로 제시된 <흘라리>는 『조선노래대전집』의 민요부분에 수록되어 있으며, 『조선민요1000곡집』에는 광복후 재형상 재창조된 민요 부분에 수록되어 있다. 그리고 김예풍은 통속민요로 분류38)하고 있기도 하다. 이 노래는 '도-레-미-솔-라'의 음구성을 갖으며 음계의 최저음인 '도'에서 종지하고 있어 신경토리나 요나누끼 장음계의 곡으로 보인다. 노래의 선율은 흥겹고 가사에서도 율동을 유도하고 있으며, 2003년 대구유니버시아드대회에 참가했던 북한 응원단의 공연 중 흘라리의 음악에 몸을 맞추어 군무를 추는 장면이 있는 것으로 보아 북한에서 말하는 '륜무가 형식의 민요' 혹은 '륜무가요'로 보인다.

그런데 『조선민요1000곡집』에 세태민요 중 함경남도 북청에서 채집된 흘라리 악보39)와 교과서에 수록되어 있는 <흘라리>를 비교해 보면, 같은 선율의 곡에 장단이 자진모리 12/8박자에서 안땅 2/4박자로 분절되어 있고, 노래의 가사가 의미 없는 입타령에서 의미 있는 가사로 바뀌어 이곡 역시 개작되었음을 볼 수 있다.

4학년 15과의 시창단원에는 라단조의 음계를 설명하면서 라단조의 <경치도 좋지만 살기도 좋네>라는 민요풍의 노래를 시창곡으로

<악보 15> 『조선민요1000곡집』 흘라리

---

38) 김예풍, 앞의 글, 104~108쪽.
39) 윤수동, 앞의 책, 491쪽.

경치도 좋지만 살기도 좋네

<악보 16> 2001년 4학년 <경치도 좋지만 살기도 좋네>

제시해 놓았다. <경치도 좋지만 살기도 좋네>는 김영도가 작곡한 곡이며, 1973년 혁명가극 <금강산의 노래> 제1장 1경에서 금강마을 처녀들이 춤추며 노래부르는 가무곡으로 창작되었다. 이 노래는 "솔-라-도′-레′-미′"의 음구조를 갖으며, 음계의 최저음에서 종지하는 진경토리의 곡이다. 이 노래의 장단은 1970년대 이후 많이 사용된 굿거리장단의 변형인 반굿거리장단이며, 굿거리장단보다 더 흥겹고 경쾌하며 율동적인 성격이 강한 것이 특징이라고 한다.[40]

---

40) 배인교, 앞의 글, 154쪽.

『음악-나』의 5학년의 제13과에서는 B♭장조의 곡 중 '조선민요'인 〈배띄여라〉[41]를 시창하도록 하였다. 〈배띄여라〉의 음구조는 '솔-라-도-레-미'의 음구성에 음계의 최저음인 '솔'음으로 종지하는 진경토리의 곡이다. 북한의 『문학예술사전』의 설명에는 〈배띄어라〉는 민요 〈반월가〉에 기초하여 1950년대 초에 재창작된 곡[42]이라고 하였다. 그러나 아래 제시된 〈배띄여라〉와 〈반월가〉 악보를 비교해 보면, 선율은 일치하는 부분이 없으며, 가사가 '배'와 관련되어 있다는 점 외에는 일치점을 확인할 수 없다.

〈악보 17〉 2001년 5학년 〈배띄여라〉

---

41) 박동식·김종오·김종균·정인갑, 앞의 책, 30쪽.
42) 사회과학원, 앞의 책(DVD), 2006.

반 월 가

<악보 18> 『조선민요1000곡집』 <반월가>

3) 고등중학교 음악교과서 수록 민요 제재곡의 특징

지금까지 북한의 고등중학교 음악교과서에 수록된 민요와 관련된 내용을 분석해 보았다. 앞에서 언급한 바와 같이 남한과 같은 곡명을 사용하는 곡은 <풀무타령> 한 곡뿐이며, 나머지는 모두 새롭게 만들어진 음악임을 알 수 있었다. 분석 내용을 표로 정리하면 다음의 표와 같다.

<표 7> 북한 고등중학교 음악교과서 수록 민요 악곡1

교과서 수록 민요	원곡	성격	음구성	토리
<봄맞이> 삽입 민요 이팔청춘가 맑은 아침의 나라 새봄을 노래하네	청춘가 이팔청춘가 처녀총각	신민요 개작민요 개작민요	솔-라-도-레-미 솔-라-도-레-미 라-도-레-미-솔	진경토리 진경토리 반경토리
명승가	양양팔경가	개작민요	라-도-레-미-솔	반경토리
세월아 가지마라	천안삼거리→ 우리 행복 끝없네	개작민요	솔-라-도-레-미	진경토리
황금산의 백도라지	도라지	개작민요	솔-라-도-레-미	진경토리

직동령의 승리방아		민요풍 노래	라-도-레-미-솔	반경토리
풀무타령		개작민요	미-솔-라-도-레	메나리토리
홀라리		개작민요	도-레-미-솔-라	신경토리
경치도 좋지만 살기도 좋네		민요풍 노래	솔-라-도-레-미	진경토리
배띄여라		개작민요	솔-라-도-레-미	진경토리

위의 〈표 7〉에서 보듯이 북한의 고등중학교 음악교과서에 수록된 민요곡은 바뀌지 않은 전통 민요는 한 곡도 없다. 즉, 교과서에 수록된 민요 제재곡은 원래의 모습 그대로의 전통민요는 싣지 않은 반면, 전통민요를 개작한 〈황금산의 백도라지〉를 비롯해서 일제강점기에 만들어진 신민요나 신민요를 재형상한 민요, 그리고 민요풍의 노래로 이루어져 있음을 볼 수 있다. 또한 악곡의 음구성이나 음조직을 보면 대부분이 경토리 계통의 곡이며, 〈풀무타령〉만 메나리토리의 곡으로 나타났다.

북한의 고등중학교에 해당하는 남한의 학제는 초등학교 5학년부터 고등학교 1학년이며, 이중 음악 과목은 고등중학교 5학년까지만 배운다. 그런데 북한이 국정교과서 1종만을 사용하는 것과 달리 남한은 검정교과서를 사용하고 있기에 악곡의 종류와 수를 직접적으로 비교하기는 어렵다. 그러나 남한 음악교과서의 민요를 분석한 여타의 논문들에서 볼 수 있듯이, 교과서에 수록된 지역별 제재 악곡의 수는 차이가 있으나 음악적 성격이 다른 5개 권역, 즉 서도, 경기, 남도, 동부, 제주지방의 민요를 고루 수록하려고 노력하고 있으며, 대체로 지역의 민요를 전통의 모습 그대로 수록하려고 하고 있어 북한의 경우와 비교된다. 또한 남한의 음악교과서에는 북한 지역의 전통민요인 〈싸름〉, 〈몽금포타령〉, 〈금다래꿍〉, 〈수심가〉 등도 제재곡에 수록하려는 노력이 보이는 반면, 북한의 음악교과서에는 이러한 모습이 보이지 않는다. 또한 북한의 음악교과서에서는 남한의 것에 비해 창작민요를 다수 채택하고 있어 남북한의 시각차를 엿볼 수 있다.

한편, 제재곡으로 사용된 민요는 대부분 가사를 개작한 것을 볼 수 있다. 북한은 1950년대까지 복고주의를 반대하는 노선을 취하였다. 즉 과거의 것을 있는 그대로 사용하는 것에 대한 반대이다. 이러한 정책의 결과 1950년대까지 북한에서는 전통민요의 노가바가 진행되었다. 예를 들어 경기민요 〈창부타령〉의 선율에 북한 묘향산의 자연을 담은 가사를 넣어 〈평북녕변가〉로 바꾸었고, 신민요 〈울산큰애기〉는 〈우리의 동해는 살기도 좋지〉라는 이름을 새롭게 붙이기도 하였다. 이는 사회주의적 사실주의 원칙에 입각하여 사회주의 조선의 아름다운 자연을 노래한다는 것으로 해석되었다.

위의 표에서도 보듯이 경기민요 〈청춘가〉는 〈맑은 아침의 나라〉로, 〈처녀총각〉은 〈새봄을 노래하네〉, 〈천안삼거리〉는 〈우리 행복 끝없네〉라고 곡명과 가사의 내용을 바꾸어 인민들에게 보급한 것이다. 그리고 인민들은 전통적인 선율에 사회주의 조선과 관련된 내용을 얹어 부름으로써 전통과 현대를 조화시키려고 노력하고 있다.

그렇다면 왜 북한에서는 기존의 민요선율은 그대로 두고 가사를 개작하는 것일까? 이는 아마도 아래에 인용할 김일성의 연설과 관계가 있어 보인다.

> 옛날노래는 대체로 다 한시로 되여있기때문에 지금 청년들은 부르기도 힘들고 알수도 없습니다. 그런 것을 그대로 이어받을 필요는 없습니다. 우리는 응당 한시로 된 가사들을 쉬운 말로 고쳐 현대화하여야 합니다. 옛날 것을 아무리 잘 모방하여도 그 것을 대중이 좋아하지 않는다면 아무 소용없습니다. 우리는 옛날 것을 그대로 모방하는데 힘쓸 것이 아니라 <u>오랜 세기를 두고 우리 인민이 창조한 귀중한 재산을 우리 시대 사람들의 감정에 맞게 개조하고 발전시키는데</u> 정력을 기울여야 합니다.[43]
>
> (밑줄은 필자)

---

[43] 김일성, 「혁명적문학예술을 창작할데 대하여: 문학예술부문일군들앞에서 한 연설 1964년 11월 7일」, 『김일성저작집』 18, 평양: 조선로동당출판사, 1982, 451쪽.

체제 초기부터 현재까지 북한의 기본적인 문화예술창작원칙은 바로 사회주의적 사실주의원칙이다. 인민의 생활을 진실하게 반영하여야 하며, 인민의 현대적 미감에 맞은 문화예술작품을 만들어야 한다는 담론은 체제 성립시기부터 형성되기 시작한 것으로 보이며, 이러한 분위기를 김일성의 연설로 귀결되어 원칙으로 정착되었으며, 민요까지 영향을 미친 것으로 보인다.

4. 북한 민요교육의 지향

북한은 체제 창건 초기부터 민족문화의 계승발전을 강조해 왔으며, 민족문화유산 보호정책을 추진하였다. 민족문화유산과 관련한 북한 최초의 조치는 1946년 4월 29일 임시인민위원회 위원장 김일성의 명의로 제정된 〈보물, 고적 명승 천연기념물 보존령〉이며, 1949년 10월 15일의 김일성 교시 「민족문화유산을 잘 보존하여야 한다」가 발표된 전후로 북한식의 민족문화수용원칙이 갖추어졌다고 할 수 있다. 이 교시의 핵심은 "민족문화유산을 허무하게 대할 것이 아니라 그것을 잘 보존하여야 하며, 문화유산 가운데서 진보적이고 인민적인 것은 비판적으로 계승발전시켜야 한다."는 것이다. 그리고 이러한 교시는 현재까지도 이어지고 있다. 「민족문화유산을 잘 보존하여야 한다」가 발표되기 전 해에는 홍명희와의 대담에서도 민족문화유산을 계승 발전시킬 방법과 원칙이 보인다.

민족문화를 부흥발전시키는데서 과거의 문화유산을 옳게 계승하는것이 중요합니다. 과거의것을 그대로 살리려 하거나 그것을 덮어놓고 부정하려 하여서는 안됩니다. 전자나 후자나 다같이 민족문화의 건전한 발전을 저해합니다. <u>민족문화 유산들가운데서 락후한것은 버리고 진보적이며 인민적인것은 찾아내여 새 민주조선을 건설하는 오늘의 현실과 인민들의</u>

생활감정에 맞게 발전시키는것이 문화유산을 계승하는데서 우리가 견지하고있는 원칙입니다. 우리는 이와 같은 원칙에서 민족문화유산을 계승 발전시켜 새로운 민주주의적민족문화를 건설하여야 합니다.44)

(밑줄은 필자)

이에 비해 남한은 1962년 1월 10일에 시행하기 시작한 문화재보호법에 의거하여 연극, 음악, 무용, 공예기술 등 무형의 문화적 소산으로서 우리나라의 역사상 또는 예술적 가치가 큰 무형문화재를 보존하고 활용함으로써 국민의 문화적 정체성 향상과 인류 문화 발전에 기여할 것45)을 천명하였다. 남한의 문화재보존에 대한 기본 방침은 "원래의 모습대로 보존"46)이며, 그 이유는 한 번 손상되면 다시는 원상태로 돌이킬 수 없기 때문이다.

여기에서 우리는 남과 북의 전통문화 보존에 대한 입장의 차이를 분명히 볼 수 있다. 즉, 북한이 문화유산 중 진보적이고 인민적인 것을 선택한 후, 그것을 있는 그대로 계승하는 것이 아니라 비판적으로 계승·발전시킨다는 입장인데 비해, 남한은 과거의 유산을 임의로 선택하지 않으며, 문화유산을 원 모습대로 보존한다는 입장인 것이다.

이러한 북한의 민족문화유산계승원칙은 민요에도 적용이 된다. 리차윤은 북한에서 주체사상이 확고히 자리 잡힌 1975년에 "위대한 수령님의 이 독창적인 사상은 바로 민족음악유산의 하나인 우리 인민의 감정과 숙망을 정당하게 반영한 민요를 오늘의 현실에 맞게 비판적으로 계승발전시키는것이 사회주의적민족음악건설에서 필수적요구로 나선다는것을 가르쳐주고 있다."47)고 하였는데, 이러한 북한의

---

44) 김일성, 「홍명희와 한 담화: 1948년 5월 6일」, 『김일성저작집』 4, 평양: 조선로동당출판사, 1979, 312쪽.
45) 법제처 국가법령정보센터(http://www.law.go.kr) 법률 第961號, 『문화재보호법』(1962.1.10, 제정) 참조.
46) 문화재청의 문화유산헌장.
47) 리차윤, 「민요를 계승발전시킬데 대한 수령님의 주체적문예사상은 사회주의적민족음악

입장과 방침은 북한에서의 민요 개작 행위에 정당성을 부여한 것으로 볼 수 있으며, 이에 따라 많은 전통 민요가 개작, 즉 "재창조 재형상"되었다.

민족문화유산의 계승에서 민요가 차지하는 위치는 1980년대 말에 주창된 '조선민족제일주의'48)와 함께 더욱 높아진 것으로 보인다. 정치와 문화예술의 담론이었던 조선민족제일주의는 1980년대 말부터 1990년대 초반에 이루어졌던 국제정세의 상황과 1994년 김일성의 사망 등의 이유로 1990년대 중반이후부터 정치 문화의 지도이념으로 급부상된 것으로 보인다.

이러한 정치사상적 담론은 음악분야에서 더욱 확대 적용되었다. 맹청정은 "민족제일주의교양에서 민족음악, 특히 민요가 노는 지위와 역할은 매우 크다."고 하면서 민요를 현대적 미감에 맞게 계승·발전시키는 것은 인민을 민족제일주의정신으로 교양하기 위해 중요한 의의를 갖는다고 보았다.49) 또한 맹청정은 민족제일주의 교양을 위해 민요를 현대적 미감에 맞게 계승·발전시켜야 하며, 과거의 민요가 현대적 미감에 부합하기 위해서는 우선적으로 가사를 잘 고쳐야 할 것을 주장50)하였다. 가사의 개작은 북한 민요 개작의 주요한 작업 중 하나이다. 즉, 북한에서는 "민요의 가사내용을 우리 시대의 현실적요구에 맞게 고쳐서 부르는것은 시대의 변천에 따라서 자기 시

건설의 확고한 지도적지침」, 『조선예술』 1호, 평양: 문예출판사, 1975, 38쪽.
48) 조선민족제일주의의 이해를 위해 김정일의 「조선민족제일주의정신을 높이 발양시키자: 조선로동당 중앙위원회 책임일군들앞에서 한 연설 1989년 12월 28일」을 보면, "조선민족제일주의정신은 한마디로 말하여 조선민족의 위대성에 대한 긍지와 자부심, 조선민족의 위대성을 더욱 빛내여나가려는 높은 자각과 의지로 발현되는 숭고한 사상감정"으로 정의하며, 인민이 지닌 조선민족제일주의정신은 "위대한 당의 령도를 받는 긍지와 자부심", "주체사상을 가지고 있는 긍지와 자부심", "세상에서 가장 우월한 사회주의제도에서 사는 긍지와 자부심"으로 규정하고 있다(『김정일선집』 (9), 평양: 조선로동당출판사, 1997 참조).
49) 맹청정, 「(론설) 민요를 현대적미감에 맞게 더욱 계승발전시키자」, 『조선예술』, 평양: 문학예술종합출판사, 1992, 58쪽.
50) 위의 글, 59쪽.

대 인민들의 생활감정을 예민하게 반영해온 민요의 특성으로부터 흘러나오는 합법칙적이며 매우 자연스러운 현상"51)이라고 보고 있기 때문에 전통민요와 신민요의 형식과 선율은 그대로 두고 가사를 사회주의적 사실주의에 입각하여 고쳐서 부르도록 한 것이다.

이러한 '조선민족제일주의' 강조의 결과를 1990년의 고등중학교 음악교과서와 1996년 이후 고등중학교의 음악교과서를 비교해서 살펴보면, 우선 시각적으로 민요 제재곡의 수가 늘어난 것으로 확인할 수 있다. 앞 장의 〈표 2〉에서 보듯이 1990년 판의 고등중학교 음악교과서에서 사용된 민요는 2학년부터 4학년까지 모두 5곡이며, 이 중 두 곡은 기악곡의 삽입민요로, 또 두곡은 단소와 기타의 연습곡으로, 나머지 한 곡은 '기악과 노래' 영역에서 제시된 악곡이다. 이에 비해 1996년 이후의 고등중학교 음악교과서에서 사용된 민요는 8곡으로 늘어났으며, 1학년부터 5학년까지 고루 소개되어 있다. 또한 제시된 민요 중 가창영역으로 〈풀무타령〉 1곡, 시창 영역 세곡, 감상 영역 세곡, '기악과 노래' 영역의 곡 1로 이루어져 있다.

다음으로 교과서에 수록된 민요의 갈래와 내용에서도 확인할 수 있다. 먼저 제재곡으로 사용된 민요의 갈래는 전통민요가 아닌 신민요, 재창작 재형상한 민요, 민요풍의 노래이며, 내용은 사회주의국가를 찬양하는 가사로 이루어져 있다. 즉, 현대적 미감에 맞는 민요를 창작하여야 하고, '사회주의조국의 아름다움을 노래'하는 민요를 만들어야 한다는 정책으로 인해 만들어진 노래를 수록하는 것으로 귀결된 것이다. 뿐만 아니라 김일성은 집권 초기에 군중가요를 창작할 때 민요의 형식도 사용하도록 하였으며, 이미 있는 민요곡에 가사를 새로 지어서 군중가요로 사용할 것을 당부52)한 바 있다. 즉, 일반 학생들을 교양하기 위한 교과서에는 당의 정책이 들어가기 마련이며, 이것은 민요를 선택적으로 계승하고, 가사의 내용을 고쳐서 만든 새

---

51) 리차윤, 앞의 글, 42쪽.
52) 김일성, 『김일성저작집』 20, 평양: 조선로동당출판사, 1982, 328쪽.

로운 민요들을 제재곡으로 선택하되 민족적 색채가 강한 민요에 적용하여 과거의 민요가 아닌 현시대의 민요로 만들고 그것으로 민족적 가치를 느끼도록 하는 데 있다고 하겠다.

5. 북한의 민요교육 현황과 조선민족제일주의

이 글에서는 북한의 학제 중 고등중학교의 음악교과서에 수록된 민요를 분석함으로써 북한 고등중학교에서 사용하고 있는 민요의 양상과 그 의미를 찾아보았다. 기왕의 논의를 정리하면 다음과 같다.

북한의 고등중학교는 이후 중학교로 개칭되기는 하였으나 총 6년 과정이다. 그리고 북한자료센터에서 확인할 수 있는 음악교과서는 1990년에 출판된 교과서 『음악-가』와 1996년 이후에 출판된 교과서 『음악-나』로 구분된다.

『음악-가』와 『음악-나』의 교과서에서 민요는 개념, 음조직, 기악 가창 감상 영역의 제재곡에서 발견된다. 북한 고등중학교 음악교과서의 '민요' 개념을 남한의 것과 비교해 보면, 남한의 것에 비해 그 설명하는 범위가 넓고, 하위범주를 제시하지 않은 반면에 남한 음악 교과서의 '민요'는 민요의 개념을 나누어 장르의 형성과정과 특성, 그리고 각각의 개념에 맞는 예시곡을 제시하고 있어 차이가 있었다.

교과서에 수록된 민요의 음조직과 관련된 설명에서 민요의 지역적 특성보다는 음구조에 집중되어 있으며, 평안도 지방과 전라도 지방의 민요에 대한 설명이 없었다. 또한 남한에서는 진경토리의 변형으로 인식하고 있는 신경토리에 대해 북한에서는 신경토리를 원형으로 진경토리를 변형으로 보고 있었다. 이러한 인식은 체제 형성기 서양 음악 위주로 이루어진 이론화 작업, 그리고 신경토리 음악에 대한 무비판적 수용의 결과로 파악하였다.

북한 고등중학교 음악교과서에 수록된 민요 제재곡을 분석한 결과

교과서에서 수록하고 있는 민요는 전통민요 그대로를 사용한 경우는 없으며, 전통민요와 신민요를 개작한 개작민요와 신민요스타일로 만들어낸 민요풍의 노래가 사용되었음을 보았다. 또한 음구성으로 보아 메나리토리로 보이는 〈풀무타령〉 한 곡을 제외하고는 모두 경토리 선율의 곡이었으며, 지역성도 무시되었음을 확인하였다.

그렇다면 북한은 왜 이러한 민요교육을 하는 것일까? 이는 북한이 사회주의 체제 속에서 민족주의를 강조할 수밖에 없었던 이유와 맞물린다. 1946년부터 시작된 북한의 민족문화수용원칙인 전통문화유산 중 진보적이고 인민적인 것을 비판적으로 계승·발전시킨다는 원칙은 민요에 적용되어 피지배 인민들의 삶 속에서 만들어진 민요를 중시하되, 노래에 현 시대의 내용을 담기 위해 가사의 개작을 당연시해 왔다. 또한 조선민족제일주의가 주창된 이후 1990년대 후반 이후의 교과서에서는 그 이전의 것에 비해 민요 이론에 대한 설명과 함께 민요 제재곡의 수도 늘어난 것을 볼 수 있는데, 이는 민족적 색채가 강한 민요의 강조를 통해 조선민족제일주의의 강화를 꾀하고 있는 것으로 귀결된다고 하겠다.

참고문헌

김미빈·김승길·조태봉·송광철, 『음악(고등중학교 제1학년용)』, 평양: 교육도서출판사, 1996.

조태봉·윤영활·송광철·김종균, 『음악(고등중학교 제2학년용)』, 평양: 교육도서출판사, 1990.

조태봉·송광철·김영심·김미빈, 『음악(고등중학교 제2학년용)』, 평양: 교육도서출판사, 2001.

송광철·김미빈·김군일·조태봉, 『음악(고등중학교 제3학년용)』, 평양: 교육도서출판사, 2001.

김종균·배명진·박동식·정인갑, 『음악(고등중학교 제4학년용)』, 평양: 교육도서출판사, 2001.

박동식·김종오·김종균·정인갑, 『음악(고등중학교 제5학년용)』, 평양: 교육도서출판사, 2001.

김예풍, 「조선족 민요의 전승과 변용에 대한 음악적 연구」, 한국학중앙연구원 박사논문, 2004.

김일성, 「홍명희와 한 담화: 1948년 5월 6일」, 『김일성저작집』 4, 평양: 조선로동당출판사, 1979.

김일성, 『김일성저작집』 20, 평양: 조선로동당출판사, 1982.

김일성, 「혁명적문학예술을 창작할데 대하여: 문학예술부문일군들앞에서 한 연설 1964년 11월 7일」, 『김일성저작집』 18, 평양: 조선로동당출판사, 1982.

김혜정, 『초등 국악교육의 이해와 실제』, 민속원, 2007.

리차윤, 「민요를 계승발전시킬데 대한 수령님의 주체적문예사상은 사회주의적민족음악건설의 확고한 지도적지침」, 『조선예술』 1호, 평양: 문예출판사, 1975.

맹청정, 「(론설) 민요를 현대적미감에 맞게 더욱 계승발전시키자」, 『조선예술』, 평양: 문학예술종합출판사, 1992.

문학예술출판사 편, 『조선노래대전집』, 평양: 문학예술출판사, 2002.

배인교, 「북한의 민요식 노래와 민족장단」, 『우리춤 연구』 12집, 우리춤연구소, 2010.

사회과학원 주체문학연구소, 『문학예술사전』, 평양: 과학백과사전종합출판사, 1991.

사회과학원, 『DVD 문학예술대사전』, 2006.

엄하진, 『조선민요의 유래』 (1), 평양: 예술교육출판사, 1992.

예술교육출판사 편, 『조선민족음악전집: 민요풍의 노래』 1, 평양: 예술교육출판사, 2000.

윤수동, 『조선민요 1000곡집(연구자료)』, 평양: 문학예술종합출판사, 2000.

윤수동·차승진, 『조선민족음악전집: 민요풍의 노래편』 1, 평양: 예술교육출판사, 2000.

이수미, 「북한 음악 교육에 대한 연구: 1996년 개정된 북한 고등중학교 음악교과서를 중심으로」, 전남대 석사논문, 2000.

이영미, 「북한의 고등중학교 음악교과서에 관한 고찰」, 목원대 석사논문, 2002

통일연구원 편, 『2009 북한개요』, 통일연구원, 2009.

http://blog.unikorea.go.kr

http://www.law.go.kr

〈부록〉 1990년 이후 판형별 고등중학교 음악교과서 단원구성

<표 8> 고등중학교 1학년 음악교과서

	1990년	1996년	2002년
1	김일성장군의 노래	김일성장군의 노래	김일성장군의 노래
2	≪도≫ 대조시창곡 1,2,3	≪도≫ 대조시창 1,2	≪도≫ 대조시창 1,2
3	장자산은 높이 솟아있어요	학습을 다하고서	김정일장군의 노래
4	≪도≫ 대조시창곡 4,5,6	음렬과 기본계단	음렬과 기본계단
5	녀성중창 ≪해와 별 빛 안고 서 자라나지요≫ 감상	녀성중창 ≪조선을 위하여 배우자≫ 감상	녀성중창 ≪조선을 위하여 배우자≫ 감상
6	≪도≫ 대조시창곡 7,8,9	≪도≫ 대조시창 3,4	≪도≫ 대조시창 3,4
7	전자풍금	소년애국가	소년애국가
8	대동강	≪도≫ 대조시창 5,6	≪도≫ 대조시창 5,6
9	≪도≫ 대조시창곡 10,11,12	가야금	가야금
10	장새납독주 ≪혁명가요련곡≫ 감상	≪도≫ 대조시창 7,8	≪도≫ 대조시창 7,8
11	나의 조국 어머니품아	대동강	대동강
12	≪도≫ 대조시창곡 13,14,15	가야금독주 ≪초소의 봄≫ 감상	가야금독주 ≪초소의 봄≫ 감상
13	목관3중주 ≪무궁화 삼형제≫ 감상	≪도≫ 대조시창 9, 10	≪도≫ 대조시창 9, 10
14	≪도≫ 대조시창곡	소리표와 쉼표, 박자와 리듬	소리표와 쉼표, 박자와 리듬
15	김일성원수님을 목숨으로 보위하리라	≪도≫ 대조시창 11,12	≪도≫ 대조시창 11,12
16	≪도≫ 대조시창곡 19,20,21	나의 조국 어머니 품아	나의 조국 어머니 품아
17	가야금	≪도≫ 대조시창 13,14	≪도≫ 대조시창 13,14
18	≪도≫ 대조시창곡 22,23,24	목관3중주 ≪사랑하는 오빠와 우리 삼형제≫ 감상	목관3중주 ≪사랑하는 오빠와 우리 삼형제≫ 감상
19	가야금독주 ≪초소의 봄≫ 감상	≪도≫ 대조시창 15,16	≪도≫ 대조시창 15,16
20	소년애국가	김정일원수님계시여 우리도 있어요	김정일원수님계시여 우리도 있어요
21	≪도≫ 대조시창곡 25,26,27		
보충교재	불후의 고전적명작 ≪조국의 품≫	자장가	자장가
	자장가	하늘높이 날리는 로동당기발	하늘높이 날리는 로동당기발
	불후의 고전적명작 ≪조선	언제나 함께 계셔요	언제나 함께 계셔요

| | | 장산의 꾀꼴새 | 장산의 꾀꼴새 |
| | | 그 말씀 안고 자라요 | 그 말씀 안고 자라요 |

<표 9> 고등중학교 2학년 음악교과서

	1990년	1996년	2002년
1	친애하는 김정일동지의 노래	친애하는 김정일동지의 노래	친애하는 김정일동지의 노래
2	≪도≫ 대조시창곡 1,2,3	≪도≫ 대조시창 1,2	≪도≫ 대조시창 1,2
3	취주악 ≪수령이시여 명령만 내리시라≫ 감상	음정	음정
4	≪도≫ 대조시창곡 4,5,6	아름다운 만경대	아름다운 만경대
5	아름다운 만경대	≪도≫ 대조시창 3,4	≪도≫ 대조시창 3,4
6	≪라≫ 소조시창곡 7,8,9	합창 ≪세상에 부럼없어라≫ 감상	합창 ≪세상에 부럼없어라≫ 감상
7	소해금독주 ≪봄맞이≫ 감상	≪도≫ 대조시창 5,6	≪도≫ 대조시창 5,6
8	≪라≫ 소조, ≪도≫ 대시창곡 10,11,12	울린다 퍼진다 혁명의 노래	울린다 퍼진다 혁명의 노래
9	결사전가	≪도≫ 대조시창 7,8	≪도≫ 대조시창 7,8
10	≪도≫ 대조시창곡 13,14,15	화음	화음
11	손풍금	≪도≫ 대조시창 9,10	≪도≫ 대조시창 9,10
12	≪화≫ 대조시창곡 16,17,18	불후의 고전적명작 ≪반일전가≫	불후의 고전적명작 ≪반일전가≫
13	회령의 고향집	취주악 ≪승리의 열병식≫ 감상	취주악 ≪승리의 열병식≫ 감상
14	≪화≫ 대조시창곡 19,20,21	≪라≫ 소조시창 11,12	≪라≫ 소조시창 11,12
15	합창 ≪세상에 부럼없어라≫ 감상	손풍금	손풍금
16	≪화≫ 대조시창곡 22,23,24	정일봉 찾아서 가는 길	정일봉 찾아서 가는 길
17	등산대의 노래	≪라≫ 소조시창 13,14	≪라≫ 소조시창 13,14
18	≪레≫ 소조시창곡 25,26,27	손풍금독주 ≪사회주의 지키세≫ 감상	손풍금독주 ≪사회주의 지키세≫ 감상
19	경음악 ≪기쁨싣고 달리는 말발구≫ 감상	≪라≫ 소조시창 15,16	≪라≫ 소조시창 15,16
20	김일성원수님의 근위대	소년단원 우리는 맹세다져	소년단원 우리는 맹세다져

	결사대	요	요
보충 교재		불후의 고전적명작 ≪조선의 노래≫	불후의 고전적명작 ≪조선의 노래≫
		당을 따라 우리도 가요	당을 따라 우리도 가요
		시간은 귀중해	시간은 귀중해
		손풍금아 울려라	손풍금아 울려라
		묘향산의 등산길 신바람나요	묘향산의 등산길 신바람나요
		장군님은 초소를 찾으셨어요	장군님은 초소를 찾으셨어요

<표 10> 고등중학교 3학년 음악교과서

	1990년	1996년	2002년
1	수령님의 만수무강 축원합니다	친애하는 지도자동지의 만수무강을 축원합니다	친애하는 지도자동지의 만수무강을 축원합니다
2	≪쏠≫ 대조시창곡 1,2,3	조식과 조성	조식과 조성
3	남성합창 ≪결전의 길로≫ 감상	≪쏠≫ 대조시창 1,2	≪쏠≫ 대조시창 1,2
4	≪쏠≫ 대조시창곡 4,5,6	남성합창 ≪무장으로 받들자 우리의 최고사령관≫ 감상	남성합창 ≪무장으로 받들자 우리의 최고사령관≫ 감상
5	불후의 고전적명작 ≪반일전가≫	불후의 고전적명작 ≪꽃파는 처녀≫	불후의 고전적명작 ≪꽃파는 처녀≫
6	≪쏠≫ 대조시창곡 7,8,9	≪쏠≫ 대조시창 3,4	≪쏠≫ 대조시창 3,4
7	경음악과 남성합창 ≪조국의 바다 지켜 영생하리라≫ 감상	기악중주 ≪어디에 계십니까 그리운 장군님≫ 감상	기악중주 ≪어디에 계십니까 그리운 장군님≫ 감상
8	≪미≫ 소조시창곡 10,11,12	≪쏠≫ 대조시창 5,6	≪쏠≫ 대조시창 5,6
9	단소	단소	단소
10	소년빨찌산의 노래	소년빨찌산의 노래	소년빨찌산의 노래
11	≪레≫ 대조시창곡 13,14,15	≪쏠≫ 대조시창 7,8	≪쏠≫ 대조시창 7,8
12	단소2중주 ≪만경대는 혁명의 요람≫ 감상	단소2중주 ≪만경대는 혁명의 요람≫ 감상	단소2중주 ≪만경대는 혁명의 요람≫ 감상
13	≪레≫ 대조시창곡 16,17,18	≪쏠≫ 대조시창 9,10	≪쏠≫ 대조시창 9,10
14	명승가	풀무타령	풀무타령
15	≪씨≫ 소조시창곡 19,20,21	≪미≫ 소조시창 11,12	≪미≫ 소조시창 11,12

16	관현악 ≪내 고향의 정든 집≫ 감상	경음악 ≪기쁨싣고 달리는 말발구≫ 감상	경음악 ≪기쁨싣고 달리는 말발구≫ 감상
17	≪씨b≫ 대조시창곡 22,23,24	≪미≫ 소조시창 13,14	≪미≫ 소조시창 13,14
18	애국가	우리 나라 민요조식	우리 나라 민요조식
19	지도자선생님 모신 영광 끝이 없어요	우리의 아버지 김정일원수님	우리의 아버지 김정일원수님
보충 교재	세월아 가지 말아	단소련습곡	단소련습곡
		대원수님 혁명사상 더 깊이 새겨가자	대원수님 혁명사상 더 깊이 새겨가자
		빛나는 웃음속에 우리 자라요	빛나는 웃음속에 우리 자라요
		어머니 우리 당이 바란다면	어머니 우리 당이 바란다면

<표 11> 고등중학교 4학년 음악교과서

	1990년	1996년	2002년
1	친애하는 지도자동지의 만수무강을 축원합니다		수령님은 영원히 우리와 함께 계시네
2	불후의 고전적명작 ≪조선아 너를 빛내리≫		≪화≫ 대조시창 1,2
3	기타		바이올린독주 ≪대를 이어 충성을 다하렵니다≫ 감상
4	≪씨b≫ 대조시창 1,2,3		≪화≫ 대조시창 3,4
5	불후의 고전적명작 ≪꽃파는 처녀≫를 각색한 혁명가극 ≪꽃파는 처녀≫ 중에서 종장 감상		명승가
6	민주청년행진곡		≪화≫ 대조시창 5,6
7	≪쏠≫ 소조시창곡 4,5,6		가야금독병창 ≪직동령의 승리방아≫ 감상
8	유격대행진곡		≪화≫ 대조시창 7,8
9	바이올린독주와 기악중주 ≪대를 이어 충성을 다하렵니다≫ 감상		화음표기
10	≪미b≫ 대조시창 7,8,9		배우자
11	피아노협주곡		≪화≫ 대조시창 9,10
12	≪미b≫ 대조시창 10,11,12		불후의 고전적명작 ≪꽃파는 처녀≫를 각색한 혁명가극 ≪꽃파는 처녀≫ 중에서 종장 감상
13	관현악과 합창 ≪청산벌에 풍년이 왔네≫ 감상		기타
14	≪도≫ 소조시창곡 13,14,15		고향집추억
15	교향곡 ≪피바다≫ 감상		≪레≫ 소조시창 11,12

16		나는 영원히 그대의 아들	기타를 위한 경음악 ≪나는 영원히 그대의 아들≫ 감상
17		교향곡 ≪운명≫ 감상	≪레≫ 소조시창 13,14
18		인터나쇼날	선률음에 화음맞추기
19			불후의 고전적명작 ≪조선아 너를 빛내리≫
보충교재		위대한 주체사상 만세 만만세	별 보러 가자
		기타곡 ≪황금산의 백도라지≫	압록강의 노래

<표 12> 고등중학교 5학년 음악교과서

	1990년	1996년	2002년
1		당신이 없으면 조국도 없다	당신이 없으면 조국도 없다
2		≪레≫ 대조시창 1,2	≪레≫ 대조시창 1,2
3		소해금독주 ≪봄맞이≫ 감상	소해금독주 ≪봄맞이≫ 감상
4		≪레≫ 대조시창 3,4	≪레≫ 대조시창 3,4
5		선률, 1부분형식	선률, 1부분형식
6		≪레≫ 대조시창 5,6	≪레≫ 대조시창 5,6
7		피아노협주곡 ≪조선은 하나다≫ 감상	피아노협주곡 ≪조선은 하나다≫ 감상
8		≪씨≫ 소조시창 7,8	≪씨≫ 소조시창 7,8
9		2부분형식	2부분형식
10		장군님의 군대가 되자	장군님의 군대가 되자
11		≪씨b≫ 대조시창 9,10	≪씨b≫ 대조시창 9,10
12		애국가	애국가
13		≪씨b≫ 대조시창 11,12	≪씨b≫ 대조시창 11,12
14		관현악 ≪내 고향의 정든 집≫ 감상	관현악 ≪내 고향의 정든 집≫ 감상
15		≪쏠≫ 소조시창 13,14	≪쏠≫ 소조시창 13,14
16		소해금	소해금
17		민주청년행진곡	민주청년행진곡
18		합창과 관현악 ≪영원히 한길을 가리라≫ 감상	합창과 관현악 ≪영원히 한길을 가리라≫ 감상
보충교재		금강산의 목란꽃	금강산의 목란꽃
		우리는 맹세한다	우리는 맹세한다
		다시 만납시다	다시 만납시다
		경례를 받으시라	경례를 받으시라

제2부

예술가 양성과 인민교양

인민배우 황철의 연기훈련법(演技訓練法)*

: 화술훈련을 중심으로

김정수

> 배우의 지식은
> 읽고 보고 아는 것보다는
> 말하고 움직이고 서보는 것이 중요하며
> 머릿속에만 간직하여 둘 것이 아니라 피부로
> 알고 근육으로 움직이고 가슴으로 느껴야 하는 것이다.
>
> - 황철

1. 예술이란?

연극은 예술이며, 예술은 '창조적 행위'이다. 이로 인해 예술가는 '직관'과 '영감'이라는 신비의 영역에서 유영하는 존재로 인식되곤 한다. "'천재'가 아니면 배우가 될 생각을 말라"는 황철의 선언은 재능 있는 배우에게는 무한한 자부심을, 재능 없는 배우에게는 원초적 좌절감을 안겨준다. 반향은 다양할 것이다. 예술가에게 가장 중요한 것은 타고난 재능일 수도, 후천적 노력일 수도 있기 때문이다. 그러나 분명한 것은 재능이든 노력이든 '지속'될 때 '창조'에 도달할 수 있으며, 특히 현장 예술인 연극에서 '지속'을 위한 체계적 훈련은 필수 조건이라는 점이다. 연기훈련에 대한 드니 디드로(Denis Diderot), 콘스탄

---

* 이 논문은 2011년 5월 15일 단국대 부설 한국문화기술연구소 제11회 국제학술심포지엄 『남북통일과 문화예술교육: 북한, 중국, 독일의 사례를 중심으로』에서 발표하였던 「북한 연극계의 배우 훈련: 신비의 가면 벗기」의 내용을 수정 보완한 것임.

틴 스타니슬랍스키(Constantin Stanislavski), 필립 자릴리(Phillip Zarilli)의 천착과 예술의 어원이 기술(arte)임을 기억할 때, '훈련'이 창조의 필수조건임은 낯선 주장이 아니다.

주목할 것은 이 같은 관점이 북한 연극계에서 일찍 발견된다는 점이다. 북한 연극계는 해방직후부터 현재까지 연극창작에서 신비주의와 엘리트주의를 경계했다. 예술은 정확하고 과학적인 방법에 의해 구현된다고 보았기 때문이다. 과학적 연기법에 대한 그들의 믿음은 곧 스타니슬라브스키를 비롯한 다양한 연기관련 문헌의 출판으로 이어졌다.[1] 한국 전쟁 이후 남한에서 연기 관련서적이 1967년에 출판된 사실을 참고할 때, 북한은 남한보다 10여 년 전 출판을 통해 연기 훈련의 대중화를 실천한 것이다. 그렇다면 그들이 주장하는 '체계적 훈련'의 내용은 구체적으로 무엇이며, 그것은 배우에게 어떤 도움을 주었을까. 또한 북한의 배우 훈련법은 남한/서구와 어떤 유사성/차이성을 갖는 것일까.

이 질문에 집중하며, 북한의 인민배우 황철을 주목한다.

황철(1912~1961)은 1950년대 북한에서 국립극장 총장직을 맡고, 연극영화대학에 출강하며 북한 배우들의 연기지도에 있어서 대부로 자리를 점했다.[2] 일제강점기 대중극의 주역배우로서 여성 팬들의 우상이

---

[1] 북한은 한국전쟁 이후 『배우수업: 체험과정』(상·하)(1954), 『연습에 있어서의 쓰따니쓸라브스끼』(상)(1954), 『극장윤리학』(1955), 『체험의 예술 (1), 직업적 연기』(1956), 『체험의 예술 (2), 재현의 연기』(1956), 『에츄드에 의한 배우수업 과정』(1957), 『역에 대한 배우의 수업』(1958), 『배우수업 강의록』(1958), 『쓰따니스랍스끼의 체계와 쏘베트 연극』(1958), 『연출가와 무대장치』(1960) 등을 출판한 바 있다.

[2] 최근의 북한 문헌에서 설명되는 황철의 생애는 다음과 같다. "1912년 1월 11일 충청남도 청양군 비봉면 강정리의 가난한 가정에서 출생하여 보통학교를 거쳐 1928년경에 서울 배재고보 2년 중퇴, 학비사정으로 충청남도 춘천고등보통학교로 전학하여 1929년경에 3학년에서 중퇴하였다 … 1948년 4월 위대한 수령님께서 남북조선 정당, 사회단체대표 자련석회의에 불러 주시는 초청장을 받고 공화국분부로 입북하여 영광스럽게도 어버이수령님을 모시고 진행되는 이 회의에 참석하였다. 그는 이 회의에 참석한후 평양에 영주하여 당시 국립연극극장 배우로 활동하였으며 1949년에는 연극〈을지문덕〉에서 주인공으로 출연하였고 번역극〈어느 한 나라〉에서와 조기천의 서사시를 각색한 연극〈백두산〉에도 출연하였다. 1950년 조국해방전쟁이 일어나자 종군예술가로 서울에 나가 전선공연활동을 진행하였으며 적들의 폭격으로 오른팔을 잃고 육체적으로 어려운 조건에서도 공연활동을 계속하였다. 전후에는 오늘의 국립연극단의 전신인 국립연극극장 배우로 활동하였다. 그는 오른을 잃은 상태에서 1953년에 송영 작 연극〈내 집에 돌아오다〉

었듯이, "어떻게 해도 관객이 빨려들어가는 배우로써의 마력"이 있었기에 월북 이후에도 그의 위치는 견고했던 것이다.3) 1952년 김일성의 배려로 받은 공훈배우 칭호와 1955년 인민배우칭호는 이를 다시 한 번 입증하는데, 이 같은 황철의 위상은 1950년대에 제한되지 않는다. 북한의 대표 예술잡지인 『조선예술』이 1996년 국립연극단 50돌을 맞이하여 3개월에 걸쳐 게재한 황철 관련의 글, 사후(死後) 1996년 그에게 주어진 '조국통일상', '조선인민이 낳은 천재적 예술가'라는 묘비의 문구4), 최근 출판된 『민족수난기의 연극』(2002)에서 '황철'이 포함 된 것 등은 북한 내 그의 위상이 현재까지 유효함을 보여준다. 비록 김정일의 『연극예술에 대하여』(1988)가 현재 북한 연극계의 성서이자 정전이라고 해도, 북한 연극사에서 황철은 분명 존재감을 갖는 것이다.

황철에 대한 선행연구로는 김성노의 「배우 황철의 무대화술 연구」 (2006)와 엄국천의 「배우 황철 연구」(1999)가 있다.5) 김성노는 '화술'로 범위를 좁혀 황철의 연기법을 다루었다는 의미를 부여할 수 있는 반면, 전반적으로 『무대화술』의 요약/정리에 초점을 두었다는 아쉬움을 남긴다. 엄국천의 연구는 배우 황철에 대한 연구이기에 황철의 생애와 연극활동/연극론의 형성과정 등이 주를 이룬다. 엄국천의 연구는 그 성격상 무대화술을 극히 간략히 언급한다. 선행연구 모두는 황철의 생애, 연극 활동의 배경, 연극론 등에 대한 정보를 제공함으

와 조령출 작 연극 〈리순신장군〉에 출연하여 손색없는 연기를 보여 주었다. 1955년 8월 13일에 인민배우칭호를 수여 받았다. 1960년에는 〈우리는 행복해요〉를 연출하였으며 이외에 예술영화 〈춘향전〉, 소설랑독 〈범의 꾸중〉(연암 박지원 작), 소설랑독 〈원보〉, 시 〈백두산〉 등을 랑송하여 방송으로 내보내는 한편 예술리론집필활동도 벌렸다… 그는 국립연극극장 총장으로, 당시 교육문화성 부상으로, 평양연극영화대학 겸임교원으로 사업하면서 정력적인 예술활동을 벌리다가 1961년 6월 9일에 서거하였다"(최창호, 『민족수난기의 연극』 2, 평양출판사, 2002, 228~230쪽).
3) 이원경, 본 연구자와의 전화 인터뷰, 2007.1.10.
4) 「연극배우 황철의 예술활동과 받아안은 크나큰 사랑」 (1), (2), (3), 『조선예술』, 1996. 8~10.
5) 김성노, 「배우 황철의 무대화술 연구」, 경기대 연극학과 석사논문, 2006; 엄국천, 「배우 황철 연구」, 중앙대 연극학과 석사논문, 1999.

로 후속연구에 기여한다고 하겠다. 선행 연구의 도움으로 본 글은 선행연구에서 연구된 부분을 생략하고, 황철의 '무대화술법' 자체에 집중하여, 철저히 그의 저서 『무대화술』을 중심으로 연구를 진행하고자 한다.6) 연기에 관한 그의 글은 단행본, 『조선예술』 등에도 남아 있지만, 연기론 일반보다는 연기 훈련을 위한 '교과서'에 집중하고자 함이다. 이와 함께 북한 연극계의 현장 교육에 보다 구체적으로 접근하기 위하여 1960년대 북한 전문극단에서 주연급 배우로 활동한 탈북 연극인과의 인터뷰를 교차시킬 것이다.7) 주지하다시피 북한은 남한에 비해 일찍 스타니슬랍스키의 저서를 번역하였고, 스타니슬라브스키는 연극계의 공적 '선생'으로 추앙되었다. 보다 온전한 연구를 위해서는 이와 맞물리는 황철의 영향, 문화정책과의 관련성등 사회적 맥락에 대한 해석이 병행되어야 하지만, 이에 대해서는 후속연구로 남겨두고자 한다. 이 글의 연구대상은 북한 배우 황철의 '연기법', 그 중에서 '화술법'이기에, 연기법 자체에 초점을 두어, 그가 무엇을 어떻게 북한 '연극인의 언어'로, 그들의 표현을 빌려 '과학적'으로 제시하였는가에, 현장의 배우들을 위한 그의 구체적/실제적 훈련법이 무엇이었는지에, 그리고 그것이 남한/서양의 일반적 화술훈련법과 어떠한 유사성/차이점을 갖는지에 초점을 둠을 밝혀둔다.

2. 발성을 위한 기초훈련

1) 호흡과 발음

황철은 배우들이 본격적 연기훈련에 들어가기 이전 발성기관에 대

---

6) 황철, 『무대화술』, 조선예술사, 1959(북한의 문헌을 인용할 경우, 북한식 맞춤법에 맞추어 원문 그대로를 옮기기로 한다).
7) 인터뷰는 객관성을 담보하기 위해 화자의 언어 그대로 옮김을 밝혀둔다.

한 생리학적 이해를 요구한다. 그는 발성훈련에 대해 "호흡에 있어서 무엇보다도 횡격막의 작용을 알 것과 횡격막을 훈련하라"는 말로 시작한다.8) 소리 훈련이 호흡훈련을 기본으로 하기에, 올바른 신체 훈련을 위한 신체의 생리적 지식 습득이 필수로 여겨진 것이다.

　숨을 쉴때는 횡격막이 아래로 작용을 하여 코나 입을 통하여 숨이 폐장으로 들어 가고 다시 횡격막이 우로 작용을 하면 숨이 밖으로 배출되는 것인데 말을 하기 위하여는 그 숨을 조절할 필요가 있다. 그러므로 호흡을 훈련한다는 것은 곧 횡격막의 운동과 조절을 훈련하는 것으로 된다.9)

　호흡할 때 신체기관의 움직임을 설명하는 글인데, 그 과정은 숨을 들이쉴 때 횡격막이 아래로 확장하며, 숨을 내쉴 때 횡격막이 위로 올라온다는 것이다. 생리학적으로 설명하면, 코나 입으로 들어온 공기는 일차적으로 폐로 들어간다. 폐에 공기가 채워지기 때문에 폐 바로 아래에 있는 횡격막이 아래로 내려가고, 갈비뼈는 벌어지면서 위로 들린다. 이때 다량의 공기가 더 들어올수록 횡격막은 더욱 확장되고 그에 따라 횡격막 아래에 있는 기관들이 아래쪽으로 밀려나는 것이다.10) 황철의 글이 흥미로운 것은 그가 호흡의 생리학적 작용을 옳게 설명하면서 '공기가 폐로 들어오기 때문에 횡격막이 아래로 내려간다'고 설명하지 않고, 순서를 바꾸어 먼저 '횡격막이 아래로 작용'하여 공기가 '폐에 들어간다'고 설명한다는 점이다. 일면 그가 호흡과 관련된 신체작용에 대해 정밀하게 인식하지 못한 것으로 볼 수 있지만, 다음 글에서 횡격막의 작용을 강조하려는 그의 의도를 읽을 수 있다.

---

8) 황철, 앞의 책, 105쪽.
9) 위의 책, 같은 쪽.
10) 한명희, 『연기자를 위한 발성훈련 핸드북』, 예니, 2004, 25~26쪽.

호흡법을 그 형태로 보아서 다음과 같은 세 가지로 구분할 수 있다고 본다.
1. 어깨로 쉬는 호흡
2. 가슴으로 쉬는 호흡
3. 배로 쉬는 호흡

어깨로 쉬는 호흡은 격렬한 운동을 한 직후나 또는 과식을 하였을 때와 같이 횡격막이 작용을 정상적으로 할 수 없을 때 나타나게 되는 것이고 가슴으로 쉬는 호흡은 가슴만을 무리하게 벌려서 호흡하는 것을 말함인데 이것은 무리한 방법이며 또 다량의 공기를 폐속에 놓지 못한다. 그리고 배로 쉬는 호흡법은 아래'배에 힘을 주며 배를 불려 횡격막을 하부로 끌면서 자연스럽게 숨을 마시고 또 아래'배를 우그리어 횡격막을 우로 밀면서 폐속의 숨을 밖으로 배출하는 방법이다. 우에서 말한 세 가지 호흡법 중에서 세 번째의 방법을 기본으로 하고 두 번째의 가슴을 벌리는 힘을 첨가하는 것이 리상적이다.11)

황철은 호흡법을 크게 어깨/가슴/배로 쉬는 형태로 나누는데, 실제 이 세 가지는 호흡법이라기보다는 우리가 일상생활에서 호흡할 때 쉽게 나타나는 하나의 현상이며, 이 현상은 공기가 어느 정도 몸속 깊이 들어오고 나가는가에 따른 것이다. 공기의 배출 없이 소리는 나올 수 없기 때문에 배우는 긴 대사의 소화와 안정감 있는 화술을 위해 기본적으로 다량의 공기를 들이마시고 저장하였다가 배출해야 한다. 시슬리 베리의 설명을 빌리면 "가슴 위쪽으로 숨을 쉬면 흉곽의 전체가 움직여야 하므로 힘을 많이 들인다고 해도 아주 작은 호흡만을 얻"기 때문이며 "상당수의 운동선수들이 빠르고 짧은 호흡을 얻기 위해 이 같은 호흡을 훈련하기도 하지만 그와 같은 호흡은 가슴과 어깨의 긴장을 가져오므로 소리에는 아주 잘못된 호흡"이기 때문

---
11) 황철, 앞의 책, 106쪽.

이다.12) 이와 같은 맥락에서 황철 역시 '어린애가 잠을 잘 때 가슴이 불렀다 낮았다 하는 것이 아니라 배가 불렀다 낮았다 하면서 호흡'하는 것을 보면 '정상적인 호흡은 가슴의 작용이 아니라 배의 작용 즉 횡경막의 작용임을 알 수 있다'고 주장한다. 그의 설명은 신체기관에 대한 면밀한 탐구라기보다 경험과 생활에서 체득된 주장이라는 인상을 주지만, 배우가 '다량의 공기'를 흡입하는 것을 유도하는 구체적인 방법제시이며, 신체에 횡경막이 있다는 의식 그 자체는 "가슴 위쪽이 움직이는 것을 점차 줄임으로 배우를 자유롭게"13) 함으로써 무대에 선 배우의 필수조건인 이완을 가능케 하는 방법인 것이다.

2) 공명/프로젝션 훈련

호흡훈련 이후 황철은 공명/공명강에 대한 언급을 한다. '인간에게 있는 공명강이 목소리를 확대시킬 뿐만 아니라 음의 질을 다양하게 하고 특이하게 아름답게' 한다는 그의 설명은 모든 화술 연출가들이 동의하는 것이다. 공명은 "발생된 소리를 더 풍성하게 하고 울림을 증폭'14) 시키고 이것이 곧 소리의 성질과 이어지기 때문이다. 황철은 공명강을 다섯 구역으로 나눈다.

해부학상으로 본다면 인간의 공명강은 비강, 인두강, 구강 뿐이라고 하는데 목소리에 공명되는 부분은 결코 이뿐이 아니다. 성대의 우 아래의 체강 속의 공기는 모두 진동한다. 즉 흉강, 비강, 인두강, 구강, 두개강 등에서 공명된다.15)

---

12) Cicely Cerry, *Voice and the Actor*, London: George G. harrap & Co. Ltd, 1973, p. 21.
13) Cicely Cerry, *ibid.*, p. 23.
14) 한명희, 앞의 책, 127쪽.
15) 황철, 앞의 책, 111쪽.

이 부분은 주목을 요한다. 1960년대 황철이 어떤 해부학 문헌을 참고했는지 확인할 수 없지만, 당시 해부학적 관점에서 인간의 공명강은 비강, 인두강, 구강 3곳으로 제시된 듯하다. 그런데 황철은 근거를 제시하지는 않지만, 인간의 공명강은 결코 이뿐만이 아니라며 흉강, 비강, 인두강, 구강, 두개강 등 최소 5곳을 주장하는 것이다. 이 차이는 어디에서 기인한 것일까? 생리학적 관점과 연기훈련의 관점을 구분할 필요가 있다. 생리학적으로 공명강은 '인두강, 구강, 비강'이며 여기에 '순강'이 추가되기도 하고16) 인두강, 비강, 구강으로만 구분되기도 한다.17) 그러나 링클레이터를 비롯한 화술연출가들은 공명강에 비강, 인두강, 구강은 물론 가슴강과 두강을 포함시키기도 한다.18) 성대를 진동해서 만들어지는 소리는 일반적으로 비강, 인두강, 구강에서 울림을 만들 수 있지만, 보다 풍성하고 다채로운 소리를 필요로 하는 성악가와 배우들은 이에 더해 가슴과 머리울림까지 활용해야 하는 것이다. 황철 역시 생리학적 관점보다는 화술 연출가의 관점을 갖는 것으로 확인된다.

그렇다면 공명강 훈련을 위해 황철이 제시하는 방법은 무엇일까? 황철은 흉성과 두성19)에 대해서만 언급하는데, 구체적인 방법 제시는 흉성에 한정되어 있으므로 흉성/흉강을 살펴보기로 하겠다.

> 후두에서 만든 진동을 기관이 흉강으로 보낸다…가령 후두의 위치를 아래로 낮추고 가락지와 같은 관을 오그리면 그만큼 연골의 동그라미가 접근하며 기관 전체가 견고한 탄력적인 것으로 되면서 음의 진동을 흉강

---

16) 이현복, 『한국어의 표준발음』, 교육과학사, 1998, 125~129쪽.
17) 한국예술종합학교 연극원, 『발성연구와 그 활용』, 한국예술종합학교, 2000, 30~32쪽.
18) Kristin Linklater, *Freeing The natural Voice*, NY: Drama Book Publishjers, 1976, pp. 85~90; 한명희, 앞의 책, 127~146쪽.
19) 황철은 두강 공명을 이후는 중요한 공명강으로 구강, 인두강, 비강, 전두강 등을 들고 있다. 즉 구강, 인두강, 비강, 전두강을 모두 합해서 '두강'이라고 칭하는 것이다. 따라서 '두강'은 '두개강'과 구분되는 것으로 판단할 수 있는데, 두개강에 대한 구체적인 설명은 생략되어 있으므로 확신하기에는 무리가 따른다.

으로 보내기 편리하게 된다. 인두의 위치가 아래로 움직이는 거리는 조금 밖에는 안 되지만 진동을 전달하기에는 충분하다.

그러니까 후두의 위치가 아래로 움직이면 흉강 공명의 발생을 촉진시키며 때로는 무조건으로 필요한 음까지 낼 수 있는 것을 우리는 알 수 있다. 그러므로 ≪흉강 공명을 제고하려면 후두의 위치를 낮추라≫라는 결론이 나오게 된다.[20]

황철은 흉강을 울리기 위해 후두의 위치를 낮추라고 말한다. 그런데 이와 같은 방법은 다소 위험해 보인다. 의식적으로 후두를 내린다는 것 자체가 자칫 목의 긴장을 유발할 수 있기 때문이다. 그는 '심할 때에는 후두부를 따라 턱까지 아래로 내려가는 때도 있다'라고 첨언하는데, 이 역시 경우에 따라 목을 압박할 수도 있는 것이다. 가슴공명을 위한 링클레이터의 훈련법을 참고하기로 한다.

목을 자유롭게 하는 훈련을 하면서 머리를 뒤로 떨어뜨려라. 그리고 그 결과 넓어지는 통로를 가슴까지 내려오도록 하라. 이번에는 늑골까지 넓어지도록 하라. 마치 하나의 거대한 빈 동굴처럼…그리고 턱의 어떤 근육도 강하게 사용하지 말며 위의 근육도 전혀 긴장하기 않도록 하라.[21]

이것은 가슴공명을 위한 훈련법인데, 이와 같이 발성에 관한 어떤 훈련이든 근육의 긴장은 최대한 피해야 하는 것이다. 황철이 턱을 당기라고 제안한 반면, 링클레이터는 고개를 뒤로 젖혀 입부터 가슴까지 하나의 관이 형성되도록 하여 가슴공명이 울리는 것을 느끼라는 것이다. 발성훈련에서 이완이 기본인 것을 기억할 때, 이 부분에 있어서 황철이 제시한 방법은 다소 긴장을 유발할 수 있는 것으로 보인다. 그런데 발성에 대한 이원경의 구술이 흥미롭다.

---

20) 황철, 앞의 책, 112쪽.
21) Kristin Linklater, *op. cit.*, p. 85.

이원경: 그때는(해방기부터 1950~60년대: 필자) 이런 식으로 했어. 턱을 당겨. 그럼 이렇게 목이 눌리거든. 그럼 소리가 굵게, 뭔가 다르게 나. 그렇게 했지.

본 연구자: 네…그런데 선생님, 제가 알기로 목을 누르는게 좋은 발성은 아닌거 같은데요.. 좋은 발성이었을까요?

이원경: 그게 좋은 거겠어? 그래도 안하는거 보단 나. 그럴듯하게 들릴 때가 있거든. 그래서 그렇게들 했지. 그냥 스스로 터득한거지.22)

황철이 제시한 방법은 해방기부터 우리 배우들이 간혹 사용하는 발성법이었던 것으로 보인다. 바람직한 발성법은 아니지만 "간혹 관객에게 '그럴듯하게' 들렸다."는 이원경의 증언이 재미있다. 실제로 1930년대 연극화술이 복원되어 음반에 녹음된 황철의 화술은 다른 배우에 비해 한층 발음이 정확하고 탄력 있게 느껴진다. 목을 누르면서 발성하는 화술은 기본적으로 목의 긴장을 가져와 부자연스럽게 들려야 하는데, 실제 그의 화술에는 전혀 긴장이 느껴지지 않으며, 소리는 막힘없이 발화된다. 그렇다면 그가 제시한 방법은 글로만 본다면 위험한 발성일 수 있으나, 실제 그의 화술은 정확한 화술이라 하겠다. 황철이 올바른 발성을 하면서도 생리학적으로 그 방법을 치밀하게 설명하지 못한 것은 아닐까 짐작된다. 다만 흉강을 공명하기 위해 목을 긴장하거나 턱을 당기라는 지도는 초보배우들에게는 바람직한 훈련법은 아니라고 하겠다.

이 외 발성훈련에서 중요한 것은 프로젝션일 것이다. 프로젝션은 '듣는 사람이나 먼 거리에서 들릴 수 있는 충분한 음성적 힘'으로 정의된다.23) 이것은 소리의 힘뿐 아니라 강도를 포함한다. 황철은 소리의 힘과 강도를 위한 훈련을 제시하지는 않지만, 그의 공연을 직접

---

22) 이원경, 본 연구자와의 개인 인터뷰, 용인자택, 2006. 12. 7~8.
23) Jeffrey C. Hahner, Martin A. Sokoloff, Sadra L. Salisch, *Speaking Clearly: improving Voice and Diction*, Mcgraw-Hill, Inc, 1993, p. 312.

관람하고 황철의 동료와 그 이후 세대들에게 연기훈련을 받은 바 있는 박경애는 북한에서 어떤 방식으로 프로젝션 훈련이 진행되었는지를 명확하게 증언한다.

배우는 무대에 서니까, 저 끝까지 들려야 하지 안갔어? 그러니 바닷가에 서나, 밤에 (숙소에서: 필자) 나와서 '아'(1미터 거리의 사람에게 들리도록: 필자), 그리고 좀 더 크게 '아'(10미터 거리의 사람에게 들리도록: 필자), 그리고 저 끝까지 '아'(30미터 거리의 사람에게 들리도록: 필자) 하는 훈련을 했지. 우리는 그러니까 그때 황철 선생님(의: 필자) 그 다음세대들한테 다 배웠지. 난 특히 소리가 좋았어. 그랬지, 그때…. 소리도 안쉬고.24)

박경애가 회고하는 북한의 프로젝션 훈련은 배우가 거리감을 느끼면서, 거리에 따라 소리의 음량을 조절하는 훈련방법의 하나이다. 그리고 이 같이 배우가 거리감을 느끼면서 소리를 보내는 것은 현재 남한에서도 일반적으로 진행되는 프로젝션 훈련이다. 가까운 거리부터 먼 거리까지 그에 적합하게 소리를 내는 것이다. 소리를 모아 밀도 있게 보내는 구체적 훈련법을 예로 들면 다음과 같은 방식이 있다.

1. 한 사람이 당신한테 5피트 정도 떨어져 앞에 서도록 하라. 그 사람의 오른 손이 어깨 정도의 높이여야 하며 오목하게 굽도록 해서 당시의 얼굴에 직면하도록 하라.
2. 5피트 정도 위치에서 떨어져 5가지 세라. 다른 사람의 손 안에 말을 하도록 하라.…소리를 던지도록 하라. 그러나 그 사람의 손 안에 던져야 한다.
3. 그 사람이 한 발짝 물러나게 하라…40피트 정도 될때까지 이 과정을 반복하라.

---

24) 박경애, 본 연구자와의 개인 인터뷰, 2011. 4. 2. 대학로 오솔길 북카페, 2시 30분~5시, 보이스레코더 녹음.

(…중략…)

   4. 다음은 문장을 크게 읽도록 하라. 파트너가 가까이 오고 멀리 가게 하면서 그의 손안에 소리를 던지도록 하라.25)

이 훈련법은 소리의 크기뿐 아니라 강도를 의식한 것이다. 파트너를 정하고 그 파트너의 손 안에 소리를 던진다는 의식은 소리의 크기와 강도 모두를 증가시켜 주는 것이다. 굳이 비교하면 북한의 프로젝션 훈련은 소리의 강도보다는 크기에 초점을 두어 전개되었다고 하겠다. 그러나 공연을 위해 "방방곡곡을 다니면서 남이 보면 흉하니까 입을 가리고 아, 에, 이, 오, 우를 버스 안이든, 기차 안이든, 이동하는 과정에서도 연습"26)했다는 박경애의 구술을 참고하면, 강도훈련이 따로 이루어지지 않았지만 소리의 크기로 인해 현장의 표현을 빌리자면 발음이 '뭉개지는' 현상은 드물었을 것으로 판단된다.

3. 대사창조를 위한 연기훈련

1) 다양한 정서담기와 에쮸드

황철은 글과 말이 다름을 강조하면서 말은 글을 입체적으로 만드는 것이라고 설명한다. 이를 위해서 '강조법'을 제시하는데, 그에 의하면 "음성 강조법은 ≪푸로미넨쓰≫라고 하여 물리학적으로 보아 말중에 주안점을 강조하여 음을 높이고 또 강하게 하는 것을 말"한다. 흥미로운 것은 그가 여기에 보다 복잡한 정서를 투영한 훈련법을 제안했다는 것이다.

---

25) Jeffrey C. Hahner, Martin A. Sokoloff, Sadra L. Salisch, op. cit., pp. 292~295.
26) 박경애, 본 연구자와의 개인 인터뷰.

1. 춘식이가 말했다.(다른 사람이 말할 줄 알았더니…)
2. 춘식이가 말했다.(그 사람은 당분간 말 못할 줄 알았더니 역시 말했구나)
3. 춘식이가 말했다.(쉬-평양으로 오겠다구…)
4. 춘식이가 말했다.(그러나 그의 부인은 달리 말할런지도 모르다)
5. 춘식이가 말했다!(그것은 내 힘이다)27)

황철은 '말했다'라는 하나의 대사를 다양한 의도로 말하는 훈련을 제시한다. 다양한 정서와 의욕이 살아 있는 억양을 만들어 말을 입체화한다는 것이다. 그는 특히 말에 있어서 억양의 중요성을 강조한다. "대사에 있어서 억양은 둘도 없이 소중한 것"이며 "말의 의미를 옳게 전달하는 것도 정확한 억양을 통하여서이고 말 속의 감정을 전달하는 것도 억양을 통하여서이며 음악적인 말, 다양한 말, 단순한 표현에서 복잡한 내용을 담은 말 등 모든 말의 변화가 억양을 통해서 표현"된다는 것이다.28) 그가 말하는 '억양'은 단순한 악센트가 아니라, "단어의 고저와 장단과 강약을 련결시키고 언어의 목적에 따라 단어의 배렬과 악센트의 조절을 정확하고 세밀하게 하면서 언어로서의 미와 인상을 만드는 중심"인 것이다.29) 다시 말하면 고저, 장단, 강약을 포함한 문장 전체의 흐름이라 할 수 있는데 주목할 것은 그가 억양이란 '말을 하는 의도'에서 비롯된다고 본 점이다. 말을 하는 화자의 의도에 따라 억양이 생성되는데, 말은 그 "억양이 있음으로 하여 같은 말이 부드럽게도 들리고 딱딱하게도 들리며 때로는 따뜻한 애정을 풍기기도 하고 복쑤에 불타는 증오를 나타내기도" 한다는 것이다.30) 따라서 그는 다양한 화자의 의도를 제시하고, 그 의도에 따라

---

27) 황철, 앞의 책, 86쪽.
28) 위의 책, 39쪽.
29) 위의 책, 같은 쪽.
30) 위의 책, 같은 쪽.

동일한 대사를 배우가 말하게 함으로써 그의 표현에 따르면 배우가 '말의 입체화'에 도달하도록 유도하는 것이다.

일면 관점에 따라 도식적 훈련법이라 할 수 있는데, 북한이 정해진 규칙에 따른 훈련법만을 강조한 것은 아니다. 에쮸드 훈련이 병행되었기 때문이다. 북한 문헌에서 에쮸드에 관한 기록은 1956년에 발견된다. 당시 북한은 재능 있는 청년들을 선발하여 모스크바와 레닌그라드 연극대학으로 유학을 보냈으며,31) 공부를 마치고 돌아온 청년들은 현장작업에 참여할 수 있었다. 다음은 러시아 유학을 마치고 돌아온 연출가 김덕인과 관련된 기록이다.

… 무대련습으로 들어가면서부터는 잡다한 출입을 금하기 위해 전체 문들을 다 닫아 걸고 오직 연기자들의 출입을 위한 문만 열어 놓고 련습에 돌입했다. 그리고 련습 과정에는 연출가로부터 생생한 상상력의 발동을 위해 풍부한 생활 자료들을 제공받았으며 끊임없는 에츄드를 통하여 체험하는 연기들의 련마를 부단히 할 수 있었다.32)

1960년대 이전부터 북한에서는 연습과정에서 에쮸드가 적용되고 있었던 것이다. 에쮸드는 기본적으로 정해진 대본에 따라 움직이는 것이 아니라 배우의 즉흥성과 상상력에 기초한 연기훈련이다. 에쮸드는 즉흥성을 담보하는 바, 실제 에쮸드를 활용한 연기훈련법은 세밀하고 다채롭다. 그러나 에쮸드 연기훈련법을 탐구하는 것은 본 연구의 목적이 아니다. 중요한 것은 북한에서 어떠한 에쮸드 훈련이 진행되었는가이다. 황철의 저서에서 이에 대한 설명은 실려 있지 않지만, 다행스러운 것은 박경애 배우가 에쮸드 훈련을 직접 받은 바 있다는 것이다. 다음 박경애의 구술은 주목을 요한다.

---

31) 신고송, 『연극이란 무엇인가』, 평양: 국립출판사, 1956, 85쪽.
32) 연기 및 연출연구회, 『생활과 무대』, 평양: 국립출판사, 1956, 117쪽.

이렇게 했지. 극장에서 거 객석에 연출가랑 모든 배우들이 다 모였는데, 나보고 무대위에 올라가라 그래. 그래 올라갔지. 그랬더니 연출가가 '잔디밭이다, 걸어라' 그래서 걷고, 그 다음엔 뭐 '나비다, 나비를 잡아라' 그래서 금새 나비를 잡고…내 다 받아먹었어. 주는 대사 다 받아먹어서 거기 모인 배우들 다들 놀랬지.33)

북한의 에쮸드 훈련은 이와 같은 방식으로 전개되었다. 1950년대에 연출가 김덕인이 배우들의 집중을 위해 모든 극장 문을 닫고 집중된 상태에서 에쮸드 훈련을 시도했듯이, 1960년대의 에쮸드 훈련 역시 다소 엄격하게 진행된 것으로 보인다. 기본적으로 연출이 모든 배우들을 극장으로 부르고, 한 배우를 지명하여 무대 위에 올라가게 한 후, 즉석에서 상황을 주고, 무대 위에 올라간 배우는 주는 상황에서 상상력을 발휘해 움직여야 하는 것이다. 이 같은 즉흥훈련은 쏘냐 무어의 주장과 같이 배우가 "논리적인 사고를 하게 만들고 그럼으로써 상상력을 발달시킨다".34) 물론 북한의 에쮸드 훈련은 활용에 있어서 단순한 면이 있는 것은 사실이다. 일례로 스타니슬랍스키의 시스템에서의 에쮸드는 제시된 상황과 인물의 목표, 그리고 사건에 발전과 결말 등 구체적으로 짜여진 극구성 안에서 배우의 즉흥을 요구하기도 한다. 이에 비한다면 북한의 에쮸드는 즉흥성/순발력의 훈련에 다소 치중되어 있다고 하겠다. 그러나 북한의 에쮸드는 에쮸드의 본질, 즉 배우가 미리 인물의 움직임이나 변화, 대사를 미리 정하지 않고 주어진 상황과 사건에 자신으로서 반응함으로써 표현과 잠재의식의 폭을 넓히는 첫 훈련임은 분명하다.

---

33) 박경애, 본 연구자와의 개인 인터뷰.
34) 쏘냐 무어 저, 한은주 역, 『쏘냐 무어의 스타니슬랍스키 연기수업』, 예니출판사, 2005, 118쪽.

2) 사건/감정분할과 속대사의 탐색

본격적으로 연기에 들어가기 이전 대사를 분석하는 것은 모든 배우의 기본이다. 북한 역시 연기를 위해 배우의 대사분석을 강조하는데, 그들은 이것을 대사의 '분할'이라고 설명한다. 분할의 원리를 설명하는 다음 글을 보기로 한다.

> 분할의 원리를 어떻게 할 것인가? 첫째로 지엽적인 문제나 또는 인상적인 세부분에 매달리지 말고 희곡 전체의 내용을 붙잡아야 한다. 즉 그 내용의 핵심, 말하는 사람이 도달하여야 할 최종 목표를 잡아야 한다는 것이고 그것은 곧 말하는 사람의 내면적 정서를 지배하는 감정의 충동의 초점을 붙들어야 하는 것으로도 된다.[35]

분할에서 우선적으로 중요한 것은 대사 전체의 내용을 포착하는 것이다. 황철은 "희곡전체의 내용을 붙잡아야 한다."고 설명하지만, 이후 그의 설명을 면밀히 살펴보면, '희곡'은 개별 대사를 의미하고 있음을 알 수 있다. 그가 '분할'을 "말의 옳은 나열을 위한 작업"이라고 부언설명하면서, 대사의 목적이 사상 전달에 있는지 감정에 있는지를 파악하라고 하기 때문이다. 그렇다면 분할의 단위는 남한의 용어로 치환하면 '극적인 동기가 유지되는 상태'이며, 그 안에서 파악할 것은 인물의 마음의 움직임인 것이다. 다시 말하면 '분할'의 작업이란 대사의 내적 동기를 기준으로 장면이나 대사를 나누는 일이다. 다음은 황철이 제시한 분할의 예이다.

　(…상략…)
　-제2단계-

---

[35] 황철, 앞의 책, 116쪽.

(ㄱ) ≪준식아!≫

동필의 입에서 묵철 같은 소리가 튀여 나왔다.

≪왜 대답이 없느냐≫

말의 무게와 깊이를 더하는 침묵의 잠간 사이가 지나 간 다음 동필은 다시 이렇게 웨쳤으나 준식은 여전히 잠자코 있었다.

≪너희들 용감한 전사가 큼직한 관을 메고 너희들의 입으로 만들어 놓은 한 개의 배신자를 담으러 오는 줄 알았더니 암만 기다려도 오지 않기에 산 송장이 스스로 걸어 왔다. 말해봐라.≫

동필은 두 주먹을 뿔근 쥐고 황소와 같이 준식을 노려 보았다. 아무 반응이 보이지 않는 준식이의 태도가 몹시 미웁게 보였다.

(ㄴ) ≪비겁한 꼴을 하지 말고 말해 보아라≫

≪...........≫

≪침묵이 모든 문제를 해결해 줄줄 믿느냐? 성성한 사람에게 -옛 동무에게 온갖 누명을 씨워 논 자는 장애서 침묵할 수 있을걸세 나는 그렇게 잠자코 죽을 수는 없다. 말을 해 봐라≫

(ㄷ) 그래도 준식은 여전히 네 할말을 죄다 해 봐라 하는 듯이 아직도 침묵을 깨지 않으려는 상이였다.

(ㄹ) ≪경계란 무슨 소리냐. 어따 쓰는게냐≫

≪...........≫

≪나를 최동필을 경계할 필요가 어디 있느냐 왜 말이 없느냐≫

≪...........≫

≪네 쉬파리 떼를 내게다 잔득 붙여 놓니 대체 무슨 냄새를 맡으려는 거냐? 또 맡은게 있건 말해봐라≫(…하략…)

연기훈련을 위해서 황철이 한설야의 소설「황혼」을 예로 들어 분석한 것은 북한에서 낯설지 않은 풍경이다. 북한은 현재까지도 소설을 연극/가극/영화 등 각 장르로 옮겨 문학과 예술이 유기적 연관을 맺도록 하기 때문이다. 이 글은 황철이「황혼」을 4단계로 나눈 것 중

2단계만을 옮긴 것이다. 그는 「황혼」의 일부를 사건을 기준으로 모두 4단계로 나누고, 그것을 다시 세분화하여 감정을 기준으로 28개의 단위로 나눈다. 2단계는 모두 9개의 단위로 나누었으며, 인용문은 이중 (ㄱ), (ㄴ), (ㄷ), (ㄹ)인 4개의 단위만을 옮긴 것이다. 그에 의하면 2단계는 동철이 준식에게 일방적으로 도전하는 단위이며, 동필이 준식을 찾아와 왜 자신에게 누명을 씌웠는지를 따지는 장면이다. (ㄱ)부터 (ㄹ)까지는 황철의 표현대로 동필이 준식을 일방적으로 공격하는 장면인 것이다. 하나의 사건이 유지된다고 할 수 있는데, 황철이 (ㄱ)부터 (ㄹ)까지 나눈 것은 감정/정서의 변화/상승으로 해석된다. 그 자신도 감정에 따라 대사를 분할한다고 설명하는바, 굳이 (ㄱ)부터 (ㄹ)까지의 핵심을 찾아보면 (ㄱ) 동필의 분노, (ㄴ) 동필의 원망, (ㄷ) 준식의 침묵, (ㄹ) 동필의 항의로 볼 수 있다. 조금 더 나가 남한 연출가 안민수의 표현대로 연극적인 목표를 찾아보면 (ㄱ) 준식에게 따진다 (ㄴ) 이유를 알아낸다 (ㄷ) 변명을 찾는다 (ㄹ) 묻는다 등이 될 수 있다. 물론 이것은 황철의 제시에 따라 본 연구자가 인물의 감정/정서/목표로 핵심을 찾은 것이므로 또 다른 핵심이 제시될 수 있다. 중요한 것은 1960년대 북한에서 배우가 대사를 하기 위해서 이와 같이 소설이나 희곡을 연습용으로 선택하여 사건을 기준으로 단계를 나눈 후, 하나의 단계 안에서 인물의 감정/정서에 따라 대사를 크게 나누는 방법이 제시되었다는 것이다. 현재 남한의 연극 현장이나 연기수업에서 일반적으로 이루어지는 방법의 거친/초보적 수준의, 그러나 본질에 있어서는 동일한 방법이 제시된 것이다.

그렇다면 대사 분할 이후의 훈련은 무엇일까? 황철은 그 다음으로 '속대사' 작업을 제시한다.

속대사라는 것은 대사 뒤에 또는 그 속에 잠재하여 있는 것인바 ≪쓰따니쓸랍쓰끼≫는 다음과 같이 말하였다. ≪그것은 역에 있어서의 인간을 내면적으로 감득할 수 있는 명확한 표현인바 대사의 말 밑으로 간단없

이 흐르며 그것에 생명과 존재의 근본을 부여하는 것이다.≫36)

이 글은 번역에 의존한 듯 다소 뜻이 모호하지만, 찬찬히 살펴보면 '속대사'란 남한의 용어로 치환하면 인물의 '내적동기/서브텍스트'가 된다. 대사의 표면이 아니라 '왜 그런 말을 하는지', 즉 말을 하게 된 '동기'가 속대사인 것이다. 다음 〈심청전〉의 한 장면을 들어 황철이 설명한 예는 북한의 속대사 탐색방법을 보다 구체적으로 말해준다.

   심봉사- 애 심청아 내 어제부터 밥먹는 소리를 못 들었으니 너 나만 주고 너는 굶는게 아니야!?
   심청- 아니예요 아버지 저는 먼저 먹었어요. 걱정말고 어서 잡수세요. (하며 아버지의 숟가락을 밥 그릇에 대여 준다.)
   이런 한 짧은 장면을 떼여 놓고 심청이의 ≪아니예요 아버지 저는 먼저 먹었어요 걱정말고 어서 잡수세요≫ 하는 대사의 속을 흐르고 있는 속대사가 무엇일까?... 대개 아래와 같은 서너개의 설정이 가능할 것이다.
   1. 나는 배고프지 않다.
   2. 내가 굶는 것을 아버지에게 알리지 말자.
   3. 배가 고프지 않은체 하자.37)

심청이 아버지에게 "걱정말고 잡수세요."라고 한 대사는 배우가 아무 목표 없이 전개하는 대사가 아니어야 하는 것이다. 배우는 짧은 대사라도 반드시 어떠한 의도/목표를 가져야 하는 것이다. 황철은 분석 중에서 ①은 너무 지나쳐서 연극적 요소가 너무 결핍되고, ③은 너무 연극적이고, ②가 가장 적당하다고 말한다. ①은 대사 그대로이므로 상황에 적합하지 않고, ③은 지나치게 정직하지 못한 심청이를 보여줌으로 진실성이 결여된다는 것이다. ②가 가장 적합하기에 아

---

36) 위의 책, 133쪽.
37) 위의 책, 134~135쪽.

버지에 대한 심청의 진실한 효심을 일관되게 보여준다는 것이다. 이와 같은 속대사의 탐색 역시 현재 남한에서도 일반적으로 행해지는 방법이다. 남한 연출가 안민수의 연기훈련법을 보기로 한다.

「소」에서 유자나무집 딸이 개똥이에게 돈을 건네주며 "누가 쉽게 준 돈이니까 그냥 가져. 귀써도 괜찮지."라고 말한다. 여기서 유자나무집 딸이 개똥이에게 주는 돈은 액면 그대로 누가 준 것도 아니며 실제로 개똥이에게 꾸어주려는 것도 아니다. 개똥이를 사랑하는 유자나무집 딸로서는 자기가 희생하더라도 개똥이가 부담없이 돈을 받게 하고 싶은 절실함이 담겨 있는 것이다.[38]

안민수 역시 황철과 동일한 맥락으로 속대사/내적동기의 탐색을 제안한다. 대사의 내적 동기를 찾아야 그것을 근거로 배우는 말을 하고, 그에 따라 억양/어조/음색이 결정되며 움직임의 근거도 찾아지기 때문이다. 1960년대 북한의 배우들이 대사분석에 있어서 '속대사의 연구'를 중요시했다는 박경애의 증언은 황철의 방법론이 1960년대 북한에서 일반화된 방법임을 다시 한 번 확인시켜 준다.

거럼. 그러니까 배우가 속대사가 중요한 거지. 그걸 연구해야지. 이 말을 왜 하는지, 그냥 말하는게 아니라 뭣땜에 말하는지를 알아야지, 그래야 연기를 하는거지. 그게 연기지. 우리는 황철 선생님한테 직접 배우지는 않고, 그 다음 세대들한테 배웠는데, 그분들이 다 황철 선생님한테 배운거지.[39]

이같이 박경애는 1960년대 속대사의 탐색은 배우의 기본이었다고 강조하며, 그를 위해 지방공연에서도 시간이 날 때 마다 대사연구를

---

38) 안민수, 『연극연출: 원리와기술』, 집문당, 1998, 127쪽.
39) 박경애, 본 연구자와의 인터뷰.

했다고 회고한다. 연기를 위해 대사를 외적 행동으로 나타낼 수 있도록 분석하는 것은 모든 배우들의 공통점인 것이다. "대사를 어떻게 분석하느냐에 따라 인물의 내면 세계, 인물간의 갈등 그리고 사건의 발전 방향 등이 드러나고, 행동선이나 움직임, 짓거리 등을 구체적으로 만들어낼 수 있"는바,[40] 이 중요성에 대한 인식이 북한에서는 속 대사의 탐색으로 이어진 것이다.

4. 신비의 거부

살펴본 바와 같이 예술에서의 신비를 거부했던 황철은 체계적인 방법에 입각한 배우훈련법을 제시했다. 그의 화술훈련법은 크게 발성훈련과 대사훈련으로 나누어 보기로 한다.

먼저 그는 발성훈련에서 호흡의 중요성을 강조한다. 이를 위해 그는 배우가 숨을 들이쉰다는 의식을 버리고 횡격막에 집중하여 횡격막을 늘리면서 공기가 저절로 들어오게 하는 훈련을 제시한다. 모든 연기에서 깊은 호흡은 장대사를 소화하기 위한 필수조건이기 때문이다. 이 같은 훈련법은 일면 호흡의 기능적 측면만을 강조한 듯 보일 수 있다. 최근 서구의 화술연출가들은 깊은 호흡의 기능적 측면뿐 아니라 철학적 측면을 강조하기도 한다. 그들은 인간 배우의 깊은 중심에서 발현되는 대사가 타인의 깊은 중심과 만난다는 철학적 해석을 더하고도 있다. 이 관점에서 본다면 황철의 훈련법이 기능적 측면만을 강조하고 있는 것은 사실이라 하겠다. 그러나 그것은 '철학의 부재'라기보다는 예술적 신비주의에서 벗어나고자 하는 실천이며, 북한과 황철의 표현을 빌려 '과학만에 의거한 훈련법'을 구축하려는 시도가 될 것이다. 증명할 수 없는 신비는 그들에게 무의미했기 때문이

---

[40] 안민수, 앞의 책, 127쪽.

다. 황철은 객관적으로 누구나 인정할 수 있는 사실, 그에 따른 훈련방법이 배우 연기에 실질적으로 도움이 된다고 믿었던 것이다.

다음으로 황철은 대사훈련을 위해 하나의 대사에 다양한 정서담기와 에쮸드 훈련을 적용한다. 이 훈련은 다양한 정서를(분노/슬픔) 동일한 단어로 표현함으로써 억양, 음색, 고저 등을 이용하여 화자의 의도를 표현하는 것이다. 그의 표현에 따르면 '입체적 말'의 훈련이다. 또한 그는 배우가 미리 준비하지 않고 상황에 적응하는 에쮸드 훈련을 통해 배우의 상상력을 확장시켜 배우가 표현의 폭을 넓히도록 유도한다. 에쮸드 훈련의 초보적 수준이라 할 수 있지만 '자유로운 표현 유도'라는 에쮸드의 본질은 충분히 반영하고 있다고 하겠다. 이외 그는 속대사 탐색훈련 역시 제시하고 있다. 이것은 남한의 용어로 말하면 내적 동기의 탐색으로 배우가 표면적인 대사 전달에서 벗어나 마음의 움직임을 외면화시키도록 하는 훈련이다.

황철의 배우훈련법은 발성에 있어서는 다소 초보적인 수준이라고 말할 수 있다. 또한 대사창조를 위한 훈련 역시 현재 서구와 남한에서 실행되는 다양한 훈련에 비한다면 협소한 측면이 발견되는 것도 사실이다. 그러나 이 같은 훈련법들이 가진 본질적 장점에 대한 그들의 인식은 서구/남한과 동일하다. 진실한 대사의 전달과 표현의 다양성은 예술의 기본인바, 북한의 훈련법은 연기의 본질에 기초하고 있는 것이다. 현재 북한의 연극에 대한 일반적 평가는 '유형'과 '도식'이다. 1970년대부터 시작된 연극혁명과 전형화된 연극양식이 현재까지도 모범이 되고 있기 때문이며, 그로 인해 북한 연극은 자기검열과 외부검열이라는 이중의 망을 거쳐 무대 위에 존재하기 때문이다. 그러나 살펴본 바와 같이 북한 연극사에서 한 획을 긋는 황철은 연극예술 자체에 대한 진지한 고민과 함께 구체적 배우훈련법을 연극적 문법에 따라 제시하였으며, 그의 훈련법은 연기 훈련의 본질과 맞닿아 있다.

참고문헌

김성노, 「배우 황철의 무대화술 연구」, 경기대 석사논문, 2006.
끄 쓰 쓰따니쓸라브끼 저, 최창엽 역, 『배우수업: 체험과정』 (하), 국립출판사, 1954.
빠블로브·마르띠노브·제끄라예브 강의, 박용자 중역, 『배우 수업 강의록』, 조선예술출판사, 1958.
신고송, 『연극이란 무엇인가』, 평양: 국립출판사, 1956.
쏘냐 무어 저, 한은주 역, 『쏘냐 무어의 스타니슬랍스키 연기수업』, 예니출판사, 2005.
안민수, 『연극연출: 원리와 기술』, 집문당, 1998.
엄국천, 「배우 황철 연구」, 중앙대 석사논문, 1999.
유민영, 『인물연극사』, 태학사, 2006.
이현복, 『한국어의 표준발음』, 교육과학사, 1998.
최창호, 『민족수난기의 연극』 2, 평양: 평양출판사, 2002.
한국 근현대 연극 100년사 편찬위원회, 『한국 근 현대 연극 100년사』, 집문당, 2009.
한명희, 『연기자를 위한 발성훈련 핸드북』, 예니, 2004.
한국예술종합학교 연극원, 『발성연구와 그 활용』, 한국예술종합학교, 2000.
황 철, 『무대화술』, 조선예술사, 1959.
황 철 외, 『생활과 무대』, 평양: 국립출판사, 1960.
황 철, 『문학예술과 계급성』, 평양: 국립출판사, 1955.
Cicely Cerry, *Voice and the Actor*, London: George G. harrap & Co. Ltd, 1973.
Kristin Linklater, *Freeing The natural Voice*, NY: Drama Book Publishjers, 1976.
Jeffrey C. Hahner, Martin A. Sokoloff, Sadra L. Salisch, *Speaking Clearly: improving Voice and Diction*, Mcgraw-Hill. Inc, 1993.
Jerry L. Crawford, *Acting in Person and in Style*, University of Nevada Las Vegas, London, 1984.

〈인터뷰〉

박경애(가명), 본 연구자와의 개인 인터뷰, 2011. 4. 2. 대학로 오솔길 북까페. 2시 30분~5시. 보이스레코더 녹음. 1:1 만남.

이원경, 본 연구자와의 개인인터뷰, 용인자택, 2006. 12. 7~8.

본 연구자와의 전화 인터뷰, 2007. 1. 10.

북한 가야금과 몽골 야탁의 교본*

박소현

1. 북한 가야금 연주자 김종암과 몽골 야탁

　동북아시아에는 한국의 가야금과 같은 롱-지터(long-zither)류의 전통악기를 각각 보유하고 있다. 중국의 정(箏, zheng), 일본의 고토(箏, koto), 베트남의 단트란(dan tran), 몽골의 야탁(ятга, yatag, 雅托噶, 箏) 등이 그러하다. 동북아시아 롱-지터류의 전통악기 중에는 우리와 인연이 깊은 악기가 있다. 그것은 바로 몽골의 야탁이다.

　야탁은 13세기부터 몽골에서 전하는 전통악기로, 16세기 이후에는 불교의 사원에서 종교적인 노래의 반주악기로 사용되어 왔으며, 17세기 이후 궁중의 연회와 귀족의 향유 악기로 전래되었다. 19세기 이후 중국 청나라의 문화적 억압, 20세기 사회주의라는 정치적 이념으로 인하여 귀족들의 악기이자 불교 사원의 악기라는 이유로 그 연주

---

* 이 글은 논문 「몽골 야탁과 북한 가야금 교본 비교 연구」, 『국악과 교육』, 2010년 제30집에 수록된 내용을 재편한 것임을 밝혀둔다.

법과 악기 제작의 맥(脈)이 단절되었다.1) 벨린스키(Berlinskii)에 의하면 "1930년대 몽골에는 오직 한 명의 할하족 야탁 연주자만이 남아있었다."2)고 했으나, 몽골인들은 1950년대에 몽골 민족악기로써 재도입된 이 악기가 한국악기를 기초로 한 것이라고 말한다.3)

20세기 초에 단절된 몽골의 야탁이 몽골 민족악기로 본격적으로 재도입된 시기는 1961년부터이다. 이는 북한의 가야금연주자 김종암에 의해서이다. 이러한 사실은 3편4)의 연구논문을 통해 밝힌 바 있다. 3편의 연구논문 중 "몽골에 수용된 북한가야금과 그 음악"에서 김종암이 몽골 제자들에게 전수한 음악은 "몽골민요를 전통악기 야탁에 맞게 편곡한 것과 한국민요, 북한 창작곡, 〈가야금 산조〉 등이다. 북한의 가야금 연주자 김종암은 자신이 북한에서 가야금을 학습하면서 습득한 지식을 기반으로 하여 몽골 야탁 연주자들을 양성하였음"5)을 밝혔다. 그러나 3편의 논문을 발표하는 과정에서 몽골 야탁과 가야금의 연주법을 상세히 비교하지 않았다.

북한 가야금 연주자 김종암은 1961년부터 1967년까지 6년간 몽골 음악무용학교 야탁반에서 북한가야금을 통해 연주법과 음악을 전수하였다. 당시 김종암의 첫 번째 학생 16명 중 현재 몽골 음악무용학교의 교사인 데. 알탕토올(Д Алтантуул)은 김종암에게 배운 악곡들을 1967년, 졸업 후 악보로 기록해두었다.6) 이 악보를 통해 데. 알탕토올은 몽골 음악무용학교 야탁반 학생들을 교습하였으며, 1987년

---

1) 박소현, 「20세기 몽골에 수용된 한국의 음악문화」, 『한국음악연구』 제39집, 2006, 61쪽.
2) Aatto. petti, "The Music of the Mongols: An Introdation.", In Aspeefs of Altaic Civilization, ed. Denis siner, 1962, p. 89, Bloomington: Indiana University, Uralic and Altaic Series, 23.
3) ШУА, БНМАУ-ЫН Угсаатны Зуй Халхын Угсаатны Зуй 1бот ь, УБ, 1987, p. 353(『몽골인민공화국의 민속학: 할하 민속학』 제1권, 울란바타르).
4) 박소현, 「몽골에 수용된 북한가야금과 그 음악」, 『한국음악연구』 제42집, 2007, 107~134쪽; 박소현, 「20세기 몽골에 수용된 한국의 음악문화」, 『한국음악연구』 제39집, 2006, 57~71쪽; 박소현, 「몽골 야탁의 유래와 북한 가야금과의 관계」, 『몽골학』 제19호, 2005년, 199~221쪽.
5) 박소현, 앞의 글, 2007, 107쪽.
6) 위의 글, 126쪽.

몽골『야탁교본』7)이 최초로 출판되는데 기초기반이 되었다. 이 교본은 오늘날에도 몽골 음악무용학교를 비롯한 야탁 전공이 설치된 학교 혹은 대학교에서 보편적으로 사용되고 있다.

음악 분야에서 교본(敎本, textbook)은 기악 혹은 성악의 기본적 기교를 가르치기 위하여 초보부터 단계적으로 연습하고 배울 수 있도록 엮은 책이다. 교본은 초기 입문서로서 초보 학습자가 전문 연주자로서 성장하는 데 지대한 영향을 미친다.

비록 몽골에서 단절된 전통악기 야탁이 1960년대 김종암과 북한 가야금을 통해 부흥되었지만, 50여 년이 지난 오늘날 몽골 야탁이 우리의 가야금과 같은 모습으로 존재하는지의 여부를 확인하기 위해, 양국의 교본에 수록된 연주법을 비교 검토하려 한다.

김종암이 몽골 음악무용학교에 부임한 것이 1961년으로, 북한에서 1958년에 발간된 가야금교본인 정남희, 안기옥 공저의『가야금 교측본』8)과 비교함이 적절할 것이다. 이 교본은 북한 초기에 출판된 것으로, 예술대학 가야금 기초학습을 위한 교본이다.

이 교본은 13현가야금을 학습하도록 구성되어 있다. 남한은 기존 12현가야금을 사용하지만, 북한은 보편적으로 13현가야금9)을 1950년대와 1960년대 중·후반까지 사용하였고, 1960년대 말 악기 개량

---

7) Ц Цэрэнхорлоо, Ятга Хөгжмийн сурах бичиг, сэтгүүмийн нэгдсэн редакцын газар, УБ, 1987(체. 체렌허를러,『야탁교본』, 울란바타르, 1987).
8) 정남희·안기옥,『가야금 교측본』, 조선음악출판사, 1958.
9) 13현 가야금은 3현과 4현 사이에 1현이 추가된 것 이외에 구조와 연주법, 음역이 모두 12현의 산조 가야금과 같다. 북한에서도 1940년대까지는 12현가야금을 사용하다가 그 이후로 앙상블 또는 민요 등의 연주 때 이조가 용이하도록 점차 13~15현을 가지고 연주하였다. 그 중 13현이 가장 보편적으로 사용되었다. 13현가야금은 개량 과정 중에 있기는 하지만 전통 가야금에 1현이 더 추가된 것 이외에는 산조 가야금의 구조와 연주법 등 모든 면을 전부 담고 있기에 실질적인 개량은 아니다. 12현의 산조 가야금을 대신해서, 1958년에 출판된 정남희·안기옥 공저의『가야금 교측본』과 1966년에 출판된 권영대의『가야금 교칙본』을 통해 1950~1966년 중·후반까지는 북한에서도 개량 가야금이 아닌 전통 산조가야금과 동일한, 13현 가야금을 보편적으로 사용했다(이혜구 박사 구순 기념집,『음악학 논집』, 이혜구학술상운영위원회, 1999, 354~355쪽; 김영실,「가야금」,『조선예술』1983년 7월호; 송정민,「북한의 13현 가야금과 21현 가야금의 비교 고찰」, 서울대 석사논문, 2001, 7쪽) 참조.

사업이 본격화된 후 현재까지 21현가야금을 사용하고 있다.10)

1961년 몽골 음악무용학교 야탁반 교사로 부임한 김종암은 북한의 13현가야금을 가지고 몽골 야탁 전공 학생들의 기초학습을 위해 북한 예술대학에서 사용하는 가야금교본의 교육방식을 중심으로 몽골 학생들에게 교습하였을 것으로 생각된다.

남한에서 가야금과 관련된 교본은 1972년에 출판된 황병주의 『가야금교본』11)이 우리나라 최초의 가야금교본이라 할 수 있다. 반면, 북한에서는 1958년 정남희, 안기옥 공저의 『가야금 교측본』12)이 간행되었으며, 이후 1966년 권영대의 『가야금 교칙본』13)이 출판되어 남한에 비해 가야금 기초학습법이 보다 일찍 현대화되었다. 또한 김종암은 몽골의 현대식 교육방식으로 설치된 몽골 음악무용학교 야탁반 교수법에 가장 적절한 방식으로 북한 가야금교본의 체계를 적용하였을 것이다.

이러한 생각은 첫째, 당시 몽골 음악무용학교 학생들이 러시아 교사에게 서양음악이론 및 서양 악기를 학습 받고 있었던14) 정황을 미루어 보아, 김종암 역시 현대 학교교육 실정에 맞춰 교습하였을 것이다. 둘째, 김종암에게 야탁을 전수받은 몽골 음악무용학교의 첫 번째 제자 중 데. 알탕토올의 수기악보에 수록곡15)이 우리나라 민요와 가야금산조가 포함되어 있다는 점 때문이다.

본 연구는 북한에서 1958년에 발행된 정남희·안기옥 공저의 『가야금 교측본』과 데. 알탕토올의 수기악보를 바탕으로 1987년에 제작

---

10) 송정민, 앞의 글, 3쪽.
11) 황병주, 『가야금 교칙본』, 은하출판사, 1972.
12) 정남희·안기옥, 앞의 책.
13) 권영대, 『가야금 교칙본』, 조선 문학예술 총동맹 출판사, 1966.
14) 박소현, 앞의 글, 2007, 107~134쪽.
15) 데. 알탕토올의 수기악보 수록곡은 한국 민요인 〈양산도 아리랑〉, 〈까투리타령〉, 〈도라지〉, 〈옹헤야〉, 〈경상도 아리랑〉 등이고, 북한의 창작곡인 〈양지바른 언덕 아래〉, 〈둥근 달〉, 〈물고기의 춤〉, 가야금산조의 일부인 〈안단테(산조)〉, 〈소나타(산조)〉 등이 있다(위의 글, 2007, 126쪽).

된 체. 체렌허를러의 『야탁교본』의 수록된 내용 중 연주자세, 조율법, 연주법 등을 비교하여, 김종암이 북한으로 귀국 후에, 몽골 음악무용학교 학생들에게 교습한 교육방식과 내용에 어떠한 변화가 있었는지 검토하려 한다.

몽골 역시 우리나라와 마찬가지로 학교교육 이전의 전통음악 교습방식은 구전심수(口傳心授)의 도제식(徒弟式) 교습이었다. 북한 가야금 연주자 김종암의 영향으로 1960년대 몽골 전통악기인 야탁의 부흥 이후 몽골인들이 자국의 전통악기인 야탁의 연주법을 어떻게 전수하고 있지 파악할 수 있으며, 20년 뒤에 출판된 몽골 야탁교본과 북한 가야금교본의 비교 연구는 양국의 전통음악교육 방식에 대한 변화의 단면을 관찰할 수 있을 것이다.

2. 연주 자세

악기 연주에 있어서 연주 자세는 최상의 악기 연주를 위한 기본 학습체계이다. 바른 연주 자세는 올바른 연주법에 지대한 영향을 준다. 때문에 교본에 수록된 연주 자세는 연주자의 올바른 자세교정을 위함이다.

북한 가야금교본의 연주 자세는 2가지로 설명하고 있다. ① 의자에 앉은 자세와 ② 의자를 사용하지 않고 앉은 자세이다. 그러나 몽골 야탁교본의 경우 의자에 앉은 자세만 설명하고 있다. 먼저 북한 가야금교본에서 '의자를 사용하지 않고 앉은 자세'를 보면, 다음 인용문과 같다.

오른발이 밖으로 가도록 자연스럽게 도사리고 앉고, 가야금의 돌괘를 오른편 무릎 바깥쪽에 걸고 가야금을 몸과 비스듬히(몸과 약 15도 각도) 가져다 놓는다. 이때에 주의할 점은 의자에 앉은 자세에서와 별다름 없다.[16]

'의자를 사용하지 않고 앉은 자세'는 전통 가야금의 보편적인 연주자세이다. 몽골 야탁교본에서는 '의자를 사용하지 않고 앉은 자세'에 대한 설명은 없으나, 과거 야탁연주에서는 의자를 사용하지 않고 연주하였다. 이는 다음 인용문을 통해 북한 가야금교본과 비교할 수 있다.

> 과거에 연주 자세는 지금의 모습과 다르다. 여자들은 야탁을 연주할 때 왼쪽 무릎을 바닥에 닿게 하고 오른쪽 무릎 위에 야탁 머리를 올리고 연주했으며, 남자들은 책상다리 자세로 앉아 오른쪽 무릎에 악기를 놓고 연주했다.17)

이상은 2003년도 게. 일학바수렝의 야탁교본에 내용이다. 북한과 몽골의 '의자를 사용하지 않고 앉는 자세'는 같다. 중국 쟁 혹은 일본 고토의 연주 자세를 생각해 보면 우리와 몽골의 전통 연주 자세는 같다. 양국의 전통 연주 자세는 오른쪽 무릎에 악기를 얹고 앉은 자세로 연주해 왔다. 그러나 현대사회에 이르러 극장 무대로 전환되어 전통악기의 연주자세가 변화한다. 때문에 의자를 사용하도록 연주자세가 변화한 것이다.

다음은 '의자에 앉는 자세'이다. 먼저 북한 가야금교본을 보면 다음과 같다.

> 보통의자에 자연스럽게 앉고 가야금 돌괘를 오른편 무릎 바깥쪽에 건다. 다음에 가야금을 앞으로 몸과 비스듬히(몸과 약15도 각도) 가져가고 동시에 왼쪽으로 약10도 가량 경사가 지도록 한다. 그러기 위하여 경우에 따라 오른발 밑을 조금 고이고 가야금 미우[봉미] 밑도 약30cm 가량 높이로 고이는 것이 좋다.18)

---

16) 정남희·안기옥, 앞의 책, 10쪽.
17) Г. Лхагбасурэн, *Ятга сурах* УБ, 2003, p. 4(게. 일학바수렝, 『야탁교본』, 울란바타르, 2003).

다음은 몽골 야탁교본의 '의자에 앉는 자세'이다.

연주 자세는 의자의 높이가 50cm 정도인 것이 적합하며, 의자 1/3 정도에 앉아, 왼쪽 다리 위에 오른쪽 다리를 꼬고 앉는다. 몸을 수직으로 펴고, 몸과 팔이 자유로이 움직일 수 있도록 한다. 오른손 밑에 현침이 닫도록 하고, 왼손은 안쪽 뒷부분에 얹는다. 바닥에 악기의 끝 부분이 미끄러지지 않도록 잘 고정시킨다.19)

다음 〈도표 1〉은 양국 교본에 수록된 '의자에 앉은 자세'에 대한 도해이다. 도해를 보고 비교하도록 한다.

〈도표 1〉 북한20)과 몽골21)의 의자에 앉은 연주자세

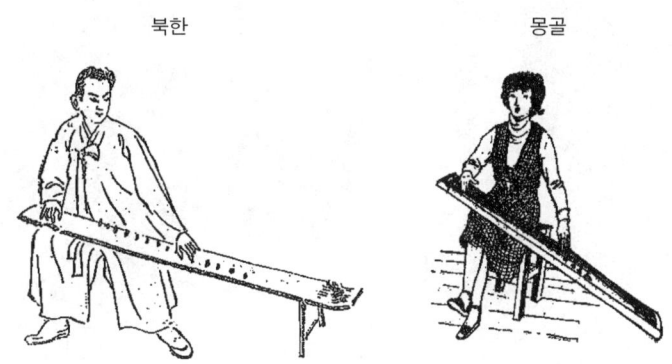

이상 양국의 '의자에 앉은 자세'의 설명과 도해를 보면, 북한은 가야금 하단에 악기 받침이 있고, 몽골은 없다. 앉는 자세도 북한은 다리를 편안하게 벌리고 앉는 반면 몽골은 왼쪽다리 위에 오른쪽 다리

---

18) 정남희·안기옥, 앞의 책, 8쪽.
19) Ц Цэрэнхорлоо, op. cit., p. 6.
20) 정남희·안기옥, 앞의 책, 같은 쪽.
21) Ц Цэрэнхорлоо, op. cit., p. 6.

를 꼬고 앉도록 한다. 이러한 연주 자세는 북한의 경우 연주자의 오른팔이 신체에 가까이 있게 되는데, 전신(全身)에 힘을 가하여 연주하는데 용이하다. 반면 몽골 연주 자세는 신체와 오른팔이 약 45도 정도 떨어져, 손가락을 빠르게 움직이는 데 용이하다.

그러나 몽골 남성 야탁연주자들과 김종암에게 학습 받을 당시 몽골 음악무용학교 야탁반 여학생의 연주 자세는 북한 가야금교본에 나타난 연주 자세와 같다. 이는 다음 〈도표 2〉를 보면 알 수 있다.

〈도표 2〉 김종암의 몽골 제자들이 의자에 앉은 연주자세 비교

① 데. 알탕토올　　② 게. 척절마　　③ 베. 나랑바타르
(Д. Алтантуул)　　(Г. Цогзолмаа)　　(Б. Наранбаатар)

이상 〈도표 2〉의 사진은 몽골 음악무용학교 야탁반 1기생들로 김종암의 첫 번째 몽골 제자들이다. 사진 ①은 김종암에게 교습 받는 수업 중에 찍은 사진이고, 사진 ②와 ③은 학교를 졸업하고 연주단에 소속되어 무대 공연활동을 하는 동안에 촬영된 장면이다. 여기서 주목되는 것은 사진 ①과 ②이다. 사진 ①의 연주 자세는 북한 가야금 교본과 동일한 자세이지만, 사진 ②는 몽골 교본에 수록된 연주 자세와 같다. 사진 ①과 ②의 차이점을 보면 ①은 다리를 벌리고 허리를

굽힌 자세이고, ②는 다리를 꼬고 허리를 편 상태이다. 이러한 연주 자세의 변화는 몽골에서 단절된 전통악기 야탁 연주법의 부흥을 위해, 1960년대 북한 연주자의 힘을 빌었으나, 이후 몽골 야탁의 전통을 찾으려는 노력에서 변화되었을 가능성이 있다.

 이상을 정리하면 양국에 전래하는 '의자를 사용하지 않고 연주하는 자세'는 오른편 무릎에 악기를 고이고 연주한다는 점에서 같다. 그러나 '의자에 앉은 연주 자세'는 좀 다르다. 북한의 연주 자세는 돌괘를 오른편 무릎 바깥쪽에 걸고, 가야금 하단 부분에는 악기 받침이 있어, 악기 상단과 하단의 각도가 약 15도 정도로 기울인 상태로 연주한다. 반면, 몽골은 김종암에게 교습 받을 당시에는 북한과 동일하지만, 이후 변화한다. 돌괘부분은 연주자의 무릎에서 떨어져, 오른손이 현침 부위에 편안하게 놓일 수 있도록 했고, 여성연주자는 허리를 펴고 연주할 수 있도록 다리를 꼬고 앉는다. 북한과 달리 하단에 받침이 없다. 이는 양국의 연주법에 차이가 있는 점의 주요 원인일 것이다.

3. 조율법

 조율법은 악기의 음정을 정확하게 조율하는 것으로 정확한 조율은 연주시 음악적 표현에 가장 중요한 요소이다.

 북한 가야금교본의 조율법은 실음과 기보상의 음을 설명하고 있다. 기보상의 음은 조표 없이 다장조로 표기하고 있다. 이는 다음 〈악보 1〉을 보면 알 수 있다.

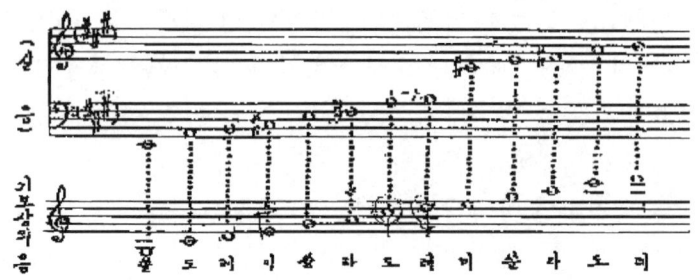

<악보 1> 가야금 조율을 위한 실음과 기보상의 음[22]

이상 <악보 1>을 보면, 북한 가야금은 남한의 12현 가야금과 달리 13현가야금으로, 제1현부터 솔-도-레-미-솔′-라′-도′-레′-미′-솔″-라″-도″-레″ 순으로 조율한다. 아울러 북한 가야금교본에는 다음과 같이 조현법에 대한 추가 설명이 있다.

우리 민족음악에는 미분음적 음정이 있다. 이 미분음적 음정은 민요, 판소리, 산조, 아악 등등의 쟌르[장르]에 따라 또는 같은 쟌르[장르]라도 지방에 따라 그 심도의 차이와 때로는 음계상의 위치에 차이를 가지고 나타난다. 그러나 많은 경우에 그 기본 조성의 제2음과 제6음에 나타나고 있다.
그러므로 가야금을 조현함에 있어서 과거 "둥"(레)줄과 "동"(라)줄, "땅"(레)줄, "찌"(레′)줄, "동"(라′)줄, "칭"(라″)줄을 조금 낮게 조현하여 왔다.[23]

이상에서 북한 가야금의 조율법은 한 가지이다. 다만, 미분음이 풍부한 전통음악의 표현법을 추가로 설명하고 있다, 예컨대 위의 인용문에서 제3현(레), 제6현(라), 제8현(레′), 제11현(라″), 제13현(레″)을 조금 낮게 조율하라는 설명은 미분음이 자주 출현하는 음정으로 개방현 음정을 발현하기보다는 조금 눌러서 정확한 미분음을 표현하도록

---

22) 정남희·안기옥, 앞의 책, 7쪽.
23) 위의 책, 8쪽.

지시하고 있다.

  반면, 몽골 야탁교본의 조율법은 7가지이다. 7가지의 야탁 조율법을 보면 반음이 없고, 오직 5음 음계(pentatonic)로 조율하도록 되어 있다. 북한과 달리 여러 가지 조율법이 제시된 이유는 노래 반주곡의 경우, 가수의 성량에 따라 상대적으로 야탁을 조율하여[24] 음정을 정확히 발현하기 위함이다. 7가지 조율법은 다음 〈도표 3〉과 같다.

〈도표 3〉 야탁의 조율법[25]

음계명	조율 음계
① 도-음계	 솔 도 레 미 솔 라 도 레 미 솔 라 도 레
② 파-음계	 미 솔 라 도 레 미 솔 라 도 레 미 솔 라
③ 시♭-음계	 도 레 미 솔 라 도 레 미 솔 라 도 레 미
④ 미♭-음계	 솔 라 도 레 미 솔 라 도 레 미 솔 라 도
⑤ 라♭-음계	 도 미 솔 라 도 레 미 솔 라 도 레 미 솔
⑥ 솔♭-음계	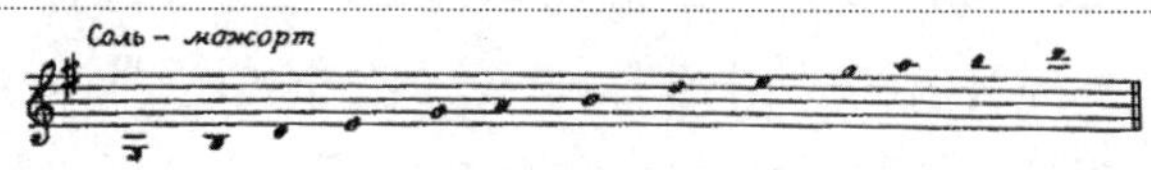 도 미 솔 라 도 레 미 솔 라 도 레 미 솔

---

24) Ц Цэрэнхорлоо, op. cit., p. 15.
25) ibid., p. 15.

⑦ 레-음계

　　<도표 3>과 같이 몽골 야탁의 조율법은 7가지이다. ① 도 음계, ② 파 음계, ③ 시♭음계, ④ 미♭음계, ⑤ 라♭음계, ⑥ 솔♭음계, ⑦ 레 음계 등 7가지이다. 이렇게 야탁은 2 옥타브(octave) 반을 약간 웃도는 음역을 가지고 있어, 가야금과 음역의 차이는 없다. 조성에 따라 7가지 음계로 조율하도록 제시되어 있지만, ④ 미♭음계와 ⑦ 레 음계, ⑤ 라♭음계와 ⑥ 솔♭음계의 선법은 같다. 다만 중심음의 고저(高低, key)에 차이만 있다. 이렇게 여러 가지 조율법이 존재하는 것은 몽골 전통음악이 주로 성악인 민요곡이기 때문이다. 각 악곡이나 노래 반주의 경우 가수의 성량에 따라 상대적으로 악기를 조율해야 하는데 기인한다.

　　다시 말해서, 몽골의 야탁 음악은 몽골의 소수부족들 사이에서 자생된 음악이며, 여기에는 무용반주 선율이 포함된다. 예컨대 몽골 동부지역에서는 주로 민요 반주에 야탁을 사용하며, 서부지역에서는 무용 반주에 사용된다.26) 악곡의 선법에 따라 다양한 조율법을 사용하는 것이며, 야탁의 조율법을 통해 몽골음악의 음계와 선법을 관찰할 수 있다.

　　이상 북한과 몽골의 조율법을 비교하면, 공통적으로 5음 음계(pentatonic)로 조율한다는 것이다. 북한 가야금 조율법과 몽골 '도 음계' 조율법은 같다. 그러나 몽골은 '도 음계' 외에도 6가지 조율법이 더 있다. 이러한 차이는 교본의 수록곡을 통해 확인할 수 있는데, 북한과 달리 몽골은 실음 기보체계를 사용하고 있다. 또한 몽골의 경우 반음의 출현이 적고 미분음 처리가 없기에 악곡의 선율에 따라 조율법이 달라진다. 반면,

---

26) Г. Лхагбасүрэн, op. cit., p. 5.

북한은 한 가지의 조율법으로 미분음 혹은 반음처리를 연주해야 함을 조현법에서 강조하고 있다.

4. 오른손 연주법

오른손 연주법은 북한 가야금과 몽골 야탁 모두 현을 뜯거나 튕겨 발현한다는 점에서 비슷해 보일 수 있다.

북한의 오른손 연주법은 사랭, 뜬음질, 뜸질, 투김질, 미닥'질, 엄지미닥'질, 집엄질, 훑음질, 량지투김질 및 도르뱅이, 스타캇트, 쇠소가락질, 설크당 등 12가지 연주법이 있다. 이를 정리하면 다음 <도표 4>와 같다.

<도표 4> 북한의 오른손 연주법[27]

	명칭	연주법	악보표기
1	사랭(싸랭법)	(1) 엄지와 장지로 옥타브간의 음을 동시에 뜯어 낸다.	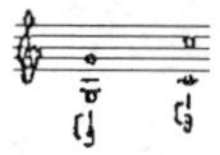
		(2) 장지로 음을 떠서 내고 즉시 엄지로 재처 윗 음을 떠서 낸 후 현을 떤다. 이때 장지는 인접한 윗줄에서 그의 운동을 막는다.	
		(3) 엄지로 음을 떠서 내고, 즉시 장지로 떠서 8도 아래 음을 낸다.	
2	뜬음질(집어뜬는법)	엄지와 장지를 합하여 줄을 뜯어 음을 낸다.	
3	뜸질(뜯는법)	식지로 줄을 떠서 음을 낸다.	
4	투김질(튕기는 법)	엄지와 식지를 합하여 힘을 모아 준비하고, 식지로 튕겨서 음을 낸다.	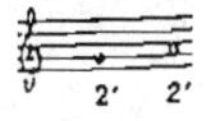

---

27) ( ) 안의 연주법 명칭은 이해를 돕기 위해 남한에서 사용하는 명칭을 표기한 것이다. 명칭과 연주법은 정남희·안기옥, 앞의 책, 11~68쪽 참조.

5	미닥'질(미는 법)	식지로 첫 음을 떠서 내고, 즉시 장지로 인접한 아래 줄음을 떠서 낸다.	
6	엄지미닥'질	첫 음을 엄지로 뜯고 아랫줄 음을 식지로 뜯는다.	
7	집엄질(집는법)	식지로 떠서 음을 내고 엄지로 줄 하나를 뛰어 윗 줄의 음을 낸다. 식지는 음을 낸 후 즉시 중간 줄 윗에서 그의 운동을 멈춘다. 장지는 식지로 낸 음을 막는다.	
8	훑음질(미는법)	식지로 두 줄을 아래로부터 순차적으로 훑어 음을 낸다.	
9	량지투김질 및 도르뱅이 (쌍퉁기는법 혹은 연퉁기는법)	엄지, 식지, 장지를 합하여 모아 준비한 후 장지, 식지 순서로 같은 줄을 퉁겨 동(同)타음을 낸다.	
10	스타캇트(staccato)	발현한 음을 많은 경우에 무명지 또는 식지를 사용하여 여음을 막는다(때로는 엄지를 사용하며, 같은 줄에서는 식지를 사용한다).	
11	쇠소가락질 (배음, harmonics)	임의 줄 위에서 괘위의 줄 길이의 1/2되는 지점에 약지 바깥쪽을 가볍게 대고 식지로써 뜯질을 한다.	
12	설크당(슬기둥)	자세한 설명은 없고 악보로 제시함.	

이상 〈도표 4〉를 보면, 남한 가야금교본의 연주법보다 섬세하고 구체적으로 설명하고 있다. 북한 가야금교본에 제시된 오른손 연주법은 12가지이다. 이중에서 〈도표 4〉의 일련번호를 보면, 1~9까지는 '기본 련습'이라 해서 상세히 설명하고 있으며, 10~12는 악곡 사이에 추가로 부연설명을 한 연주법이다. 이중에서 스타캇트, 쇠소가락질은 현대 연주법으로 해석될 수 있으나, 제시된 연습곡을 보면 〈가야금산조〉의 일부를 제시하여 연습하도록 하고 있다. 명칭상으로는 현대 연주법으로 볼 수 있으나, 민속악에서 사용되는 전통연주법의 일부로 볼 수 있다. 그러나 '쇠소가락질' 연주법은 조금 생각해 볼 문제이다.

몽골 야탁의 오른손 연주법은 8가지가 있다. 이를 정리하면 다음 〈도표 5〉와 같다.

<도표 5> 몽골 야탁의 오른손 연주법[28]

명칭	연주법	악보표기
① 뜯는 주법(чавхдан)	식지로 단음 연주.	
② 단음 튕김 주법 (чавхдан дан няслах)	식지로 뜯고, 엄지와 식지를 모아 튕김.	
③ 연튕김 주법 (чавхдан давхар няслах)	식지로 뜯고, 순차적으로 장지와 식지로 연튕김.	
④ 옥타브 동시 주법 (октав зэрэг чавхдах)	장지와 엄지로 옥타브 동시 연주.	
⑤ 옥타브 병렬 주법 (октав цувуулж чавхдах)	엄지와 장지 혹은 장기와 엄지로 순차적으로 뜯음.	
⑥ 옥타브 병렬 단음 튕김 주법 (октав дан няслах)	장지로 저음을 뜯고 후 식지로 뜯은 후 엄지와 식지로 단음 튕김.	
⑦ 옥타브 병렬 연튕김 주법 (октав давхар няслах)	장지로 저음을 연주한 후 엄지와 식지, 장지로 연튕김	
⑧ 두음 반복주법 (имрэн чавхдан)	엄지와 식지를 이용하여 두 개의 음을 반복함.	

이상 <도표 5>는 몽골 야탁교본에 수록된 오른손 연주법으로 총 8가지이다. 연주법 명칭은 한국어로 번역하고 몽골어를 함께 적어 넣었다. 연주법은 따로 설명되어 있지 않고, 연주법마다 악보와 도해만 있어, 이를 참고하여 연주법에 대한 설명을 붙였다. 몽골 야탁 연주법은 연튕김 혹은 단음을 튕기는 연주법이 4가지로 오른손 연주법의 절반을 차지하고 있는 점이 주목된다. <도표 5>의 일련번호와 함께 열거하면, ② 단음 튕김 주법, ③ 연튕김 주법, ⑥ 옥타브 병렬 단

---

28) Ц Цэрэнхорлоо, *op. cit.*, pp. 7~14.

음 튕김 주법, ⑦ 옥타브 병렬 연튕김 주법 등 총 8가지 연주법에서 절반인 4가지 연주법에 현을 튕기는 연주법이다.

북한 가야금교본의 오른손 연주법과 비교해 보면 기본적으로 현을 뜯어 발현하는 연주법외에 같은 연주법은 몇 없다. 양국의 동일하거나 유사한 연주법을 비교하여, 다음 〈도표 6〉과 같이 정리해 보았다.

〈도표 6〉 북한 가야금과 몽골 야탁의 유사·동일한 오른손 연주법

북한		몽골	비고
1. 사랭(싸랭법)	(1)	④ 옥타브 동시 주법 (октав зэрэг чавхдах)	동일
	(2)	⑤ 옥타브 병렬 주법 (октав цувуулж чавхдах)	유사
	(3)		
3. 뜸질(뜯는법)		① 뜯는 주법 (чавхдан)	동일
4. 투김질(튕기는 법)		② 단음 튕김 주법 (чавхдан дан няслах)	동일
7. 집엄질(집는법)		⑧ 두음 반복주법 (имрэн чавхдан)	동일
9. 량지투김질 및 도르뱅이 (쌍튕기는법 혹은 연튕기는법)		③ 연튕김 주법 (чавхдан давхар няслах)	유사
12. 설크당(슬기둥)		⑥ 옥타브 병렬 단음 튕김 주법 (октав дан няслах) ⑦ 옥타브 병렬 연튕김 주법 (октав давхар няслах)	유사

이상 〈도표 6〉과 같이 북한 가야금과 몽골 야탁의 오른손 연주법을 비교 정리해 보았다. 여기서 북한 가야금과 몽골 야탁의 오른손 연주법은 동일하거나 유사해 보인다. 보다 구체적으로 비교해 보면 다음과 같다.

첫째, 북한의 '사랭' 연주법 3가지 중에서 (1) 엄지와 장지로 옥타브간의 음을 동시에 뜯는 연주법은 몽골 야탁의 ④ 옥타브 동시 주법과 같다. 또한 '사랭'(2)와 (3)은 몽골의 ⑤ 옥타브 병렬 주법과 유사하다. 다만, 북한 가야금 연주법 '사랭(2)'의 연주법은 발현 후 농현을 사용하지만, 몽골의 야탁 연주법은 농현을 사용하지 않고, 음정만 발

현한다. 또한 북한 가야금의 '사랭'주법은 두 개의 음정을 동시에 발현할 경우 첫 음에서 두 번째 음을 재빨리 이어 붙여 발현하지만 몽골의 야탁은 균일 박자로 연주한다.

둘째, 북한의 식지로 줄을 떠서 음을 발현하는 '뜸질' 연주법은 가야금의 연주법 중 가장 기본 연주법으로 몽골의 ① 뜯는 주법과 같다.

셋째, 북한의 엄지와 식지를 합하여 힘을 모아 준비하고, 식지로 팅겨서 음을 발현하는 '투김질' 연주법은 몽골의 ② 단음 팅김 연주법과 같다.

넷째, 북한의 '집엄질'은 몽골의 ⑧ 두음 반복주법과 같다.

다섯째, 북한의 '량지투김질 및 도르뱅이' 연주법은 몽골의 ③ 연팅김 주법과 유사하지만, 몽골의 경우 식지로 단음을 발현한 후 순차적으로 장지와 식지를 모아 두음을 연달아 팅긴다.

여섯째, 북한의 '설크당' 연주법은 몽골의 연주법 중 ⑥ 옥타브 병렬 단음 팅김 주법과 ⑦ 옥타브 병렬 연튀김 주법은 유사하지만, ⑥ 옥타브 병렬 단음 팅김 주법은 북한의 '사랭'연주법과 '투김질' 연주법을 연이어 연주하는 방식이며, 몽골의 ⑦ 옥타브 병렬 연튀김 주법은 북한의 '설크당'과 '량지투김질 및 도르뱅이' 연주법이 합쳐진 연주법이다.

북한 가야금의 오른손 연주법 중, 뜯음질(집어뜯는법), 미닥질(미는 법), 엄지미닥질, 훑음질(미는법), 스타캇트(staccato), 쇠소가락질(배음, harmonics) 등 단음을 연주하는 북한 가야금 연주법이 몽골 야탁의 오른손 연주법에는 사용되지 않는다. 이는 우리 전통음악의 특징으로 다양한 가야금의 오른손 연주법은 음색의 변화를 추구할 때 사용하는 연주법이다.

또한, 북한의 연주법 중 '뜯음질'은 엄지와 장지를 합하여 줄을 꼬집듯이 뜯어 음을 발현하는 연주법으로 남한의 교본에서도 별로 쓰이지 않는다. 혹간 과거 가야금 연주자들이 현을 발현할 때 보다 야무지고 강한 소리를 내기 위해 종종 사용했던 연주법이다.

이상, 북한 가야금과 몽골 야탁의 오른손 연주법을 비교하면, 북한 가야금 연주법은 현의 다양한 음색변화를 추구하여, 12가지의 오른손 연주법이 있다. 반면, 몽골 야탁의 연주법은 튕기거나 연튕김 주법이 다양하여 음량의 강약을 명확하게 드러내는 연주법이 특징이다.

이는 체. 체렌허를러가 몽골 야탁교본에서 오른손 연주법을 설명한 내용에서 확인할 수 있다. 즉, "오른손의 움직임은 중요한 역할을 한다. 오른손의 움직임은 유연해야 하고, 발현된 음이 맑고 깨끗하며 리듬은 정확해야만 한다."[29]라고 한다. 몽골 야탁의 오른손 연주법은 연주자의 유연성과 음색의 맑고 깨끗함, 명료함을 추구하고 있다.

5. 왼손 연주법

북한 가야금과 몽골 야탁의 왼손 연주법은 오른손으로 발현된 음을 농현과 같은 연주법을 활용하여 꾸며주는 역할을 한다는 점에서 비슷해 보인다.

먼저, 북한의 왼손 연주법은 '롱현[농현(弄絃)]법', '음정변화와 그에 따르는 롱현법', '괘를 이동시키어 이조 및 전조시키는 법' 등 3가지를 설명하고 있다. 먼저 '롱현법'을 보면 다음과 같다.

가야금 주법 중에서 가장 특징적인 주법은 롱현법이다. 롱현은 왼손으로 오른손이 뜯는 줄을 눌러 그 줄을 진동시킴으로써 음색 상에 변화를 주고 온갖 음정들을 얻게 하며 기타 슬라, 포르타멘트 등의 다양한 표현법을 사용함으로써 감정표현을 다양하게 한다.
  * 주법
  왼손 2, 3지를 합하여 힘을 모아 줄을 눌러 상, 하로 흔들므로써 음의 변화(음정상 및 음색상의 변화)를 가져오게 하는 방법이다.

---

[29] *ibid*., p. 7.

* 류의할 점은
1. 줄을 흔들 때 손가락에만 힘을 주지 말고 왼팔 전부에다 적절히 힘을 주도록 할 것.
2. 음정 변화는 본음을 중심으로 하여 반음으로부터 전음에 이르는 정도로 한다.
   (단 전음에 가까운 롱현은 강조되는 개소에만 사용된다.)
3. 흔드는 정도가 빨라서는 안 된다. 빠른 것은 예로부터 발발성(또는 전성)이라 하여 불쾌한 음이 나기 때문에 금하여 왔다. 흔드는 음으로서 비교적 많이 선택되는 음들은 속음 계통(도미난테)의 제5음, 제2음 또는 제6음 등이며 주음과 기타 음들에는 비교적 드물게 사용되며 특히 제3음은 제한 되어 사용된다. 그러나 롱현은 어데까지나 음악 형상상의 필요에 따라 자연스러운 형태로서 사용되어야 한다.[30]

 이상 북한 가야금 왼손 연주법 중 '농현법'은 상당히 구체적으로 설명하고 있다. 농현법을 사용할 때 팔과 손에 힘을 주는 정도, 너무 잘게 농현하면 안 된다는 주의점, 농현법을 사용하면 안 되는 제한점 등을 자세히 설명하고 있다. 이하에서는 또 하나의 단서 조항이 있는데 〈영산회상〉혹은 아악곡은 농현법을 제한해서 사용하나, 민요 연주에서는 자유롭게 농현할 수 있으며, 산조에서는 보다 다양하게 사용함을 지시하고 있다.
 '음정변화와 그에 따르는 농현법'은 두 가지이다. '자웅성'과 '자축성'인데, '자웅성'은 추성(推聲)을 의미하고, '자축성'은 퇴성(退聲)을 의미한다. '괘를 이동시키어 이조 및 전조시키는 법'은 악곡에서 원하는 조성을 미리 또는 연주 중에 괘[안족]를 옮겨 음역을 바꿔 연주하는 방법이다.
 몽골 야탁의 왼손 연주법은 다음과 같이 설명하고 있다.

---
30) 정남희·안기옥, 앞의 책, 50쪽.

왼손 주법은 특별한 역할을 한다. 왼손은 오른손에서 발현된 음을 장식해 주는 역할을 한다. 또한 음을 자연스럽게 미끄러지듯이 추성할 때 사용한다. 식지와 장지를 겹쳐서 함께 현을 누르면 힘을 더 보강할 수 있다. 어떤 경우에는 엄지손가락으로 누르기도 한다. 왼손의 농현은 가볍게 하거나, 깊게 하는 것 두 가지이다. 이것은 음을 추성하거나 농현할 때 중요한 역할을 한다. 가벼운 농현은 부드러운 장식음이며, 깊은 농현은 민요에 주로 사용한다, 예를 들면 노래 반주의 경우 레를 누르고 미를 내면서 솔 줄로 옮길 때 사용한다.31)

이상에서 몽골 야탁의 왼손 연주법을 정리해 보면, 발현한 음을 그 위 음까지 끌어올려 발현하는 추성(推聲), 가벼운[가는] 농현, 깊은[굵은] 농현 등이며, 깊은 농현은 주로 민요 연주에서 사용함을 설명하고 있다.

북한 가야금과 몽골 야탁의 왼손 연주법을 비교 정리하면 다음 〈도표 7〉과 같다.

〈도표 7〉 북한 가야금과 몽골 야탁의 왼손 연주법 비교

북한		몽골
롱현법		가벼운[가는] 농현
		깊은[굵은] 농현
음정변화와 그에 따르는 롱현법	자응성	추성(推聲)
	자축성	×
괘를 이동시키어 이조 및 전조시키는 법		×

이상 〈도표 7〉을 통해 북한 가야금과 몽골 야탁의 왼손 연주법을 비교하면, 첫째, 북한의 농현법은 한 가지인데, 몽골은 두 가지로 잘게 현을 흔드는 가는 농현, 깊게 현을 흔드는 굵은 농현으로 설명하고 있다. 그러나 북한 가야금의 왼손 연주법인 농현법은 보편적으로

---

31) Ц Цэрэнхорлоо, *op. cit.*, p. 11.

한 가지 농현법만 있는 것은 아니다. 이는 초급자를 대상으로 하는 교본이기에 한 가지 농현법을 설명하고 주의할 점만 설명해 둔 것으로 보인다. 둘째, 북한의 음정변화와 그에 따르는 농현법은 자웅성과 자축성 두 가지인데 몽골은 자웅성, 즉 추성만 있고, 퇴성은 없다. 셋째, 북한은 괘를 이동시키어 이조 및 전조시키는 법을 설명하고 있지만, 몽골은 없다. 몽골 야탁의 경우 조현법이 다양하여 중간에 전조나 이조를 하지 않는다. 이는 악곡 연주 중에 전조 혹은 이조되는 악곡이 없기 때문이다.

6. 유형의 매개물을 공유한 북한과 몽골

이상 북한에서 1958년에 예술대학 가야금 기초학습을 위해 출판된 정남희·안기옥 공저『가야금 교측본』과 몽골에서 1987년에 최초로 출판된 야탁교본인 체. 체렌허를러의『야탁교본』을 통해 연주자세, 조율법, 연주법 등을 비교한 결과 다음과 같은 결론을 얻었다.

첫째, 연주 자세는 양국 모두 전통방식인 의자를 사용하지 않고 바닥에 앉는 자세보다는 주로 '의자에 앉은 자세'로 연주한다. 이는 북한과 몽골 모두 극장무대로의 공연장이 현대화됨에 따른 연주자세의 변화로 인한 학습법이다. 양국의 연주 자세에 대한 차이점을 보면, 북한은 하단부에 악기받침을 사용하여 의자에 앉은 연주자로부터 하단까지 약 15도 정도의 각도를 이룬다. 몽골은 악기받침이 없고 의자에 앉은 연주자로부터 하단까지 약 45~50도 정도가 된다. 북한은 돌괘를 오른편 무릎 바깥쪽에 걸고 그 위에 손을 얹어 연주하기에 오른팔과 신체가 많이 떨어지지 않는다. 몽골은 돌괘부분이 연주자의 무릎에서 떨어져, 자연스럽게 연주자의 오른팔이 약 45도 정도 벌어지게 된다. 북한은 다리를 벌리고 앉아 연주자가 허리를 굽히기도 하지만, 몽골은 다리를 꼬고 앉아 허리를 바르게 펴고 연주하도록 한다.

이러한 연주 자세는 양국의 연주법에 지대한 영향을 미친다.

둘째, 북한은 한 가지 조율법으로 되어 있지만, 몽골은 7가지 조율법이 있다. 몽골의 7가지 조현법 중 '도 음계' 조율법이 북한과 같으며, 공통적으로 5음 음계(pentatonic)로 조율한다. 이러한 차이는, 북한은 기보상 음과 실음이 다르기 때문이고, 몽골은 실음 기보체계를 사용하기 때문이다. 몽골의 경우 반음의 출현이 적고 미분음 처리가 없기에 악곡의 선율에 따라 조율법이 달라진다. 반면, 북한은 한 가지 조율법으로 미분음 혹은 반음처리를 연주해야 함을 조현법에서 강조하고 있다.

셋째, 오른손 연주법이 북한은 12가지이고, 몽골은 8가지가 있다. 북한 가야금의 오른손 연주법은 현의 다양한 음색변화를 추구하여 뜯고, 튕기고, 미는 등 단음을 처리하는 다양한 연주법이 있다. 반면, 몽골 야탁의 연주법은 튕기거나 연튕김 주법이 다양하여 음량의 강약을 명확하게 드러내는 연주법이 특징이다.

넷째, 왼손 연주법에서 농현법을 보면, 북한은 한 가지 농현법을 설명하고, 잘게 농현하면 '발발성'이라 해서 불쾌한 음이 발현됨을 주의시키고 있으나, 몽골은 가는 농현법과 굵은 농현법 두 가지이다. 북한은 추성과 같은 자웅성과 퇴성과 같은 자축성이 있어 다양한 음정의 변화를 추구하지만, 몽골은 추성만 있다. 북한은 '괘를 이동시켜 이조 및 전조시키는 법'이 있으나, 몽골은 조현법이 다양한 만큼 악곡 중간에 전조나 이조를 하지 않는다.

몽골은 19세기 중국 청나라에게 정치적, 문화적 억압을 받았고, 20세기 사회주의라는 정치적 이데올로기로 인하여, 전통음악문화의 손실이 있었다. 1960년대 잊혀지고 사라진 전통음악문화의 재건에 주력하던 중, 북한 가야금 연주자 김종암을 통해 몽골 음악무용학교 야탁반 학생들은 북한 가야금을 통해 야탁 연구 교육을 받았다. 이후 김종암의 몽골 제자들은 몽골 야탁음악을 위해 다양한 몽골 전통음악 활동을 펼치며, 몽골 야탁음악을 부활시켰다.

북한 가야금과 몽골 야탁의 교본을 비교한 결과 현재 몽골 야탁연주자들은 가야금 연주법을 그대로 수용한 것이 아닌, 몽골 야탁 연주법을 개발한 것이다. 이는 양국 교본에 나타난 연주자세의 차이점, 조율법 체계, 연주법을 통한 음악표현의 상이(相異)점에서 발견할 수 있다.

　북한의 가야금과 몽골의 야탁은 유형의 매개물인 가야금이란 외형으로서 같다. 그러나 그 내면에 존재하는 각각 다른 연주법은 자국의 전통음악문화로 말미암아 독특함을 갖고 있다.

참고문헌

권영대, 『가야금 교칙본』, 조선 문학예술 총동맹 출판사, 1966.
박소현, 「몽골에 수용된 북한가야금과 그 음악」, 『한국음악연구』 제42집, 2007.
박소현, 「20세기 몽골에 수용된 한국의 음악문화」, 『한국음악연구』 제39집, 2006.
박소현, 「몽골 야탁의 유래와 북한 가야금과의 관계」, 『몽골학』 제19호, 2005.
송정민, 「북한의 13현 가야금과 21현 가야금의 비교 고찰」, 서울대 석사논문, 2001.
정남희·안기옥 공저, 『가야금 교측본』, 조선음악출판사, 1958.
황병주, 『가야금 교칙본』, 은하출판사, 1972.
Aatto, petti. "The Music of the Mongols: An Introdation.", In *Aspeefs of Altaic Civilization*, ed. *Denis siner*, Bloomington: Indiana University(Uralic and Altaic Series, 23), 1962.
Г. Лхагбасүрэн, *Ятга сурах*, УБ, 2003.
Ц Цэрэнхорлоо, *Ятга Хөгжмийн сурах бичиг*, сэтгүүмийн нэ
　　　гдсэн редакцын газар, УБ, 1987.
ШУА. *БНМАУ-ЫН Угсаатны Зү. Халхын Угсаатны Зүй*, 1 бот ъ, УБ., 1987.

〈한 녀학생의 일기〉를 통해 본 북한영화 관객성 연구

김선아

1. 영화 텍스트와 수용

〈한 녀학생의 일기〉(장인학, 2006)는 여러 가지 면에서 흥미로운 텍스트이다. 영화는 개봉한 지 6개월 만에 800만 명이 관람, 전체 북한 인구 중 1/3이 관람한 북한 최고의 흥행작으로 기록되어 있다. 같은 해에 제작된 〈평양 날파람〉과 함께 〈한 녀학생의 일기〉는 관객 1000만 명을 넘어 장기상영에 돌입한 흥행기록을 갖고 있다. 이러한 흥행 기록은 한국에서 봉준호 감독의 〈괴물〉이 일으킨 흥행 돌풍과 맞먹는 치수이며, 북한 영화사상 전례가 없는 기록으로 남아 있다. 한국에서 또한 〈한 녀학생의 일기〉가 프랑스 칸 영화제에서 상영이 확정되자 이 영화가 과연 어떤 영화인지 관심을 가진 바 있다. 한국에서는 일부 북한 연구자들만을 상대로 영화가 제한 상영되었고, 연구자들은 역대 최고의 북한영화 20선 중 한 편으로 꼽힌 바 있다.[1]

이 영화는 2006년 제60회 프랑스 칸 영화제를 시작으로 캐나다 토론토의 릴 아시안 국제영화제, 호주의 멜버른 국제영화제, 프랑스 실루엣 영화제를 거쳐 2009년에는 이란의 파지르 영화제까지 전 세계 국제영화제를 돌면서 현재까지도 꾸준히 상영되고 있다. 이러한 상영 형태는 유럽과 영미권 등에서 기존에 행해 왔던 북한영화 상영의 관행들, 즉 대학이나 연구소 등이 주최하는 소규모 상영 관행을 벗어나서 제대로 된 영화 상영과 배급의 유통망을 거쳤다는 점에서 주목할 만하다. 프랑스라는 유럽에서 시작해서 북미권을 거쳐 이란이라는 아시아 국가까지 거의 전 세계에 상영되었다는 점은 이 영화가 현재 북한의 영화를 대표할 뿐 아니라 북한 내부뿐 아니라 세계와 접촉할 수 있는 북한 영화의 소통 네트워크의 가능성을 보여주었다는 점 또한 이 작품을 이전의 북한영화들과 다른 독자적인 면을 주시해야할 필요가 있다는 걸 나타낸다. 한국의 한 신문에 실린 기사에는 〈한 녀학생의 일기〉가 개봉 당시 북한에서 화제가 되고 있다는 걸 다음과 같이 알린 바 있다. 이 기사는 당시 영화를 둘러싼 상황이 비교적 생생하게 전달되어 있기에 인용해 본다.

 북한 영화 〈한 여학생의 일기〉가 세계 3대 국제 영화제 중 하나인 프랑스 칸 영화제에서 소개된다. 이 영화는 북한 김정일이 직접 영화 제작을 지도할 만큼 관심을 보였다고 해 화제가 됐다. 〈한 여학생의 일기〉는 지난 16일(이하 현지시간) 개막한 제60회 칸 국제영화제의 필름마켓에서 각국 영화 바이어 등 관계자들을 위한 시사회를 통해 18일과 21일 상영된다.
 또한 이 영화는 유럽에서는 처음으로 오는 11월 프랑스에서 개봉할 예정이다. 이미 지난해 이 영화의 판권을 구매한 프랑스 배급사 프리티픽처스는 이 같은 사실을 담은 광고를 세계적인 영화전문지 버라이어티 등 영화제 공식 소식지에 실었다. '북한 영화 최초 상영', '8백만 관객이 관람한 북한영화' 등의 카피를 담은 광고를 실은 프리티픽처스는 오는 11월 14일

---

1) 서유상, 「북 영화전문가들이 뽑은 "불후의 명작" BEST 10」, 『민족21』 7월호, 2009.

프랑스에서 영화를 개봉한다고 밝혔다.

북한 영화가 서구 지역에서 일반 상영되는 것은 이번이 처음이다. 〈한 여학생의 일기〉는 18세의 한 여학생이 가정의 안락과 부귀영화도 마다한 채 오로지 김정일 국방위원장에 대한 충성심을 갖고 과학연구에 몰두하는 기성세대인 부모의 모습을 통해 한때의 야속함과 오해를 털어버리고 부모처럼 '참된 삶'을 살아갈 결심을 다지는 과정을 그리고 있다.

지난해 8월 6일 북한에서 개봉해 800만 명의 관객을 동원한 것으로 알려졌다. 북한에서는 영화 개봉 당시 조선중앙통신, 평양방송, 조선중앙방송, 중앙TV, 노동신문 등 북한의 주요 언론매체를 통해 매일 1회 이상 소개됐었다.2)

〈한 녀학생의 일기〉는 위 기사에서 언급했듯이 유럽에서 처음으로 극장 배급이 성사된 첫 번째 해외 수출 북한영화이기도 하다. 프랑스의 프리티 픽쳐스(Pretty Pictures)는 평양에서 2~3년마다 열리는 평양국제영화축전에 참가해서 〈한 녀학생의 일기〉를 본 후 칸 영화제 측에 이 영화를 소개, 같은 해 11월에 프랑스의 극장 4개관에서 영화를 정식 개봉한 바 있다. 이후 프리티 픽쳐스는 〈꽃파는 처녀〉(박학·최익규, 1972), 〈도라지꽃〉(1987), 〈춘향전〉(1980)과 더불어 〈한 녀학생의 일기〉를 DVD 세트로 만들어 북한영화를 확장 배급하겠다고 밝혔다.

종합해 보면 〈한 녀학생의 일기〉는 북한과 한국 그리고 그 외의 세계에 동시에 말을 건 최초의 북한영화라고 할 수 있다. 일반적으로 북한영화는 당에 의한 엄격한 사전 시나리오 심의, 영화의 내용을 우선시하고 형식주의를 배격하는 데에 따른 작가나 감독의 표현의 제한, 그리고 무엇보다 영화의 지위가 인민을 이끄는 당의 사설과 같아야 된다는 생각이 지배적인 맥락에서 제작된다. 그렇기 때문에 북한영화는 그 등장 시기에 따라 북한을 지배하는 조선노동당이 인민들

---

2) 양정아, 「김정일이 직접 지도한 영화⋯11월 프랑스에서 개봉」, 『데일리 NK』, 2007. 5. 18.

에게 전달하고 알리며 숙지시키고 감화시키려는 정치의 미학적 집합체로 봐도 무방하다. 북한영화의 역사는 사실상 당대의 북한에서 인민들을 지배하는 정치미학의 양식적 변화의 역사이기 때문이다.

타자 혹은 외부 세계와 북한에게 동시에 말을 건 이 영화는 북한이 갖고 있는 물신 구조적 사회관계를 깨뜨릴 수 있는 계기가 된다. 세계에 발견이 되거나 타자 세계의 욕망이 틈입하여 벌어진 해석의 틈을 오히려 주체 자신이 알지 못한 경우 해석은 과잉되고 오독될 수 있다. 즉 주체인 북한은 타자가 욕망을 투사할 수 있는 대상이 되었다는 사실을 알지 못하는 물신적 대상이 되는 것이다. 따라서 주체인 북한 내부에서의 해석 및 담론과 외부 세계에서의 담론을 비교하는 장이 마련되어야만 물신적 대상화를 벗어날 수 있을 것이다. 본 논문의 목적 중의 하나는 이 비교 분석의 장을 마련하는 일이다. 그렇다면 정치의 미학화만이 존재하는 '극장국가' 북한에서 인민인 관객은 영화에 무조건적인 동의와 숭배와 찬양의 박수만을 보냈을까. 무엇보다 '극장국가'는 보여주는 자의 거대한 응시 속에서 보여주는 자와 보는 자 간의 상호응시 구조로 이루어져 있다. 선전 선동이 펼쳐지는 장인 극장은 스크린만이 아니라 그것을 보는 관람석이 함께 마련되어 있다는 것이다. 관람석을 채운 관객의 반응은 역사적 시기마다 달랐으며 영화마다 달랐다. 관객들이 좋아하는 영화는 당의 노선이 변하거나 시대가 변해도 구술로 전해지고 창작의 모범 사례가 되어 국가적 차원에서 고전으로 계속해서 인용되고 언급된다. 따라서 북한영화에 대한 북한영화인과 일반 관객이 영화에 대해 어떻게 반응하고 있는가를 살펴보는 것은 북한영화의 고전 텍스트와 그 맥락을 살펴보는 것과 같은 작업이다. 물론 이는 세계로부터 고립되어 있고 폐쇄되어 있는 북한 인민들이 영화를 통해 충족하려는 욕망을 간접적으로 만날 수 있는 기회이기도 하다.

〈한 녀학생의 일기〉에서는 무엇보다 자본주의의 시장경제가 세계를 지배하는 오늘날 북한은 이 세계를 어떻게 바라보고 있으며 이러한 현실 인식을 바탕으로 인민들에게 어떤 미래를 제시하는지 그리고 그 영화에 대한 북한 관객들의 열광에 투영해 있는 오늘날 북한 인민들의 욕망이 무엇인지를 먼저 살펴봐야 할 것이다. 그런 다음 세계에서 가장 고립되어 있는 미지의 국가의 영화와, 한국을 비롯해서 자본주의 세계에 살고 있는 세계 영화 관객이 접촉될 수 있는 정서적인 심상 지리를 그려볼 것이다. 이를 위해서는 북한 외부의 관객들, 즉 국제영화제 관계자와 해외 영화 배급업자 같은 서구 영화전문가 집단들 및 북한 외부에서 이 영화를 관람한 비북한 관객들의 반응을 알아보면서 북한 영화에 대한 지역(북한)/세계(한국을 포함한 비북한)의 관객성을 중층적으로 해석하고 절합해야 할 것이다.

이 글의 또 다른 목적은 북한에 대한 접근을 추상적인 이데올로기가 아니라 북한 영화를 둘러싼 살아 있는 행위자를 통해 다가섬으로써 한국과 북한의 정서적 친밀감 혹은 유대감이 발현될 수 있는 남북 공통의 장소를 모색해 보려는 데에 있다. 북한 영화관객 연구는 이전의 북한 영화연구에서 늘 부족한 부분으로 지적되어 왔었고, 필요한 연구과제 중 하나로 제기되어 왔다.[3] 지금까지는 탈북자들을 대상으로 이들이 선호하는 영화에 대한 설문조사가 이루어진 바 있다.[4] 제한적이며 경험적으로 이루어진 이러한 관객 설문조사 연구는 북한과

---

[3] 박명진은 북한영화에 대한 연구과제로 총 13가지를 제안한 바 있다. ① 프로파간다 영화로서의 북한영화의 특수성 ② 북한영화에서 주체사상의 구현방식과 설득전략 ③ 북한영화의 지배적인 내러티브 연구 ④ 북한영화촬영소의 운영방식과 영화제작과 관객들의 취향 및 반응간의 연동관계 ⑤ 북한 극영화의 배급방식 및 관객분포, 기타 관객연구 ⑥ 외국영화의 수입, 상영관행, 주요관객 및 최근의 변화 ⑦ 북한영화이론과 외국의 영화이론과의 비교연구 ⑧ 영화이론의 변화와 중국 소련과의 국제관계에서의 변화간의 상관관계 ⑨ 해외영화학술 정보, 이론, 해외영화동향 등의 유입, 전파, 연구 정도 ⑩ 80년대 이후 영화영역에서의 개방정책의 진행정도와 그 성과 ⑪ 교류가능한 영화의 카테고리 및 선별기준 마련을 위한 연구 ⑫ 북한의 영화검열제도 및 관행 ⑬ 북한영화의 시대적 변화 혹은 사적정리; 박명진, 「북한영화의 특성과 그 실태」, 『북한문화예술 연구의 방향』, 한국문화예술진흥원, 1990, 406~407쪽.

[4] 이효인·오기성·유영일, 「통일 한국인이 보아야 할 북한영화 50선」, 영화진흥위원회, 2002; 최연용, 「차이와 동질성」, 『북한영화에 대해 알고 싶은 다섯 가지: 제 2세대 북한영화연구』, 집문당, 2004, 257~291쪽을 참조.

한국의 정서적 토대를 두텁게 쌓기 위해서라도 지속적으로 행해질 필요가 있다. 그러나 이러한 설문조사 연구는 북한 영화문화를 두텁게 읽기에는 몇 가지 제약을 갖고 있다. 그 제약은 이러한 통계 방법론이 안고 있는 내재적 한계일 뿐 아니라 그 동안 많은 비판이 사회학 분야 자체에서도 제기되어 온 바 있다. 첫 번째 문제는 설문 대상의 대표성이다. 설문지 방식과 같은 수용자 연구로 북한영화를 연구하기에는 성별, 지역, 신분 등으로 나뉜 다양한 북한 영화관객들의 반응을 종합 산출할 만한 표본뿐 아니라 양적으로 그 설문대상의 통계 수가 절대적으로 부족하다는 데에 문제가 있다. 둘째는 설문의 객관성의 문제이다. 객관성의 이름 아래 행해지고 있는 이러한 전통적인 사회학적 접근은 설문 작성자가 질문을 뽑는 기준, 대상 선정의 기준, 설문에 응할 때의 조건, 응답에 대한 해석 등에 이미 주관적인 판단이 개입되어 있다는 것이다. 상징 인류학자들이 자문화를 연구할 때나 타문화를 연구할 때 왜 해당 문화의 경험자들의 설문 조사와 같은 기존의 사회학적 방법이 아니라 학자 자신이 스스로 민족지학(self/ethnography)을 작성했는지 질문해 볼 필요가 있다. 따라서 객관성의 이름 아래 행해지고 있는 표본추출은 몇 가지 보완이 필요한데 이를 하나의 참고로만 인용하거나, 설문 및 통계 작성자가 보다 중층적인 해석을 통해 설문에 또 다른 참여자로 개입하는 방식이 그것이다.5) 그러나 한국의 영화학 연구에는 북한영화에 대한 표본조사 관객성 연구마저 양적으로 절대적으로 부족한 게 사실이다. 따라서 다시 한 번 강조하지만 북한 영화관객에 대한 다양한 학문적 접근법을 만들어 나가면서 제반 담론을 보다 풍성하게 만들 필요가 있다고 여겨진다.

---

5) 이명자가 〈한 녀학생의 일기〉에 대해 배재대 학생들의 설문조사를 실시하고 이를 각주로 인용 참조한 글을 예로 들 수 있다. 이명자, 「실리 사회주의 시대를 구현한 영화 〈한 여학생의 일기〉」, 『2002년 7.1 경제관리 개선조치와 북한영화』, 이화여대 통일학연구원·동국대 대중문화연구소 주최 학술대회, 2008. 12. 17, 53~66쪽.

이 글은 한국 영화학에서 행해왔던 북한영화의 관객성에 대한 기존의 접근이나 제한된 관점들을 돌파하기 위해 다른 길을 경유하려고 한다. 홈 페이지나 블로그 등에 올린 해외 관객들의 영화평, 해외 언론들의 반응, 『조선예술』 등에 나온 영화에 대한 북한 영화계의 평가, 평양 관객의 반응을 실은 신문기사 등을 중층적으로 절합하고 해석하는 이 글은 '사실' 그 자체가 아니라 그 '사실'에 근거한 관점과 담론을 기술해서 역사에 대한 인식과 사건을 구성한다는 점에서 거창하게 '계보학'적 접근방법에 속한다고 말할 수 있을 것이다. 따라서 이 글이 주력하는 부분은 〈한 녀학생의 일기〉에 대한 관객들의 평가 및 관점을 해석하고 맥락을 구성하는 것이다. 북한영화의 동시대성과 특수성, 북한영화의 프로파간다 양식의 변화를 살펴보기 위해서라도 이러한 계보학적 접근방법은 북한영화 관객성 연구에 도입되어야 할 필요가 있을 것이다.

2. 북한 영화인: 목적론에서 정서론으로

〈한 녀학생의 일기〉가 개봉된 2006년 당시 『조선예술』에서는 어떤 변화가 있었을까. 영화인들을 비롯한 당 차원에서는 이 영화를 어떤 담론의 프레임으로 공식화하고 있으며 이 영화가 어떤 방향으로 읽혀지길 원하고 있는가. 〈한 녀학생의 일기〉는 김정일이 주도한 '영화부문 특별집중학습기간'의 가장 큰 성과물이자 김정일이 직접 제작과정에 깊게 관여한 작품으로 알려져 있다. 영화부문 특별집중학습기간이란 2005년 1월부터 8개월 동안 영화산업 전체의 가동을 중단시킨 채 김정일이 영화감독, 시나리오 작가, 촬영감독 중 일부를 호텔로 소집해서 그가 선택한 25편의 세계 걸작을 보여주면서 제작을 독려한 일종의 실무자 워크샵이라 할 수 있다. 김정일이 영화 실무자들에게 관람을 지시한 세계 걸작 영화는 〈바람과 함께 사라지다〉, 〈쉰들러 리스트〉, 〈라이언 일병 구하기〉, 〈브레이브 하트〉, 〈트로이〉 등 대부분 할리우드 블록버스터 영화나 서구의 고전 할리우드 영화로 알려져 있다.6) 실무자들은 이 영화를 함께 본 후 토론하고 비평문을 작성하는 시간을 가졌으며 이 자리에 김정일은 직접 참석하지는 않았다.

특별집중학습기간의 성과물인 〈한 녀학생의 일기〉는 비교적 간단한 스토리를 갖고 있다. 주인공인 고등학생 수련(백미향)은 과학자인 아버지와 도서관 사서로 일하는 어머니, 그리고 할머니와 축구선수인 중학생 여동생 수옥이를 가족으로 두고 있다. 과학에 소질이 있는 수련은 자신의 대학 진로문제를 고민하고 있다. 가정에 소홀하기도 하거니와 업적도 별로 올리지 못하고 있는 볼품없는 과학자 아버지를 보면 과학자가 되는 길은 수련에게 별로 매력적으로 다가오지 않는다. 아파트에서 떵떵 거리면서 살고 싶어 하는 수련은 아버지가 묵묵히 과학에 헌신하고 결국 성과를 내는 것을 보고 갈등을 접고 이과대학에 진학하기로 마음을 먹는다.

2006년 8월에 영화가 개봉되었지만 『조선예술』이 이 작품을 본격적으로 다루고 시작한 건 2개월 후인 10월이었다. 이 시간적 차이는 관객들의 예상치 못한 폭발적인 반응이라는 '아래로부터의 요구'를 영화인들이 급하게 수렴한 흔적과 같이 보인다. 『조선예술』은 '선군시대 영화예술의 새로운 전성기를 열어나가는 길에서'라는 큰 제목 아래에서 〈한 녀학생의 일기〉에 50쪽에 가까운 분량을 할당하면서 문학예술계의 일대 사건으로 가장 많이 다루었다. 그 이후에도 이 영화는 북한영화가 따라야 할 모범이 되는 영화로 꾸준히 언급되고 있다. 영화인들은 우선 〈한 녀학생의 일기〉의 시나리오, 연출, 촬영, 편집 등 전체적인 작품성이 뛰어나다는 평가를 내렸다. 이들은 구체적

---

6) Malte Herwig, "The Pyongyang International Cinema House was packed for screening at North Korea's film festival in September", *New York Times*, 2008. 11. 23 보도. 기자는 장인학 감독의 인터뷰를 통해 이와 같이 밝혔다.

으로 수련의 일인칭 나레이션을 통한 자연스러운 감정의 흐름,[7] 하모니카와 기타의 사색과 여운이 남는 악기 선택, 수련의 눈표정과 입말체형식(구어체)의 대사형상 등의 연기,[8] 작게 시작하여 크게 끝맺는 플롯 구조,[9] 인물의 성격과 생활의 논리에 맞는 편집, 영화의 구성요소들을 조화롭게 한 연출[10] 등 이 영화가 갖고 있는 모든 영화적 구성요소를 언급하면서 영화를 일종의 경전으로 언급하고 있다. 실무적인 창작방법론이 대부분인 이들 영화평과 함께 살펴봐야 할 것은 현재의 북한영화를 진단하고 방향을 제시하는 사설들이다. 〈한 녀학생의 일기〉의 영화평과 사설을 종합해 보면 (실제 스탭들과 평론가로 이루어진) 영화인, (이 영화에 직접 관여한) 김정일, (이 영화를 본) 관객 등 북한의 실제 행위자들이 영화미학에 대해 어떤 욕망을 갖고 있었으며 북한영화의 프로파간다 양식이 어떤 방향으로 변화했는가를 구체적으로 그려볼 수 있을 것이다.

〈한 녀학생의 일기〉를 둘러싼 영화인들의 담론에서 가장 크게 감지되는 건 지향에서 공감으로의 양식적 변화이다. 사실 〈한 녀학생의 일기〉가 나오기 이전에도 여성이 자기 내면의 깨달음을 나레이션으로 전달하는 영화는 있었다. 〈녀병사의 수기〉(장길현, 2003)는 산골 오지로 발령을 받은 도시 출신의 처녀부대원이 주인공으로 등장한다. 영화는 주인공이 겪는 낯선 환경에 대한 내면의 불만과 갈등을 자신의 일을 충실히 하는 분대장을 본받으며 결국에는 극복한다는

---

[7] 김평일, 「영화의 감정흐름을 일관하게 조화시켜나간 새로운 연출형상」, 『조선예술』 6호, 문학예술종합출판사, 2006. 76~78쪽.
[8] 조성수, 「욕망이 성공으로 이어지기까지」, 『조선예술』 10호, 문학예술종합출판사, 2006, 25~26쪽; 박효승, 「연기형상의 생신함과 매력적 감흥」, 『조선예술』 7호, 문학예술종합출판사, 2007, 55~57쪽.
[9] 김성남, 「생활속 더 깊은 곳으로」, 『조선예술』 10호, 문학예술종합출판사, 2006, 13쪽; '영화는 작게 시작하여 크게 끝맺어야 한다. 작게 시작하여 크게 끝맺는 것은 생활의 일반적인 발전형식이다. 어떤 사건이든지 흔히 처음에는 작은 현상으로부터 시작하여 크게 번져지는 것이다'.
[10] 강성희, 「영화의 새맛을 돋군 참신한 연출형상」, 『조선예술』 4호, 문학예술종합출판사, 2007, 70~73쪽; 김평일, 앞의 글, 76~78쪽.

줄거리를 갖고 있다. 한편 〈한 녀학생의 일기〉의 감독인 장인학 또한 〈시대는 축복한다〉(2003)를 통해 송암 동굴이라는 오지에서 묵묵히 동굴을 안내하는 강사 일을 하는 여주인공을 내세운 영화를 만든 바 있다. 주인공은 새로운 곁굴이 발굴되면서 제 때에 동굴을 완성시키지 못한 채 다시 공사를 시작해야 하지만 이에 좌절하지 않고 열심히 맡은 일을 하는 군인들을 본받아 동굴강사가 되어 국가를 위해 몸을 바치겠다고 마음을 먹는다. 여주인공인 김명심은 군인인 김종묵을 사랑하게 되며 군인인 김종묵은 김명심에게 끊임없이 신념과 이상을 불어넣는 이상적 존재로 제시된다. 이 둘은 동굴이 개통되면서 결혼에 이르게 되고 '참다운 애국은 참다운 사랑을 이루는 도구이다'라며 영화는 끝이 난다. 2000년대에 등장한 북한영화는 위의 두 편에서 알 수 있듯이 군인들의 이야기를 다루거나 군인이 민간인의 모범이 되거나 국가를 재건하는 데에 앞장서는 군인이 영화의 주된 등장인물이자 영화가 전달하는 주제인 '종자'라고 할 수 있다. 이는 계급이 없는 사회주의 국가를 이끌어 가는 주체로 군인을 앞세우는 소위 '선군시대'를 대표하는 북한영화의 서사라고 할 수 있다. 특히 이러한 군인 문화와 군인 중심의 서사는 2000년대에 중국의 접경지대와 대도시를 중심으로 북한에 불고 있는 '자본주의의 황색바람'을 물리치고, 북한의 사회주의의 우월성을 강조하기 위한 사상문화 재교육을 목적으로 하고 있다. 그러나 이러한 군인 중심의 서사의 문제는 그것이 비록 민간인을 주인공으로 한다 해도 군인을 본받아 민간인 또한 국가에 헌신한다는 서사의 도식성을 극복하지 못하고 있다는 점이다. 반복되는 군인 형상, 등장인물들 간의 제한된 관계 설정, 그리고 국가에 대한 헌신과 귀속으로 귀결되는 북한식 해피 엔딩은 극장을 점점 더 한산하게 만드는 원인이 되었다. 김성남은 〈한 녀학생의 일기〉의 사실적인 묘사를 높이 평가하면서 이 영화가 등장하기 이전의 북한영화에 대한 평가를 다음과 같이 내렸다.

우리는 때때로 제목이 다른 작품들에서 비슷비슷한 판박이성격을 만나군 했고 따분하게 흐르는 생활을 보군했다. 왜 그렇게 되었는가. 이것은 창작가들이 사람들을 산 개성으로 보지 않고 일정한 틀에 맞추어 그런데 있다. 성격의 한 측면 다시말하여 지향만을 돋구었기때문이며 사회적 문제만을 강조하여 생활을 그렸기 때문이다. 이로부터 목적을 노리는 창작가들의 주관적의도대로 성격과 생활이 유도되였던 것이다. 사상적지향과 사회적문제만을 가지고 가정을 그리며 딱딱하고 메마르기란 마찬가지이다.11)

이 글에서 김성남은 북한 사회주의의 우월함을 도식적으로 제시하는 영화, 생활(상의 정서) 및 (관객의) 감각과 조화되지 않은 채 사상논리에만 함몰되어 있는 영화, 개연성은 부족한 채 국가에 대한 개인의 목적지향만을 보여주고 끝나는 영화를 비판하고 있다. 그는 1990년대 북한영화를 대표하는 다부작예술영화 〈민족과 운명〉에서 2000년대 초기까지 이어진 군인 중심의 영화 등과는 다른 2000년대 북한영화의 전형을 요구하고 있는 것이다. 김정일 또한 〈한 녀학생의 일기〉 제작과정에서 이 영화의 시나리오 작가인 안준보에게 '도식은 집요하다'고 말하면서 천편일률적으로 흐르고 있던 당시의 북한영화의 경향을 경계하고 있었다.12) 이를 타파하기 위한 영화인들의 선택은 〈한 녀학생의 일기〉가 흥행을 한 원인을 분석하는 것이었다. 그 과정에서 영화인들은 정서적이며 생활적인 영화미학을 토대로 하면서도 북한식 사회주의의 우월함, 올바름, 정당함을 보존하는 영화의 미적양식이 있다는 것에 주목했다.

영화인들을 비롯한 김정일 자신은 김일성 사망과 고난의 행군 이후 부분적인 시장경제의 도입과 군대 중심국가 건설 등 2000년대에 접어들면서 북한이 겪고 있는 사회적 변화에서 이전의 북한 제일주의식

---

11) 김성남, 앞의 글, 10쪽.
12) 안준보, 「작가적 흥분은 어디서...」, 『조선예술』 10호, 문학예술종합출판사, 2006, 16쪽.

사상미학이나 김일성 수령의 영도자화가 어느 정도 완결되었다고 판단한 것으로 보인다. 이제 영화미학에 대한 시대적 요구는 북한 공동체의 결속력을 내부적으로 강화하는 것이라고 파악한 것이다. 체제 내부로부터의 민족의 동질감과 공통 경험의 회복은 공동체 내부의 현실과 생활이라는 밑바닥 정서를 펼치는 영화미학을 다시 요구하게 된다. 정서와 생활을 강조하는 리얼리즘 영화미학은 우연히 출현한 게 아니라 이전과는 달리 급변하는 사회에서 분산되기 쉬운 대중들의 심리를 통합시키기 위해서 다시 요청되는 것으로 볼 수 있다.13)

중국과 접경 지대에 사는 인민들과 바깥 세계를 경험한 이들에 의해 전달되는 외부 세계에 대항할 수 있는 북한 인민들만의 특수한 공동체 경험을 재현하는 영화가 필요했던 시기에 〈한 녀학생의 일기〉는 외부 세계에 의존하거나 대당하지 않은, 독자적이며 특수한 북한 내부의 문제와 그를 해결하기 위한 내부인들 간의 결속과 단결을 유교적 가부장제 현실 위에서 호소하는 '민족적 리얼리즘' 영화로 자리매김을 하게 된다.14) 여기에서 영화미학은 관객의 감정을 어떻게 영화에서 조직할 것인가 하는 관객중심의 영화창작론 및 영화예술론으로 전환이 되었다. 관객들의 정서와 관객들의 생활은 가장 중요한 영화의 형상화 작업으로 등장하고, 사회주의적 인간형상을 창

---

13) 다니엘 고든(Daniel Gorden) 감독이 2004년에 만든 〈어떤 나라〉에는 재미있는 장면이 등장한다. 이 다큐멘터리 영화의 주인공 중 한 명인 수련의 아버지는 과학자이다. 그는 가족들과 함께 한 야유회에서 이라크에 대한 미국의 제재에 관심이 있다고 인터뷰를 했다. 이 야유회 장면은 북한의 도시 주민들이 이라크가 북한과 더불어 전 세계에서 유일하게 남아 있는 반미국가이며 이 때문에 이라크와 북한을 동일시하고 있었고 그에 따른 국제 정세의 변화에 촉각을 곤두세우고 있다는 걸 알 수 있다.
14) "영화는 환경 묘사로부터 마을과 학교, 가정생활 정경 등 인물들이 생활하는 모든 환경을 다 이처럼 민족적인 정서와 감정이 우러나오도록 함으로써 관객들이 바로 자기의 생활을 눈앞에 방불하게 그려보도록 하고 있다. 영화는 또한 조상전래로 웃사람을 공경하고 이웃을 사랑하며 부부사이의 애정이 깊고 자식들의 훌륭한 앞날을 념원하는 우리 인민의 전통적인 미풍량속의 성격미를 따뜻하게 그려내고 있다. 또한 자신은 불치의 병에 걸리면서도 애오라지 남편을 성공에로 떠미는 밑거름이 되어 시어머니를 공경하고 아이들을 구김살없이 키워나가는 수련의 어머니 형상 역시 현숙하고 애정깊은 조선녀성의 전형으로 깊은 인상을 남기고 있다"(최주익, 「민족의 우수성을 살리는 것은 영화창작의 중요한 담보」, 『조선예술』 10호, 2008, 58쪽).

조하기 위한 모든 합법칙성을 도식적으로 적용해서 야기한 주인공들의 천편일률적인 성격형상과 맹목적인 사회주의적 가치의 지향이라는 사상논리는 누그러든다. 사상논리는 '관중의 감상심리'와 반드시 조화롭게 통일되어 영화에 제시되어야 하는 것이다. 더 나아가 사건이나 극만이 아니라 생활논리와 관중심리를 반드시 고려하거나 오히려 후자가 전자보다 더 중시되는 방향으로 창작론은 전환하게 된다. 이러한 미학적 전환은 2002년 7월 1일 실시한 북한의 경제조치라는 산업적 토대를 바탕으로 하고 있다. 경제조치는 '배급제의 폐지, 독립채산제의 확대 실시, 상품가격의 현실화'를 내용으로 하고 있는데, 이는 '영화산업에도 영향을 미쳐 한 영화가 실패한 영화로 판단되면 해당 영화의 연출자는 60%의 감봉을 받고 3번 이상 실패하면 연출도 못하게 된다고 하니 집단영사로 관객에 대해 전혀 신경 쓰지 않아도 되었던 영화산업의 일꾼들에게는 반갑지만은 않은 조치가 되었음에 틀림없다'.15)

산업과 미학이 결합된 관객지향성은 동시대 영화는 동시대의 '대중의 미감'에 맞는 영화이어야 한다는 주장으로 이어진다.16) 대중의 미감이란 영화를 보는 관객들의 감정의 흐름, 관객들의 기대와 관심, 심리에 맞추는 영화를 말한다. 김정일 또한 일찍이 '시대의 요구와 인민의 비위'에 맞는 문학예술을 주장한 바 있다.17) 이 말은 시대의 요구가 담긴 영화의 설득 전략은 기본적으로 인민들의 생활과 일상을 바탕으로 해야만 인민들의 비위를 맞출 수 있다는 말이다. 인민의 비위를 무시한 채 시대의 요구만을 주입하는 사상 지향에서 인민의 비위를 맞추어 시대의 요구를 권하는 관객 지향으로 강조점은 변화했다고 볼 수 있다. 북한에서는 이제 영화가 관객들을 이끌어 가는

---

15) 이명자, 『북한영화와 근대성』, 역락, 2007, 197쪽.
16) 봉강철, 「영화에서 관중과의 감정조직을 위한 몇 가지 문제」, 『조선예술』 2호, 문학예술종합출판사, 2008, 61쪽.
17) 김정일, 「영화예술론」, 『김정일선집』 (3), 조선로동당출판사, 1994, 144쪽.

시대가 아니라 관객들이 영화를 이끌어 가는 시대라고도 할 수 있을 것이다. 관객들의 생활, 관객들이 자신들의 삶에 대해 느끼는 심리상태는 영화의 정서적 논리를 부여할 수 있는 근거가 되며 동시에 도식화되어 대중들의 외면을 받고 있었던 북한영화를 쇄신할 수 있는 자원이 될 수 있었다. 한룡숙은 '독창성과 발견이 없고 새맛을 돋구지 못하는 영화는 생명력이 없으며 관중들과 멀어진다는 것이 올해의 주된 총화이다'라고 말하면서 독창성과 새맛을 돋군 영화로 〈한 녀학생의 일기〉를 든 바 있다.18)

그렇다면 영화인들이 이전 영화와는 다른 새로운 영화를 만들어야 한다는 자성의 한 목소리를 내게 한 주인공인 실제 북한 관객들의 반응을 알아볼 필요가 있다. 북한관객들이 이 영화에 열광한 이유와 제 맥락은 오늘날 북한영화가 놓여 있는 위치와 방향을 그리는 좌표가 될 것이다.

3. 북한 관객: 보다 나은 미래라는 허상

북한영화관객들이 〈한 녀학생의 일기〉에서 가장 점수를 후하게 준 부분은 크게 두 가지 부분이다. 하나는 동일화 효과이다. 즉, 이 영화를 본 북한관객 대부분은 이 영화가 자신들의 일상과 삶을 보여주고 있다는 점에 만족해했다. 다른 하나는 모방 효과이다. 관객들은 이 영화가 자신들이 모방하고 싶으며 모방해야 할 일종의 역할 모델을 제시해 주었다며 극찬을 한 것이다. 동일화 효과는 다음과 같은 반응들로 나타났다. '정말이지 이 영화는 영화라기보다는 실제 산 현실을 우리 앞에 그대로 펼쳐 보이는 것만 같습니다'(학생 안정혜), '영화가 참 좋습니다. 한 과학자의 가정을 소박하게 담았는데 어쩌면 그

---

18) 한룡숙, 「영화발전의 새로운 전환을 열어놓으며」, 『조선예술』 12호, 문학예술종합출판사, 2006, 27쪽.

렇게 진솔하게 그렸는지 영화를 봤다기보다, 실생활을 본 것 같습니다'(청년동맹중앙위원회 부장 함광철), '저 역시 영화가 너무도 현실하고 생동해서 감동을 금할 수 없습니다'(김책공업대학 학생 리수석), '수련이네 형제가 들놀이를 갔을 때 밥반찬을 제대로 잘 싸주지 않아 어머니에 대해 원망하는 장면이 감동적이었습니다. 어쩌면 저희 집이랑 똑같을까 하는 생각이 들었습니다'(직맹위원회 김일순).19) 북한 관객들이 이 영화를 가장 환영하는 부분은 무엇보다 영화가 갖고 있는 생생한 현실 묘사였다는 걸 확인할 수 있다. '주인공인 녀학생 가정이 생활하는 모습이 내가 중학교 다닐 때와 똑같아 친근감이 느껴졌다'(평양의 호텔에 근무하는 20대 여성봉사원의 말)라는 인터뷰뿐 아니라 이전 영화와 〈한 녀학생의 일기〉가 다른 점을 이야기한 인터뷰도 있었다. '모두 그런 것은 아니지만 과거 영화는 당의 정책적 방향을 깊이 담은 작품이나 역사물이 많았다. 〈한 녀학생의 일기〉가 보여주는 가정에서 밥하고, 빨래하고, 굴뚝 청소하는 모습은 우리의 일상을 그대로 보여준다'(외국 유학 경험이 있는 30대 가정주부).20) 이러한 관객들의 반응 때문에 당의 영화적 지침은 앞의 장에서 살펴본 바와 같이 달라질 수밖에 없었을 것이다. 김성남은 영화 관객은 일차적으로 유사성에 근거한 동일화에 가장 영화적 쾌락을 느낀다는 입장을 피력했다.

  사람들은 영화에 반영된 인간과 생활이 자기와 가까울 때 좋아한다. 영화에서 자기 곁에 있는 인간을 보았을 때 믿고 공감하면서 그 옆에 자신도 세워 보게 되는 것이 관중의 심리이며 자기 주위의 현실에서 생활의 진미를 느끼는 것이 인간이다. 사람들은 자기로부터 출발하여 영화가 보여주는 인간과 생활을 감수하는 것이다.21)

---

19) 이상은 서평방송(http://sptv.co.kr)을 녹취한 자료이다. 이창기, 「북, 영화혁명 "한 여학생의 일기"」, 『서프라이즈』, 2006년 8월 16일자 보도에서 인용한 것임.
20) 이상은·정창현, 「대중성 강화로 관객 호응 이끌고 대외교류와 해외시장 개척에도 적극 나서」, 『민족21』, 2008. 8. 22.
21) 김성남, 앞의 글, 10쪽.

그는 〈한 녀학생의 일기〉에서 느끼는 관객들의 만족감이 영화의 사실성과 투명성에 기인하고 있다는 걸 인정하면서 창작론 중심인 북한의 영화예술론이 주목하지 않았던 관객론을 새롭게 논하고 있다. 이제 북한의 관객론은 영화가 관객의 이성이나 지성을 자극하는 지적인 호소가 아니라 흡인력과 견인력을 갖춘 현실에 대한 사실적인 묘사가 우선이라는 점을 주장하는 데로 나아가고 있다. 〈한 녀학생의 일기〉는 이러한 생활에 대한 사실적인 묘사를 바탕으로 오늘날 북한을 살아가고 있는 젊은 세대를 주인공으로 해서 동일화 효과를 더 높이고 있다. 영화에는 할머니, 수련의 부모, 수련과 수옥이가 등장해서 북한의 세 세대를 다 아우르고 있지만 영화의 주인공은 고등학생인 수련과 과학자인 아버지이다. 이들은 모두 항일운동이나 전쟁을 겪지 않은 이 세대와 삼 세대이다. 특히 수련으로 대변되는 삼 세대 같은 경우 구소련의 몰락과 김일성의 사망 이후 고난의 행군 시기 및 부분적인 시장 개방을 겪은 부침이 많은 세대라고 할 수 있다. 이들에게 사회주의 국가의 지속과 미래는 이전 세대처럼 무조건적인 낙관주의로만 흐를 수 없다. 〈한 녀학생의 일기〉는 그런 세대의 심리를 자신의 미래에 대한 고민과 갈등에 빠져 있는 수련의 심리로 대체했기 때문에 더욱 큰 호응을 얻을 수 있었다. 수련이라는 미래 세대의 갈등은 아버지와 같은 삶에 대해 회의적인 시선을 보내는 것으로 등장한다. 영화에서 이러한 시선은 수련의 내레이션과 일기, 그리고 관찰자적인 반응 쇼트 등으로 나타나 있다. 특히 〈한 녀학생의 일기〉에서는 슬로우 모션 기법을 이용하여 영화에 갈등 구조를 강화하고 주관적인 심리적 시간을 확장한다.

슬로우 모션은 초반과 후반에 반복되는 종이비행기 장면, 할머니, 어머니, 수련과 동생 수옥이 등 여인 삼대만이 사는 집에 누전사고가 난 장면, 수련이 학교에서 자신의 아버지를 우습게 말했던 동급생의 기를 죽이기 위해 함께 달리기를 하는 장면 등에서 사용되고 있다. 실제 시간을 확장시킨 이러한 슬로우 모션 장면들은 매 장면마다 극성이 살아 있어야 한다는 북한 영화예술론을 벗어나 있지 않다. 누전 사고 장면은 아버지가 부재한 집을 극적으로 표현하는 위해 이전 북한영화에서처럼 기계적으로 사용된 경향이 있다. 그러나 종이 비행기가 날리는 장면과 달리기에 사용된 슬로우 모션은 극적 과장을 위해 관습적으로 사용되었던 이전의 슬로우 모션과는 다르게 사용되었다. 하모니카 특유의 여운이 남는 음악이 나오면서 종이비행기가 천천히 땅에 떨어지고 수련의 나레이션이 시작된다. 영화인들에게 시적인 처리라고 높이 평가받은 이 장면은 꽃이나 하늘 등 자연에서 시작되는 북한영화의 관습을 깨뜨린 장면이기도 하다. 특히 수련과 동급생의 달리기 장면은 아버지를 무시하는 동급생을 누르려는 수련의 경쟁심, 그러면서도 동급생이 말한 것처럼 가정을 내팽겨 치면서까지 과학에 매달려도 변변한 업적 하나도 쌓지 못하는 아버지에 대한 원망과 열등감 등 수련의 복잡한 감정이 한 장면에 응집되어 있다. 수련의 복합적인 감정이 슬로우 모션 기법을 통해 표현되는 것이다. 이런 장면 같은 경우 북한의 이전 영화예술론 입장이었으면 직관적으로 알 수 없거나 지나치게 주관적이라는 이유로 부르주아 영화미학이라고 비판을 받았을 장면이다.[22]

영화는 수련의 내면적인 주관적 세계를 충분히 비춰줄 뿐 아니라 아버지 또한 이전 영화들의 인물형상과는 다르게 재현된다. 아버지와 이전 영화에서 많이 등장한 군인들과의 가장 커다란 차이점은 아버지가 근본적으로 불완전한 인간이라는 점이다. 국가에 헌신하고 맡은 바 일을 책임 있게 해내는 북한영화 특유의 영웅 형상은 〈한 녀학생의 일기〉에서 아버지로 예외 없이 등장하고 있다. 그러나 아

---

[22] 김순영, 「예술작품의 양상과 그를 살리는데서 나서는 사상미학적 요구」, 『조선예술』 2호, 문학예술종합출판사, 1998, 61쪽. '부르죠아 미학자들과 문예리론가들중에는 현실생활에 대한 진실한 반영을 떠나서 예술작품의 정서적색갈에 대하여 운운하는 자들이 있다. 이러한 자들은 예술작품의 양상이 예술가의 주관에 따르는 형상기교와 형상수법에 의하여 규정된다는 주장을 하고 있다.' 수련의 달리기 장면은 수련의 심리상태에 매몰된 채 작품의 정서적 색깔을 입히기 위해 분명 객관적 시간을 확장하고 부정한 장면이다.

버지인 김신명은 가정을 돌보지 못하고 연구에 있어서도 어머니의 보조를 받지 않으면 할 수 없는 의존적인 인물로 그려진다. 공장에서는 실전에 익숙하지 못해 여성 노동자에게 가르침을 받지만 과학자의 한 길만을 꿋꿋하게 가는 외골수의 성격 또한 갖고 있다. 이러한 인물은 시대의 귀감이 되는 이전 영화에서의 군인들의 형상과는 거리가 멀다. 아버지는 가족의 희생과 지원, 동료들의 도움과 협조가 없으면 어떤 일도 하지 못하는 불완전한 가부장인 것이다. 가부장의 권위가 약화된 그 자리에는 아파트에 살고 싶은 욕망과 진로 선택의 갈림길에 놓인 수련이라는 개인과 굴뚝 장면에서 드러나듯이 가난한 인민들 간의 공동체성이 들어선다. 수련이 이과대학 입학식에서 아버지의 목소리가 담긴 녹음기를 듣는 장면은 이러한 연성화된 가부장의 권위를 압축시켜 보여준다. 아버지라는 주체가 부재한 채 당도한 이 목소리는 수련이 헤드폰을 끼고 듣는 화면과 함께 전달된다. 목소리와 이미지 간의 불일치 속에서 부각되는 건 부재한 아버지가 아니라 결함 많은 아버지이지만 따르겠다는 수련의 인정과 결심이다. 그런 면에서 영화는 수련이 대표하는 새로운 세대와 가족들의 인정과 동의가 없으면 국가-김정일-아버지 체제는 더 이상 지속될 수 없다는 걸 보여주고 있다고 할 수 있다. 앞에서 인용한 30대 가정주부도 언급했듯이 〈한 녀학생의 일기〉가 이전 영화와 다른 영화라고 느낀 부분을 좀 더 논하자면 이 영화는 현재의 불완전한 북한의 '온정적 가부장제'[23])를 이전 영화와는 달리 인정하고 사실적으로 드러내고 있다는 점에서 다르다고 할 수 있다.

북한 관객들이 이 영화에 대해 열광하는 표면의 이면에는 결국 이러한 자신들의 불안한 심리를 영화가 가감 없이 반영하고 있기 때문

---

23) 온정적 가부장제란 가족 구성원들의 생계를 책임지고 그들을 대표하는 가부장과 마찬가지로 국가가 모든 구성원들의 안위와 복지를 책임지는 것을 의미한다. 사회주의 국가는 이러한 온정적 가부장제에 입각하여 인민들의 생활과 복지를 책임진다는 논리를 세운다 (박현선, 「북한의 가족정책」, 『북한의 여성과 가족』, 북한연구학회 편, 경인문화사, 2006, 7쪽 각주 1) 참조.

이라고 할 수 있다. 자신들의 외부 세계와 내면 세계를 충실히 묘사한 이 영화가 모든 주민들이 보는 '인민영화'로 도약할 수 있었던 건 바로 이 영화가 김정일의 세심한 지도아래 제작되었다는 데에 있다. 즉 김정일 또한 인민들의 불안과 갈등의 부정적 심리 상태를 간파하고 있으며 '알고 있다'는 것이 북한 인민들을 모두 이 영화의 관객으로 만드는 견인차 역할을 한 것이다. 지도자와 인민간의 '이심전심' 효과는 사회의 통합과 갈등 해소에 공헌을 한다. 결론적으로 〈한 녀학생의 일기〉는 자본주의 외부 세계와 고립되어 전 세계에서 경멸과 비판을 받으면서도 새로운 세대와 지도자와 인민 간의 내부 결속력과 유대감을 강화할 수 있는 새로운 북한 프로파간다 영화라고 할 수 있을 것이다.

한편 『조선예술』은 '영화와 관중'이라는 고정란에 관객들의 반응을 실어 이 영화가 자신들이 닮고 지향해야 할 인물과 교훈을 제시하고 있다는 전형적인 프로파간다식 해석을 내놓았다. 이는 관객의 모방 효과라고 할 수 있는데, 모방 효과란 영화에서 관객이 자신의 이상적 자아를 발견한다는 점에서 친밀감을 유발하는 영화 전반에 대한 동일화와 구분지어 볼 수 있다. 김책공업종합대학 자원탐측공학부 연구사인 계인국은 '(장군님의 발자국 소리라는 주제가)노래에도 있는 것처럼 당을 따라 가는 길은 가고 싶어하는 길이다'라고 밝혔다.[24] 또한 김일성종합대학 경제학부 무역경제과 2학년인 윤미라는 학생은 '나는 나의 학업에서 수련이의 모습을 그려보면서 그리고 나 자신과 새세대 청년과학자들의 모습을 그려보면서 조국의 찬란한 미래를 보게 됩니다'라고 영화에 대한 자신의 의견을 피력했다.[25] 두 명은 각각 과학자인 아버지 김산명의 삶과 새 세대 청년과학자가 될 수련의 모습을 자신들의 모습에 투사하고 이를 모방해야 할 이상적 자아로 언급하고 있다. 관객이 영화에서 이상적 자아를 찾게 되면 이는

---

24) 계인국, 「가고 싶어 가는 길」, 『조선예술』 10호, 문학예술종합출판사, 2006, 16쪽.
25) 윤미, 「우리 앞날」, 『조선예술』 10호, 문학예술종합출판사, 2006, 22쪽.

곧 그렇게 되리라는 다짐과 신념의 환영을 만들게 된다. '우리는 예술영화 〈한 녀학생의 일기〉의 김산명이처럼 현실에 깊이 들어가 생산에서 걸린 문제를 포착하고 풀어나감으로써 강성대국건설의 과학기술적 토대를 더욱 튼튼히 다져나갈 것이다.'26)

영화를 예술이자 교양으로 생각하는 북한에서 〈한 녀학생의 일기〉는 관객에게 쾌락과 교훈을 동시에 제시했다. 앞에서 언급한 것처럼 영화에서 재현한 일상은 비단 구어체의 사용이나 생활을 그리고 있는 표면적인 데에서 그치는 게 아니라 그 일상을 마주하는 인민들의 내면적인 심리적 풍경을 동시에 펼쳐놓았기 때문에 사실적이라고 환영을 받았으며, 관객은 체제에 대한 불안과 온정적 가부장제의 불완전성을 영화가 솔직하게 노출시켰다는 점에서 흥분을 느꼈다. 영화는 비록 새로운 세대가 이끄는 '우리' 북한은 부정적이며 불온한 감정을 어찌됐든 극복할 것이라는 (북한영화의 특유의) 영원한 낙관주의로 그 틈을 거칠게 봉합시킴에도 불구하고 말이다. 어쩌면 관객들은 보다 나은 내일은 영화에서만 볼 수 있는 허상의 그림자라는 걸 이미 알고 있는지도 모른다.

4. 비북한 관객: 기호의 왕국

유네스코의 북한 대사인 손무신은 '〈한 녀학생의 일기〉는 오늘날 북한 사람들의 즐거움과 행복을 잘 보여주고 있으며 사회를 위한 희생정신을 강조하고 있다'고 언급한 바 있다. 그러면서 그는 북한의 외부에서 이 영화가 상영될 때 외부인들이 이 영화를 상징적으로 해석하려는 시도를 과잉 해석이라며 분명한 반대를 드러냈다.27) 한국

---

26) 엄정철(리과대학 수학학부 류체력학강좌 교원학사), 「그처럼 현실속으로」, 『조선예술』 12호, 문학예술종합출판사, 2006, 32쪽.
27) Jan Creutzenberg, "First North Korean Film Hits Western Theaters: 'The Schoolgirl's Diary'",

의 보수적인 언론들에서는 이 영화가 김정일의 지시로 만들어진 영화이기 때문에 북한이 전 세계를 상대로 대대적인 선전에 열을 올리고 있다는 주장을 내놓기도 했다. 칸 영화제에서 이 영화를 본 일부 서구 관객들은 한국의 보수적인 일부 언론들과 마찬가지로 이 영화가 개봉된 지 두 달 만에 북한이 핵실험을 재개했다는 점과 1990년대 이후 약 이만 명의 아사자를 낸 당대 북한의 현실과는 동떨어진 채 영화는 지나치게 음식과 컴퓨터가 자주 언급하고 있다는 점을 들어 영화가 비현실적이라며 비난했다. 일반 관객들은 처음 보는 북한 영화에서 어린 수련이 메고 있는 미키 마우스 배낭과 선생님에게 수업시간에 칭찬을 듣자 '땡큐 베리마치'라고 말하는 수련의 영어 사용을 놀라워했다. 이를 본 관객들은 북한이 이제 중국처럼 서서히 자본주의 세계로 나아가는 것을 미리 보여주는 것 아니냐며 그 미래를 지레 짐작했고, 한국 영화 등 한류의 영향으로 이러한 재현이 가능하지 않았을까 추측했다. 이러한 시선들은 북한에서 사용하는 소품과 실생활 등을 관광객의 시선으로 신기하게 보고 있는 데에서 연유한다. 낯선 나라의 영화에 대한 호기심은 영화의 모든 것을 그 낯선 나라와 등치시키면서 기호적 해석을 가하게 된다. 북한이라는 낯선 나라는 외부자의 해석을 기다리는 기호의 왕국이 되는 것이다. 평양세계영화축전에서 〈한 녀학생의 일기〉를 본 후 프랑스에 수입하기로 결정한 프리티 픽쳐스의 제임스 발레리(James Valaise) 역시 이 영화를 수입한 이유로 이 영화가 프로파간다 영화가 아니라 평양에 사는 여학생의 일상에 관한 영화이기 때문이라고 말한 바 있다.28) 이 영화는 전 세계에 많은 여학생 중에 보기 드문 '평양에 사는' 여학생을 보여준다는 다분히 관객의 호기심을 자극하는 발언이라고 할 수 있

2006, http://english.ohmynews.com/articleview/article_view.asp?article_class=17&no=381371&rel_no=1, 2008. 1. 3.
28) Jean Noh, "Pretty Pictures Buys North Korea Hit Schoolgirl's Diary", 2008, http://www.screendaily.com/pretty-pictures-buys-north-korean-hit-schoolgirls-diary/4029193.article

다. 손무신의 발언은 바로 이러한 서구의 구경거리로 전락한 자국의 영화를 보호하기 위한 발언일 것이다. 한편 북한 영화를 이전부터 알고 있거나 신중한 러시아를 포함한 서구 비평가들과 관객들은 북한의 영화 전통 속에 이 영화를 끼워 넣거나 구소련 시대의 페레스트로이카 시대의 영화와 비슷하다는 자문화 중심적인 참조점을 가져와서 영화를 해석했다.29) 주로 한국학을 전공하는 서구의 학자들이나 해외동포 출신의 학자들이 취하는 이러한 관점은 각각 이 영화에 왜 북한 주민들이 열광했는지를 설명하지 못하며 북한이 스스로를 바라보는 특수한 관점을 구분해 내지 못하는 논리적 결함을 안고 있다.

또 다른 한편에서는 영화의 뒤떨어진 기술적 완성도와 지나치게 직접적이고 상투적이어서 유치하게 다가오는 시각적 비유법 등 때문에 영화가 진부하다는 평을 내놓았다. 후시 녹음과 시간적으로 맞지 않는 쇼트들의 연결 등 남루한 기술과 몽타쥬 시퀀스 등과 같은 판에 박은 기법들이 서구 예술영화 극장에서 상영되기에는 한참 뒤떨어진 미학적 기준을 보여주고 있다는 지적이다. 『버라이어티』지는 이에 가세해 영화가 1970년대 한국이나 대만 영화와 비슷하다고 논한 바 있다.30) 미학적 함량 미달이라는 서구의 평가는 평양세계영화축전에 이 영화가 상영되면서 서구 영화업자들이 이 영화를 구매하자 한껏 부풀어서 선군시대의 영화가 곧 세계적인 영화일 수 있다고 여긴 북한 영화인의 자긍심에 찬물을 끼얹는 일이었다. 그러나 서구 관객이나 영화 전문가들은 이러한 기술적인 결함에도 불구하고 자신들이 기존에 알고 있는 어떠한 영화적 전통에도 심지어는 북한영화의 전통에도 속해 있지 않은 듯이 보이는 이 영화에 대해 신선함과 흥미로움을 느꼈다고 말하고 있다. 영화평론가이자 프랑스의 영화잡지인

---

29) 주로 한국학을 전공하는 학생 및 학자들이 모여 있는 Koreaweb에서 이러한 주장들이 전개되었다.
30) Derek Elley, "The Schoolgirl's Diary", 2008. www.variety.com/review/VE1117931720.html?categoryid=31&cs=1&query=a+schoolgirl%27s+diary

포지티브 기자인 아드리안 공보는 이 영화가 '지금 같은 국제영화시대, 각종 이미지들이 전 세계적으로 소통되고 있는 시대에, 굳이 해외관객의 구미에 억지로 맞추려고 한다거나 애써 그들에게 어필하려 들지 않는다는 사실'로 인해 매우 보기 드문 작품이라는 생각이 든다고 말한 바 있다.31)

서구의 관객들이 흥미와 신선함을 느낄 수 있는 가장 큰 힘은 아무래도 이전의 두텁고 둔탁한 북한 영화의 프로파간다 영화가 아니라 가볍고 연성화된 프로파간다 양식에 있다고 할 수 있다. 영화는 프로파간다의 색채를 옅게 하면서 한국을 비롯한 자본주의 세계에 유통될 수 있는 보편적인 영화의 기준에 부합하는 몇 가지 특징을 갖고 있다. 첫째는 영화가 직접적인 프로파간다를 피하고 있다는 데에 있다. 〈한 녀학생의 일기〉에서 가장 직접적인 프로파간다적 말걸기는 음악에 있다. 특히 총 3절로 되어 있는 〈장군님의 발자국 소리〉는 영화에서 수련의 감정적인 심리적 추이에 따라 나뉘어져 있어 영화의 서정적인 배음을 유지해 준다. 분절되어 사용된 서정적인 주제가는 감정을 고조시키기 위한 극성 효과를 위해 사용된 이전의 북한 영화음악의 사용과 다르다. 음악을 사용할 때도 극적 효과보다는 서정적인 효과를 우선시하는 것이다. 영화의 맨 마지막 장면에서는 아버지가 수련이에게 녹음기를 통해 이 주제가를 직접 들려주고 수련이 헤드폰을 끼고 음악을 듣는 장면이 나온다. 수련은 아버지가 부르는 〈장군님의 발자국 소리〉를 들으며 대학의 복도를 미소를 띠며 홀로 걷고 있다. 이전의 북한영화가 오늘보다 나은 미래를 재현하는 방식이 그렇듯이 지도자를 찬양하는 노래를 들으면서 수련은 앞으로 전진한다. 그러나 그 음악은 다른 사람들은 들리지 않게 혼자 듣고 있는 것으로 처리된다. 이러한 음악처리는 발신자(아버지)와 수신자(수련)가 분명하며 제한되어 있기 때문에 화면과 독립되어 전지적인 화면 밖 음악을 사용하는 것과 구분된다.

---

31) 아드리앙 공보, 「가까이하기엔 너무 먼 영화」, 『씨네21』, 2008. 1. 24.

음악의 출처와 수신지가 분명하게 인지되면서 관객은 수련이 듣는 노래를 수련과 함께 듣거나 엿듣고 있는 위치에 있게 된다. 보다 내밀하고 개인적인 말걸기 효과를 발휘하는 것이다.

두 번째는 주인공인 수련이 자본주의 세계에서 흔히 보이는 물질을 욕망하고 있다는 점이다. 아파트에서 떵떵거리며 살고 싶다는 수련의 물질에 대한 욕망은 진로 고민과 더불어 영화의 서사를 추동시키는 주된 욕망이다. 이러한 물질적 욕망은 북한을 벗어나 특히 서구 자본주의 국가에서 이 영화가 상영될 때에 충분한 동일화 효과를 내게 된다. 이전의 북한영화는 자본주의보다 우월한 사회주의를 재현하기 위해 물질과 정신을 대립시켰다. 즉, 자본주의는 물질적으로 풍요롭지만 이 경제적인 욕망은 근본적으로 부도덕하며 이기적인 것이다. 따라서 숭고함과 도덕이라는 인간의 정신적인 가치의 지배를 통해 경제적 욕망은 통제되고 조절되어야 한다. 이것이 북한이 해석하는 사회주의의 가치라고 할 수 있다. 다부작 예술영화인 〈민족과 운명: 차홍기〉(전백연·한운식·김광훈, 1992)는 이를 잘 드러낸다. 영화는 물질/정신, 자본주의/사회주의, 남한/북한, 남성/여성, 차홍기/달래로 나뉘어져 전개되면서 보이지 않는 '가치'의 전쟁을 벌인다. 영화는 물론 보다 풍요로운 남한을 선택한 차홍기가 북한을 언제나 마음에 품고 살던 아내(달래) 앞에서 참회의 눈물을 흘리는 것으로 끝이 난다. 〈한 녀학생의 일기〉가 〈민족과 운명〉과 다른 점은 수련이 자신이 원하는 아파트를 얻고도 참회나 반성 따위는 하지 않는다는 점이다. 아파트를 향한 수련의 물질적 욕망은 충족되고 동시에 아버지처럼 자신도 과학자가 되겠다는 결심을 한다. 이는 자본주의와 사회주의를 물질과 정신으로 나누어서 '보이지 않는' 정신의 우월함을 보여주는 이전 북한영화들과 분명히 구분되는 지점이다. 〈한 녀학생의 일기〉는 물질에 대한 욕망을 자본주의의 가치라고 부정하기보다 이 욕망을 사회주의 국가를 위해 사용하는 길을 찾고 있는 것이다. 그 길은 정신과 물질의 대립이 아닌 상생의 길이라 할 수 있을 것이다.

영화는 2000년대 이후 강성대국을 만드는 데는 군사대국만이 아니라 경제대국을 이루어야 한다고 주장하는 북한 사회에 대한 알레고리로도 충분히 읽힐 수 있다. 어찌됐든 영화는 서사의 욕망을 지금까지 자본주의적이라고 배격했던 물질을 향한 욕망으로 놓고 이 욕망을 부인하거나 지연하지 않고 충족되는 완결구조를 갖고 있다. 물질적 욕망으로 추동되는 서사는 북한(영화)에 대한 이질성을 상쇄시키는 효과를 내고 있는 것이다.

〈한 녀학생의 일기〉는 장르의 번역을 통해 또 다른 보편성을 획득하고 있다. 북한 외부의 관객들은 장르 영화에 익숙해 있다. 국가 간의 합작이 활발한 지금 그 국경을 넘을 수 있는 영화합작은 특정한 도시를 소재로 한 도시 영화와 영화의 기대와 관습을 공유하는 장르 영화라는 틀에서 가장 활발하게 이루어지고 있다. 장르 영화는 이렇듯이 제 분류와 양식의 틀을 통해 민족국가를 넘어 낯선 영화들이 교섭할 수 있는 트랜스내셔널한 장이라고 할 수 있다. 〈한 녀학생의 일기〉는 이러한 트랜스내셔널한 흐름에서 일종의 10대 성장영화에 포함된다. 직접적인 프로파간다가 약화되면서 북한의 특수성은 장르 영화의 보편성과 중첩되고, 여학생이 제 정체성을 찾아가는 과정에서 겪는 우여곡절을 보여주고 있는 성장영화로 유통된다. 영화는 개인의 이기심과 자기희생간의 선택과 갈등이라는 보편적인 감정에 호소를 하고 있고, 종이비행기라는 상징물, 정면 클로즈업의 표정, 하모니카 음악, 일인칭 나레이션 등 다양한 영화장치들을 통해 개인의 내면에서의 투쟁을 각인시키고 있다. 집단보다는 개인이, 객관적 합법칙성보다는 주관적인 심리가, 사회적인 문제보다는 심리적인 선택의 문제가 보다 더 강한 흔적을 남기고 있다. 그러나 성장영화라는 보편적 장르로만 흡수되지 않는 북한영화의 장르적 번역 또한 발견할 수 있다. 가장 커다란 번역의 흔적은 수련이라는 개인의 선택을 영화가 제시하는 방식에 있다. 수련은 많은 것 중에 하나를 자유롭게 선택하는 게 아니라 마치 정해져 있는 것을 선택하는 것으로 보인다.

소질이나 적성과 주변 환경을 살펴봐도 수련이 과학자 외에는 다른 것을 선택할 여지가 별로 없는 것이다. 그런 상황에서 수련이 과학자가 되지 않겠다고 선택한다면 선뜻 동의하기 어렵거나 이기적으로만 비춰져 동일화하기 힘든 등장인물이 되어 버린다. 제한된 조건에 놓인 개인이 당이 원하는 인물로 '되어가는 과정'을 그리고 있다는 점에서 〈한 녀학생의 일기〉도 북한영화의 전형적인 인물형상론을 벗어날 수는 없다. 개인의 미성숙함은 성숙함으로 전이되고 무지는 앎으로 비약을 이루면서 당에 헌신하는 인간 형상이 되어가는 과정으로서의 서사는 북한영화의 내셔널 시네마적 특수성이라고 부를 수 있기 때문이다. 〈한 녀학생의 일기〉는 이렇듯이 내셔널 시네마적 특수성과 성장영화 장르의 보편성을 획일적으로 통합시키지 않고 그 둘 간의 긴장을 유지하고 있다.

영화가 허용한 그 긴장의 틈에서 출현하는 건 북한과 외부간의 통로이며, 북한관객과 외부 관객의 공감과 대화의 장일 것이다. 약화된 프로파간다, 장르의 번역, 욕망의 서사라는 양식상의 변화가 그 긴장을 깰 수 있는 통로를 닦았다. 기술적인 결함이나 미학적 기준 미달이라는 판정에도 불구하고 〈한 녀학생의 일기〉가 서구에 활발하게 소개되는 이유를 북한영화에 대한 호기심에서 찾는 건 지나치게 단순한 해석일 수 있다. 설사 그렇다 하더라도 적어도 한국의 독자들과 영화전문가들은 이 영화에 대한 면밀한 분석과 적극적인 독해를 통해 끊임없이 북한영화에 대한 수평적인 대화의 장을 열려는 노력을 해야 할 것이다.

5. 월드 시네마로서의 〈한 녀학생의 일기〉

〈한 녀학생의 일기〉는 북한과 세계에 동시에 말을 건 영화 텍스트이다. 고립된 은둔국가로 알려져 있는 북한은 〈한 녀학생의 일기〉를 통해 평양세계영화축전부터 프랑스 칸 영화제를 거쳐 캐나다, 호주, 이란의 국제영화제까지 전 세계의 국경을 넘어 자신들의 존재를 드러냈다. 2008년 제11회 평양국제영화축전에서 상영된 북한영화 〈하늘의 나는 연들〉은 북한에서는 흥행에 성공했지만 영화제에 참석한 해외영화인들에게는 외면을 당했다.32) 지나치게 감상적이며 노골적인 프로파간다를 드러내고 있다는 평을 받은 이 영화는 〈한 녀학생의 일기〉와 같이 '발견'할 만한 작품이나 서구의 호기심을 끌어당길 만한 명민한 작품은 아니라는 평가를 받았다. 이렇듯이 북한영화에서 전 세계에 유통 가능한 영화 문화적 약호를 발견하기가 어렵기 때문에 〈한 녀학생의 일기〉는 그만큼 하나의 문화적 현상으로 분석될만한 가치가 있는 것이다.

물론 이러한 북한의 특수성과 세계영화의 보편성이라는 잣대를 동시에 들이댈 수 있는 북한영화는 〈한 녀학생의 일기〉가 마지막일 수 있다. 그러나 2008년 평양세계영화축전에서 북한 영화관객들은 〈어톤먼트(Atonement)〉(Joe Wright, 2007), 2008년 아카데미 최우수 외국어영화상을 수상한 〈카운터피터(Counterfeiter)〉(Stefan Ruzowitzky, 2007), 〈엘리자베스 1세: 황금시대(Elizabeth I: The Golden Age)〉(Shekhar Kapur, 2007) 등 한국관객에게도 익히 알려져 있는 영화를 포함, 45개국에서 초청된 약 100여 편의 작품을 관람했다. 총 4개의 극장에서 12만 명의 관객이 영화제에 참여해서 영화를 관람했으며 축전에 초청받은 서구영화인 및 기자들은 이들의 영화에 대한 열기를 놀라워했다(유감스럽게도 미국과 한국의 작품은 아직까지 상영 금지되어 있다).

이들의 영화에 대한 문화적이며 미학적인 욕구는 날로 커지고 있으며 영상 이미지에 대한 독해능력(literacy)은 날로 높아져 가고 있다. 영화인들 또한 글을 통해 날로 높아만 가는 인민들의 사상미학적인 요구에 영화인들이 긴장해야 한다고 언급하고 있다. 따라서 기존 북

---

32) Derek Elley, "North Korea Busy with Film Business", *Variety*, 2008. 9. 26.

한영화가 교리처럼 받들고 있는 '당성, 계급성, 인민성'이 만든 신파성, 도식성, 선동성의 영화미학은 이 개방의 과정을 통해 조만간 극복할 것이라는 예상을 조심스럽게 해본다. 개방과 열림이 곧 국가 프로파간다가 해체되는 과정이기 때문이다.

한편 〈한 녀학생의 일기〉는 북한영화인들에게는 사건과 극 중심의 영화창작론에서 정서와 심리, 그리고 관객들의 미감에 맞는 영화미학을 찾아야 한다는 과제를 던졌다. 그리고 북한의 일반 관객들은 직접적인 프로파간다 영화보다는 오늘날 자신들이 살아가고 있는 생활을 투명하게 반영하는 영화를 보고 싶어 한다는 걸 흥행으로 드러냈다. 그 생활을 개인들이 정체되어 있다고 느끼거나 부정적으로 보고 있다면 그것 자체도 반영하는 영화가 자신들에게 즐거움을 준다는 걸 알린 것이다. 한편 비북한 관객들에게 이 영화는 은둔의 베일을 벗기는 즐거움을 주었다. 그러나 동시에 영화는 장르, 서사의 욕망, 간접적이며 개인적인 프로파간다 양식을 보여주어 북한영화가 밖으로 나아갈 수 있는 가능성을 열었다.

미하일 바흐친(Mikkail Mikhailovich Bakhtin)은 텍스트는 근본적으로 불균등한 대화에 의해 구조화되어 있다고 주장한 바 있다. 영화 텍스트는 근본적으로 불완전하며 특히 영화가 수용되는 국가 등 그 맥락에 따라 텍스트의 의미의 기원은 해체되고 독해는 변화하기 때문이다. 〈한 녀학생의 일기〉를 비롯한 북한영화 더 나아가 어떠한 영화 텍스트도 여기에서 예외일 수는 없을 것이다.

한국영화가 산업적 투자가치가 높아지고 흥행에 성공하며 세계 영화제로 활발히 진출할수록 북한영화는 한국영화문화에서 설 자리를 잃고 있다. 한국영화를 공식적으로 금지시키고 있는 건 북한도 마찬가지이다. 남한과 북한 간의 정치적인 대립 국면에서도 영화를 비롯해서 문화의 접촉지대는 열려 있어야 한다. 칸 영화제에도 출품된 영화를 한국에서 상영 금지하고 있는 오늘날의 남북현실은 어떤 식으로든 교류와 개방으로 나아가야 할 것이다. 〈한 녀학생의 일기〉의 관객성에 대한 이 글이 접촉 지대를 만드는 데 자그마한 기여라도 하길 바라며 이 글을 마친다.

참고문헌

장인학, 〈한 녀학생의 일기〉, 2006.
김정일, 『김정일선집』 (3), 조선로동당출판사, 1994.
북한연구학회 편, 『북한의 여성과 가족』, 경인문화사, 2006.
이명자, 『북한영화와 근대성』, 역락, 2007.
정재형, 『북한영화에 대해 알고 싶은 다섯 가지: 제 2세대 북한영화연구』, 집문당, 2004.
강성희, 「영화의 새맛을 돋군 참신한 연출형상」, 『조선예술』 4호, 문학예술종합출판사, 2007.
계인국, 「가고 싶어 가는 길」, 『조선예술』 10호, 문학예술종합출판사, 2006.
김성남, 「생활속 더 깊은 곳으로」, 『조선예술』 10호, 문학예술종합출판사, 2006.
김순영, 「예술작품의 양상과 그를 살리는데서 나서는 사상미학적 요구」, 『조선예술』 2호, 문학예술종합출판사, 1998.
김평일, 「영화의 감정흐름을 일관하게 조화시켜나간 새로운 연출형상」, 『조선예술』 6호, 문학예술종합출판사, 2006.
박효승, 「연기형상의 생신함과 매력적 감흥」, 『조선예술』 7호, 문학예술종합출판사, 2007.
봉강철, 「영화에서 관중과의 감정조직을 위한 몇 가지 문제」, 『조선예술』 2호, 문학예술종합출판사, 2008.
아드리앙 공보, 「가까이하기엔 너무 먼 영화」, 『씨네21』, 한겨레출판사, 2008. 1. 24.
안준보, 「작가적 흥분은 어디서…」, 『조선예술』 10호, 문학예술종합출판사, 2006.
양정아, 「김정일이 직접 지도한 영화…11월 프랑스에서 개봉」, 『데일리 NK』,

2007. 5. 18.

엄정철(리과대학 수학학부 류체력학강좌 교원학사), 「그처럼 현실속으로」, 『조선예술』 12호, 문학예술종합출판사, 2006.

윤 미, 「우리 앞날」, 『조선예술』 10호, 문학예술종합출판사, 2006.

이창기, 「북, 영화혁명 "한 여학생의 일기"」, 『서프라이즈』, 2006. 8. 16.

이화여대 통일학연구원, 동국대 대중문화연구소, 「2002년 7.1경제관리 개선조치와 북한영화」, 남북문화교류 활성화를 위한 학술대회, 2008. 12. 17.

이효인·오기성·유영일, 「통일 한국인이 보아야 할 북한영화 50선」, 영화진흥위원회, 2002.

정창현, 「대중성 강화로 관객 호응 이끌고 대외교류와 해외시장 개척에도 적극 나서」, 『민족21』, 2008. 8. 22.

조성수, 「욕망이 성공으로 이어지기까지」, 『조선예술』 10호, 문학예술종합출판사, 2006.

최주익, 「민족의 우수성을 살리는 것은 영화창작의 중요한 담보」, 『조선예술』 10호, 2008.

한룡숙, 「영화발전의 새로운 전환을 열어놓으며」, 『조선예술』 12호, 문학예술종합출판사, 2006.

서유상, 「북 영화전문가들이 뽑은 "불후의 명작" BEST 10」, 『민족21』 7월호, 2009.

Derek Elley, "North Korea Busy with Film Business", *Variety*, 2008. 9. 26.

Jean Noh, "Pretty Pictures Buys North Korea Hit Schoolgirl's Diary", 2008. http://www.screendaily.com/pretty-pictures-buys-north-korean-hit-schoolgirls-diary/4029193.article.

Malte Herwig, "The Pyongyang International Cinema House was packed for screening at North Korea's film festival in September", *New York Times*, 2008. 11. 23.

Propaganda and Culture: Education of Art & Literature in North Korea

제3부
―
남북한 문예교육의 접점

서사의 이데올로기적 변형과 계급교양*
: 『평양지』(1957)의 「록족 부인」을 중심으로

강상대

1. 원형 심상과 분단

　남북한 분단이 지속되는 가운데 기층 민중의 생활과 사고 체계에서 남북한 간의 이질화 양상이 심각하게 초래되고 있다. 동일 민족이라는 함의에는 문화적 전통을 공유하는 문화 공동체로서의 특성이 필수조건이 될 것이므로, 우리가 동일 민족의 가치를 추구하는 경우라면 남북한 간의 문화 분단을 극복하고자 하는 노력에 게을러서는 안 된다. 남북한의 문화적 동질성을 지향한다는 측면에서 신화, 전설, 민담 등의 설화적 서사는 특히 주목되는 문화 요소이다. 설화가 갖는 기층 문화로서의 특질은 시대의 오랜 흐름 속에서 갈무리된 민족의 원형 심상을 구현하는 점에서 찾을 수 있는데, 이것이 민족 공동체로서의 정체성을 담보해 준다. 그러므로 한민족의 공동체적 정

---

* 이 논문은 「남북한 분단 이후 '녹족부인' 서사의 변이 양상 연구」(『어문학』 112집, 한국어문학회, 2011. 6, 111~137쪽)라는 제목으로 발표된 것을 보완하였음.

서를 환기시키고 남북한의 문화적 동질성을 부여하는 데 매우 유용하다는 사실에 설화가 갖는 본질적 가치의 일면이 있다. 이에 따라 우리 민족이 오래도록 공유·공감해 온 설화의 맥을 오늘에 이어서 남북한 공통의 원형 심상으로 소통케 하는 것이 남북한 문화의 유대감을 확보하는 하나의 방법이 된다.

그러나 북한 사회의 이념적·제도적 특수성을 염두에 두는 경우에는 현재 북한에서 소통되고 있는 설화들에서 우리 민족의 '원형성'을 찾기가 어려운 것이 현실이다. 북한 문예이론의 전반적인 논리는 지배 권력의 전체주의적인 원칙에 따른 것이고, 그 원칙이 구비문학의 경우에도 예외 없이 적용되고 있음은 주지의 사실이다. 이를테면 북한의 구비문학은 "오늘날의 근로 대중을 사회주의적 애국주의 사상과 공산주의 사상으로 교양하는 역할을 수행함으로써 더욱 높은 인식적 가치를 갖는다."[1]는 점에 존재 의의를 두고 있으며, '민중을 사상적으로 교양하는 무기'로서의 역할에 충실해야만 공적으로 용납되는 소통 체계를 지니는 것이다. 이것은 북한의 경우에 설화의 존재 및 변이 양상이 민중의 자발성에 따른 것이 아니라 지배 이데올로기의 추동에 따른 결과임을 말해 준다.

남한 주체의 시각으로 보면 이와 같은 북한의 설화가 갖는 도구적 기능성은 구전문학의 본질을 심각하게 훼손시키는 경우이다. 그렇지만 이를 근거로 하여 북한 설화의 실체를 모두 부정할 수는 없는 일이다. 비록 북한 사회의 특수성에 갇혀 있지만 그것은 여전히 '민중의 이야기'이고, 그 이야기를 소통하고 있는 민중은 우리와 더불어 민족 정서를 같이 했고 또 같이 해나가야 할 사람들이기 때문이다. 따라서 남북한 대립의 현실 속에서 한민족의 정체성을 지켜나가는 길을 설화에서 찾고자 한다면, 북한의 지배 이데올로기가 초래한 변이 양상을 구체적으로 확인하는 과정을 거쳐 그 서사적 원형을 회복

---

[1] 고정옥, 『조선 구전 문학 연구』, 평양: 과학원출판사, 1962, 17쪽.

시키는 담론이 바람직한 것으로 생각된다. 즉, 현재의 북한 설화가 보여 주고 있는 변이 양상을 고찰하게 되면 서사 변이의 구조 속에서 원형적 이야기가 도출될 것인데, 이를 남북한 문화 소통의 원질로 수용함으로써 남북한 문화의 동질성을 지향할 수 있다는 것이다.

이런 관점에서 본 연구는 한국전쟁으로 남북한 분단이 고착화된 이후인 1957년에 북한에서 발행된 『평양지』2) 소재의 '녹족부인(鹿足婦人)' 서사를 대상으로 하여 그 각편의 서사 구성과 성격을 고찰하고자 한다. 문자 기록으로 정착되기 시작한 것은 조선 후기인 18세기 무렵이지만, 녹족부인 이야기는 고구려 또는 그 이전 시대까지도 거슬러 올라가는 오랜 연원을 갖고 민중의 입과 귀를 통해 면면히 이어져 온 민족 서사이다. 그러나 남북한 분단으로 말미암아 녹족부인 이야기는 북한의 평양 및 안주 지역을 연고로 하는 구비문학으로서 북한의 설화 소통 체계 속으로 편입되기에 이른다. 현재 북한에서 녹족부인 서사는 북한 설화를 분류하는 주제적 유형의 한 요소인 '반침략 애국투쟁전설'의 성격을 뚜렷하게 드러내는 이야기로 평가받으며 북한의 설화 연구나 문학사 기술에서 비중 있게 다루어지고, 각종 설화집류에도 다양한 각편으로 수록되어 있다. 따라서 녹족부인 서사는 북한 사회에서 공적으로 용납된 설화의 실체를 말해 주는 적절한 사례가 될 것이기에 더욱 각별한 논의가 필요한 텍스트이지만, 북한 사회의 특수성 속에 놓인 녹족부인 이야기의 실체를 보여 주는 서사 자체에 대한 논의는 아직 미흡한 것으로 판단된다.3)

---

2) 평양향토사편집위원회 편저, 『평양지』, 평양: 국립출판사, 1957.
3) 김화경은 「북한의 설화 연구 실태에 관한 고찰」(『민족문화논총』 16권 1호, 영남대 민족문화연구소, 1996, 27~53쪽)에서 북한 설화의 변개 양상에 주목하고 그 자료의 하나로 녹족부인 이야기를 검토하고 있다. 이는 남북한 분단 이후에 변개 및 개작으로 변이된 북한 녹족부인 이야기의 현황을 제시하는 논거라는 의의를 갖는데, 녹족부인 이야기에 대한 북한 학계의 연구 실태에 논점을 맞추었기 때문에 서사 자체에 대한 분석적 논의로는 확장되지 않았다. 권도경은 「북한 지역 녹족부인 전설의 존재양상과 역사적 변동단계에 관한 연구」(『비교한국학』 16권 1호, 국제비교한국학회, 2008, 135~168쪽)에서 녹족부인 서사의 구성과 의미에 대해 깊이 있는 접근을 보였다. 그렇지만 남북한 분단 이전인 1930년대에 임석재가 채록한 자료인 「대성산 신사」·「대성산」·「아나궁 토성과 대성산

이에 본 연구에서는 북한 『평양지』 소재의 녹족부인 이야기를 통해 남북한 분단 이후의 북한 문헌에서 최초로 나타나는 녹족부인 서사의 변이 내용과 의미를 살핌으로써 현재 북한에서 소통되고 있는 녹족부인 이야기의 서사적 기원을 파악하게 될 것이다. 이 과정에서 남북한 분단 이전의 민족 서사로서 지녔던 녹족부인 이야기의 서사 구조가 북한 사회의 특수성 속에서 어떻게 변질되었는가를 확인할 수 있을 것이며, 이러한 논의는 남북한 분단 이전 및 이후를 관류하는 녹족부인 이야기의 서사적 본질을 도출함으로써 남북한 공통의 원형 심상을 구현할 수 있는 원질 서사를 논구하는 바탕이 되리라고 본다.

2. '녹족부인' 서사의 전승 양상과 내용

남북한 분단이 고착화된 1950년대 이후의 북한 출판물에 나타나는 녹족부인 서사 자료를 일별하면 조선 시대 및 일제 강점기와는 뚜렷하게 구별되는 서사 구성과 성격을 볼 수 있다. 이 점은 앞으로의 논의 과정을 통해 확인될 것인바, 북한의 문예 이론과 설화 정책에 접합된 녹족부인 이야기의 실체는 곧 남북한 분단에 기인하는 시대적 맥락에 놓여 있음을 확인하는 것이 논의의 출발점이 된다. 즉 북한 녹족부인 서사의 존재 양상은 남북한의 이념 및 국토 분단이 '민중의 이야기'가 담고 있는 민족 정서의 소통을 왜곡하고 있는 현실을 말해 주며, 민중 문화의 본질인 개방성을 잃고 북한 지역에 간

석성」·「열두 삼천 벌」(『한국구전설화: 평안북도Ⅲ·평안남도·황해도편』, 평민사, 1988, 166~168쪽) 등을 텍스트로 하고 있기 때문에 남북한 분단 이후 북한 녹족부인 이야기의 존재 양상을 파악할 수 있는 접근 방향과는 다른 논점을 지닌 연구가 된다. B. 월(Barbara Wall)의 「기아라는 문학적 모티브에 대한 연구」(『중어학논총』 24집, 고려대 중국학연구소, 2008, 171~194쪽)는 '기아(棄兒)' 모티프를 지닌 서사 자료의 하나로서 녹족부인 이야기를 예로 들었다. 이 논문 역시 녹족부인 서사에 집중된 논점이 아니므로 녹족부인 서사에 대한 논의가 매우 소략하고 그 연구 자료도 북한 텍스트를 대상으로 한 것은 아니다. 이 논문의 텍스트가 된 녹족부인 서사는 최상수가 1936년에 채록한 「십이 삼천 평야」(『한국민간전설집』, 증보판, 통문관, 1958, 379~381쪽)이다.

혀 버린 우리 옛이야기의 실상을 드러내는 경우라고 하겠다. 현재 북한에서 녹족부인 이야기는 다양한 문헌 자료의 형태로 소통되고 있는데, 현재까지 확인된 북한 문헌상의 녹족부인 서사 자료를 출판물 유형별로 나누어 발행순으로 제시하면 아래와 같다.4)

① 향토지·민속지 수록 자료
평양향토사편집위원회 편저, 「록족 부인」, 『평양지』, 평양: 국립출판사, 1957, 347~349쪽.
≪조선의 민속전통≫ 편찬위원회, 「록족부인전설」, 『구전문학과 민속공예』(조선의 민속전통 7), 평양: 과학백과사전종합출판사, 1995, 30~31쪽.

② 설화집류 수록 자료
송봉렬, 「록족부인과 두 아들」, 『평양의 금란화』(우리나라전설 1), 평양: 금성청년출판사, 1985, 87~93쪽.
김정설 편찬, 「록족부인과 그의 아들들」, 『평양전설』(조선구전문학자료집), 평양: 사회과학출판사, 1990, 44~46쪽.
김정설·김경호·고인성, 「사슴못」, 『명소에 깃든 전설(평양)』, 평양: 과학백과사전종합출판사, 1995, 211~215쪽.
길영수·변규순, 「록족부인과 그의 아들들」, 『중세녀성일화집』, 평양: 과학백과사전출판사, 2006, 13~17쪽.
김원필, 「사슴발부인」, 『고주몽』(조선민화집 1) 2판, 평양: 금성청년출판사, 2008, 126~134쪽(초판 발행 1986년).

---

4) 하나의 완결된 이야기 구성을 보여 주는 자료만을 대상으로 했다. 이 자료들은 본 연구자가 조사·확인한 것으로, 북한 문헌에 대한 접근의 한계성으로 인하여 아직은 완결된 자료 목록이라고 할 수 없음을 밝힌다.

③ 구전문학 연구서 수록 자료

장권표, 「록족부인전설」, 『조선구전문학개요』 (고대중세편), 평양: 사
회과학출판사, 1990, 55~57쪽.

④ 사전류 수록 자료

사회과학원 주체문학연구소 편찬, 「록족부인전설」, 『문학예술사전』 (상),
평양: 과학백과사전종합출판사, 1988, 599쪽.
사회과학원 편찬, 「록족부인전설」, 『문학대사전』 2, 평양: 사회과학출
판사, 1999, 74쪽.
방린봉 외, 「합장강」, 『조선지명편람(평양시)』(조선어학전서 54), 평양:
사회과학출판사, 2001, 239~240쪽; 「사슴못」, 같은 책, 243~244쪽.

⑤ 기타 자료

리영규, 「사슴못」, 『대성산 이야기』(중편소설), 평양: 문예출판사, 1978,
77~88쪽.
外國文出版社 編輯部, 「鹿足夫人と二人の息子」, 『平壤の傳說』(일본어
판), 外國文出版社, 1988, 65~72쪽.

위의 자료로 보면, 북한에서 녹족부인 이야기는 1950년대 이후 2000년대에 이르기까지 꾸준하게 소통되고 있음을 알 수 있다. 그 가운데 남북한 분단 이후의 북한 문헌에서 최초로 확인되는 녹족부인 이야기는 평양향토사편집위원회 편저의 『평양지』(1957)에 수록되어 있는 「록족 부인」이다. 평양시의 자연, 역사, 경제, 문화 전반을 서술하고 있는 향토지인 『평양지』는 '해방 전 평양의 력사와 문화' 편에서 평양 지역에 전승되는 열두 편의 전설을 소개하고 있다. 그 중의 첫째 항목이 바로 「록족 부인」 전설로서, 이는 녹족부인 이야기가 평양의 대표적인 민간 전승 서사라는 사실을 시사한다.

민간에서 구전되어 오던 녹족부인 이야기가 평양 향토지의 문자

기록으로 정착된 경우는 평안관찰사 겸 평양부윤으로 재임한 윤유 (尹游, 1674~1737)가 조선 영조 6년(1730)에 편찬한 후 헌종 3년(1837)에 중간된 사찬(私撰) 지방지인『평양속지(平壤續志)』에서 찾을 수 있다.5) 조선 후기의 사찬 지방지는 해당 지역의 사림과 지방관이 주도하여 편찬하는 것이 일반적이었기 때문에 그 전대의 관찬(官撰) 전국지보다 지역적 내용이 풍부하고 자세하다는 특징을 갖는다.6) 윤유의『평양속지』가 녹족부인 이야기를 수록한 것은 이 서사가 당대 평양의 민간에서 널리 알려지고 또 사대부에 의해 공적으로도 받아들여진 이야기였음을 짐작케 하는데, 북한의『평양지』에 수록된 녹족부인 이야기도 이와 동일한 의미를 갖는다고 하겠다.

조선 시대에 녹족부인 이야기를 기록한 자료는 윤유의『평양속지』 외에 이시항(李時恒, 1627~1736)이 지은 「광법사사적비명(廣法寺事蹟碑銘)」(1727), 전국 읍지인『여지도서(輿地圖書)』(1757~1765), 안주 지역의 읍지인『안주목읍지(安州牧邑誌)』(1820년대 이후에 간행된 것으로 추정) 등에서 찾아볼 수 있다.7) 일제 강점기 때의 자료로는 아오야기 쓰나타

---

5) 『平壤續志』卷三, 「雜志」, 이태진·이상태 편, 『조선시대 사찬읍지 46: 평안도 2』, 한국인문과학원, 1990, 258쪽. 원문은 "大聖山古有鹿足夫人一産九子謂其不祥函以投之海流入中國見收而鞠及長反犯本國覺此爲父母邦釋妣鏊歸還此山奪龍池菴而居之今之鹿水菴頭陀寺乃九佛始終地云"이다. 조선 및 대한제국 시대의 평양 읍지로서 현전하는 것은 윤두수 찬 『평양지』(1590, 9권 4책), 윤유 찬『평양속지』(1730, 5권 5책), 찬자 미상의『평양지』 (1855, 2권 1책), 이승재 찬『평양지』(1905년, 2책) 등이다. 녹족부인 서사는 윤유의 것에만 수록되어 있다.
6) 양보경, 「16~17세기 읍지의 편찬배경과 그 성격」, 『지리학』27집, 대한지리학회, 1983. 6, 51쪽 참조.
7) 李時恒, 「廣法寺事蹟碑銘」, 朝鮮總督府 編, 『朝鮮金石總覽·下』, 京城: 朝鮮總督府, 大正八年(1919), 1116~1118쪽; 『輿地圖書』, 冊三十, 「古蹟」, 국사편찬위원회 편, 『여지도서·상』, 1973, 867쪽; 『安州牧邑誌』, 「雜誌」, 이태진·이상태 편, 『조선시대 사찬읍지 48: 평안도』 4, 한국인문과학원, 1990, 250~251쪽. 이시항이 평양 광법사의 사적비에 적은 「광법사사적비명」은 현재까지 확인된바 녹족부인 이야기를 문자화한 최초의 기록이며, 그 서사 내용이 윤유의『평양속지』에 거의 동일하게 수록되었다.『여지도서』에 기록된 녹족부인 이야기의 원문은 "三千野在州西九十里諺傳高麗時王妣鹿足夫人一産十二子以爲不祥盛于函中棄之後唐將十二各率三千兵渡海來鹿足夫人聞而出迎于野結樓樓坐其上招入十二將于樓下先以十二乳試之乳皆入口又以十二襪賜之襪皆適足於是十二將皆驚列拜而跪曰生我者父母乳我者母襪我者母父母之邦其可犯乎遂降仍築行城居之其地謂之十二三千野"이며, 『안주목읍지』의 내용도 이와 유사하다. 「광법사사적비명」·『평양속지』의 녹족부인 이야기가 평양

로(大村友之丞)의 일본어판 『平壤續志』(1911)에 수록된 녹족부인 이야기가 선편을 잡고 있다.8) 그러나 이것은 윤유의 것을 그대로 일본어로 번역한 것에 불과하고, 자료적인 측면에서는 미와 다마끼(三輪環)가 일본어로 출간한 『傳說の朝鮮』(1919)에 「大聖山」9)이라는 제목으로 수록된 녹족부인 이야기가 더욱 주목된다. 미와 다마끼가 세 개의 각편으로 싣고 있는 녹족부인 이야기는 비록 일본인에 의해 수집·정리된 것이지만 전설집의 형태로 발간된 출판물에 실린 최초의 녹족부인 이야기라는 점, 그리고 그 세 개의 각편이 일제 강점기에 기록된 다른 자료들의 서사 내용을 두루 포함하고 있다는 점으로 인해 자료적 대표성과 가치를 갖고 있다.10) 이들 조선 시대 및 일제 강점기의 자료가 지닌 녹족부인 이야기의 내용을 살펴보면 대체적으로 다음과 같은 서사 구성으로 이루어진다.

  i) 주인공의 호칭, 신분, 시공간적 배경: 사슴발을 닮아 녹족부인이라 불리는 여인이 있었는데, 그 여인은 대개 고구려 때 왕(또는 동명

지역의 '대성산'에 산재한 불교 유적의 유래를 설명하는 불교 설화적 성격을 갖는다면, 『여지도서』·『안주목읍지』의 녹족부인 이야기는 안주 지역의 '열두삼천벌' 관련 지명 설화적 성격을 갖고 있다. 이 같은 조선 시대의 녹족부인 이야기를 분류하여 「광법사사적비명」·『평양속지』의 서사를 '평양계'로, 『여지도서』·『안주목읍지』의 서사를 '안주계'로 부를 수 있다. 이에 대해서는 강상대, 「'녹족부인' 스토리텔링을 위한 원형서사 연구」, 『한국문예창작』 9권 3호, 한국문예창작학회, 2010. 12, 167~192쪽 참조.
8) 大村友之丞 編, 『平壤續志』, 京城: 朝鮮研究會, 明治四十四年(1911), 153쪽.
9) 三輪環, 「大聖山」, 『傳說の朝鮮』, 東京: 博文館, 大正八年(1919), 8~10쪽.
10) 강상대, 「미와 다마끼(三輪環)의 녹족부인 서사 연구」, 『어문학』 118집, 한국어문학회, 2012. 12, 155~179쪽 참조. 본 연구자가 현재까지 조사한 바에 따르면, 미와 다마끼(三輪環) 이후 일제 강점기 동안에 中村亮平, 「鹿足夫人の子供」, 『支那朝鮮臺灣神話傳說集』, 三版, 東京: 大洋社出版部, 昭和十三年(1938), 199~205쪽(초판 발행 1934년); 임석재, 「열두 삼천 벌」(1934년 채록), 『한국구전설화(평안북도Ⅲ·평안남도·황해도편)』(임석재전집 ③), 평민사, 1988, 167~168쪽; 최상수, 「십이 삼천 평야」(1936년 채록), 『한국민간전설집』, 통문관, 1958, 379~381쪽; 차상찬, 「녹족부인과 십이삼천평」, 『여성』 1권 8호, 조선일보사출판부, 1936. 11, 26~27쪽(차상찬, 「고구려 녹족부인의 기화」, 『해동염사』, 2판, 한성도서, 1954, 226~229쪽에 재수록. 초판 발행 1937년); 박영만, 「열두삼천」, 『조선전래동화집』, 학예사, 1940, 3~7쪽(박영만 지음, 권혁래 옮김, 『화계 박영만의 조선전래동화집』, 한국국학진흥원, 2006, 영인 수록) 등의 녹족부인 서사 자료가 있음을 확인할 수 있었다.

왕)의 어머니[王妣], 아내[王妃]이거나 궁실의 여인이다.
ii) 모자 분리(母子分離)의 원인: 녹족부인이 자신의 사슴발을 닮은 아들 아홉을 한 번에 낳아 이것이 상서롭지 못한 일로 여겨지거나, 사슴발을 감춘 버선을 벗지 말라는 어머니의 금기를 아들이 어기게 된다. 아들의 숫자가 일곱 또는 열두 명으로 변이된다.
iii) 모자 분리의 과정: 녹족부인 스스로, 또는 왕의 지시로 아들들을 상자에 넣고 대동강에 던져 바다로 흘려 보낸다. 상자는 궤짝, 돌함, 목함 등으로 변이된다.
iv) 모자 분리의 결과: 아들들은 중국에 닿아 훌륭하게 성장하여 장군이 된다. 중국은 지나(支那), 한나라, 당나라 등으로 변이된다.
v) 모자 결합(母子結合)의 원인: 아들들이 병사를 이끌고 조선(또는 고구려)을 치러 온다. 아들들이 각각 3천명씩의 병사를 이끌고 온 것으로 변이된다.
vi) 모자 결합의 과정: 녹족부인이 아들들을 만나 힐책하거나, 또는 아들들에게 사슴발을 보이거나 젖을 짜서 먹임으로써 모자간임을 확인한다.
vii) 모자 결합의 결과: 아들들이 부모의 나라를 침범한 잘못을 깨달아 불문(佛門)에 귀의하거나, 또는 부모에게 사죄한 후 함께 살거나 군사를 거두어 중국으로 돌아간다.
viii) 서사 관련 유적·지명 또는 인물: 녹수암·두타사의 아홉 부처, 합장천, 열두삼천리벌, 열귀리, 장군성지 등의 유적이나 지명을 제시한다.

이 구성은 녹족부인 이야기의 다양한 변이형 속에 일반적인 서사 패턴이 존재함을 보여 준다. 주인공의 호칭, 신분, 시공간적 배경(i) → 모자 분리의 원인(ii)·과정(iii)·결과(iv) → 모자 결합의 원인(v)·과정(vi)·결과(vii) → 서사 관련 유적·지명 또는 인물(viii) 등으로 이어지는 일련의 서사 내용과 성격이 그것이다. 이와 같은 녹족부인 이야기의 일반적인 서사 구성을 염두에 두고 북한의 『평양지』에 수록된 녹족부인 이야기를 살펴본다면 남북한 분단 이후 북한에서 소통되고 있는 녹족부인 서사의 존재 및 변이 양상을 논의하는 단초로 삼을 수 있을 것으로 판단된다. 『평양지』의 「록족 부인」 전설은 '가' 및 '나'의 두 개 각편으로 기록되어 있는데, 이 두 개의 이야기는 지금까지 확인된 분단 이후 최초의 북한 자료라는 점에서, 그러므로 이후의 다른 많은 변이 서사의 비교 대상으로 삼을 수 있다는 점에서 자료적 가치가 매우 높다. 아래에서는 이를 「록족 부인(가)」 및 「록족 부인(나)」로 구분하여 각편의 서사 구성과 성격을 살펴보기로 한다.

3. 「록족 부인(가)」의 서사 구성과 성격

북한 『평양지』가 수록하고 있는 녹족부인 이야기의 첫째 각편인 「록족 부인(가)」를 논의하기에 용이하도록 단락별로 나누고, 그 서사 내용과 성격을 밝혀 제시하면 〈표 1〉과 같다.11)

<표 1> 「록족 부인(가)」의 단락별 서사

단락	서사 내용		서사 성격
i	평양에 한 부인이 살고 있었다.	인물 및 배경	주인공의 호칭, 신분, 시공간적 배경
ii	아들 아홉 형제를 두었는데 그 아들 아홉의 발이 모두 어머니를 닮아서 사슴 발과 같으므로 동리 아이들이 항상 놀려 주었다. 그러나 어머니는 항상 아들들에게 참고 견디며 싸움하지 말라고 타일렀다. 그런데 그 아홉 형제는 어머니의 말을 듣지 않고 이웃 아이가 놀려 주는 데 분개하여 싸움 끝에 그만 이웃 아이를 죽여 버렸다.	사건의 발단 및 전개	모자 분리의 원인
iii	그러자 어머니는 아들 아홉을 배에 실어서 대동강에 띄워 보내면서 죽고 사는 것을 운명에 맡기고 멀리 피신하라고 하였다. 그 후 아홉 형제는 대동강 하류를 떠 내려		모자 분리의 과정

---

11) 이하 표에서 북한 텍스트의 서사 내용은 모든 문장 표기를 원문 그대로 옮기는 것을 원칙으로 하였다. 그러나 〈표 1〉의 i) 단락은 문장상의 완결을 위해 가필하였다. i) 단락에서 원문을 그대로 살려 단락을 구분하면 "평양에 살고 있던 한 부인이"가 되지만, "평양에 한 부인이 살고 있었다"로 문장을 완결시켰다.

iv	가서 다시 바다를 건너 중국에 표착되었다. 아홉 형제가 그곳에서 장성하여 모두 훌륭한 장령이 되었다.		모자 분리의 결과
v	얼마 후에 수 나라 침략군이 고구려를 침략하였는데 그 가운데는 아홉 형제도 들어 있었다. 그들은 가장 용맹하였으며 또 신의가 있어서 항상 동료들에게 신임을 받고 있었다. 이 소문을 들은 고구려 사람들은 록족 장군들을 무서워하였다.	사건의 위기 및 절정	모자 결합의 원인
vi	그 때 록족 부인은 이 소식을 듣고 록족 장군들이 모두 자기의 아들임을 알자 비밀히 적진에 들어 가서 아들들과 상봉하고 『너희들은 모두 조선 사람이며 너희 어머니는 곧 내다』라고 말하였다.		모자 결합의 과정
vii	아홉 형제들은 어머니를 만난 후 자신이 조선 사람임을 깨닫고는 적진을 탈출하여 평양으로 돌아 왔다.	사건의 결말	모자 결합의 결과
viii	지금 평양의 록지암(鹿池菴) 두타사(頭陀寺)의 구불(九佛)들이 모두 이 전설과 관계 있는 것으로 전하고 있다. [이 계통의 전설에는 록족 부인의 아들이 일곱 또는 열두 사람으로도 전해지며, 지금 대성산 기슭을 흐르는 합장천(合掌川)은 그들이 어머니에게 손을 합하여 사과한 곳이라고 하며, 또 열두 三천리 벌은 그들 열 두 형제가 군대를 각각 三천 명씩 인솔하고 둔전(屯田)한 것으로써 붙여진 이름이라 전한다]*	서사 관련 유산	서사 관련 유적·지명 또는 인물

* 이 문장은 별첨 형식으로 서술되어 있는 내용이다.

「록족 부인(가)」는 설화적 서사가 다양한 각편으로 변이될 수 있는 가능성의 범주에서 볼 때는 조선 시대나 일제 강점기의 녹족부인 이야기가 갖는 일반적인 이야기의 흐름을 충실하게 따르고 있는 것으로 보인다. 그러나 세부적인 내용을 주목하면 몇 가지의 중요한 차이점이 드러난다.

첫째, 인물 및 배경에서 주인공인 녹족부인의 신분이 평범한 부인으로 설정되어 있다는 점이다. 조선 및 일제 강점기 자료들에서 녹족부인은 대부분 왕의 어머니나 아내, 또는 궁실 여인으로 제시되고 있는데 이는 녹족부인이 왕실의 권위를 가진 고귀한 신분임을 나타낸다. 단, 이시항의 「광법사사적비명」, 윤유의 『평양속지』, 박영만의 「열두삼천」 등 세 편의 이야기에서는 녹족부인의 신분이 왕실과 관련되지 않고 '부인'이라는 호칭으로 불리고 있다. 그러나 이 경우에도 「광법사사적비명」·『평양속지』는 녹족부인이 "한 번에 아홉 아들을 낳았다(一産九子)"라 하고, 박영만의 「열두삼천」은 "아들만 한 번에 열둘을 낳았습니다."라 하여 녹족부인의 위계가 일상성을 초월한 신성적 존재임을 드러낸다. 「록족 부인(가)」에서 녹족부인을 왕실과 관련시키지 않고 그냥 '부인'으로 부르고, 그녀의 아홉 아들에 대해 '한 번에 낳은 아들'이라는 성격도 부여하지 않음으로써 녹족부인은 말 그대로 '평양에 사는 한 부인'의 평이한 위계에 그치고 있다. 여기에는 녹족부인의 신분적 위상을 평민화하여 봉건적인 계급의식과 계층표상을 소거시키는 의미가 담긴 것으로 생각된다.

둘째, 모자 분리의 원인으로 '아들이 사슴 발을 놀리는 이웃 아이를 죽게 한 일'을 제시한다는 점이다. 즉, 녹족부인의 아홉 아들의 발이 모두 어머니를 닮아서 사슴 발과 같으므로 동리 아이들의 놀림을 받았고, 어머니는 항상 아들들에게 참고 견디며 싸움하지 말라고 타일렀다. 그러나 아홉 형제는 어머니의 말을 듣지 않고 이웃 아이가 놀려 주는 데 분개하여 싸움 끝에 그만 이웃 아이를 죽이게 된다. 이에 어머니는 아들들을 피신시키기 위해 배에 실어 대동강에 띄워 보냄으로써 모자는 이별하게 되는 것이다. 이 같은 모자 분리의 원인은 조선 시대와 일제 강점기 자료에서 '한 번에 아들 아홉 명(또는 일곱이나 열두 명)의 출생' 자체가 상서롭지 못한 일이기 때문에 아들들이 버려지거나, 아들들이 사슴발을 가린 버선을 벗지 말라는 어머니의 금기를 어겨 바다로 버려지는 것으로 일반화된 사실과 매우 다른 내용이다.

현재 북한에서 소통되는 녹족부인 이야기들에서 이 부분은 녹족부인의 아들들이 '세도있는 집 아이'나 '양반집 아이' 또는 '지주집 아이'를 죽게 하였기 때문에 화를 면하기 위해 피난하는 것으로 변이되어 나타난다.[12] 이와 같은 「록족 부인(가)」의 모자 분리 원인인 '녹족

---

12) 송봉렬, 「록족부인과 두 아들」, 『평양의 금란화』(우리나라전설 1), 평양: 금성청년출판사, 1985, 87~93쪽; 김정설 편찬, 「록족부인과 그의 아들들」, 『평양전설』(조선구전문학자료

부인 아들이 이웃 아이를 죽이는 사건'은 그 이전의 이야기에서는 찾아볼 수 없는 돌연한 서사 내용인데, 이것이 현재 대부분의 북한 녹족부인 이야기에서 모자 분리의 원인을 설명하는 보편적인 모티프가 되어 있다. 그리고 녹족부인 아들들이 죽이게 되는 대상은 세도가나 양반·지주의 아이라는 설정을 통해 "자기들을 억압 착취하는 봉건사회의 왕으로부터 시작하여 봉건관료배, 량반귀족, 지주, 장사군에 이르기까지 그들의 착취의 악랄성과 포악성, 부패성과 비렬성을 풍자하고 조소하면서 폭로"[13]하고자 하는 북한의 설화 이데올로기의 일면을 엿볼 수가 있다. 이렇게 보면 「록족 부인(가)」는 북한 녹족부인 이야기의 여러 변이 서사를 낳게 하는 기본 서사로서의 성격을 갖고 있으며, 여기에 지배 이데올로기의 틈입으로 인해 북한 녹족부인 이야기의 성격이 변질되는 서사 변이의 단초가 개재되어 있다.

셋째, 모자 분리의 과정에서 볼 때 조선 시대 및 일제 강점기 자료에는 녹족부인의 아들들을 돌함, 궤짝, 목함 등의 '상자'에 넣고 강이나 바다로 띄워 보내는 서사가 일반적인데, 「록족 부인(가)」는 이와 같은 서사 내용을 갖지 않는다는 점이다. 이 단락의 서사는 이른바 '기아(棄兒)' 모티프를 드러내는 부분이다. 잘 알려져 있듯이 동·서양의 신화나 우리나라의 서사무가, 전설 등 각종 장르의 이야기에서 기아 모티프는 매우 중요한 서사 구조적 요소이다. 로마의 로물루스와 레무스, 그리스의 오이디푸스, 중국의 후직(後稷), 그리고 우리나라의 주몽이나 바리공주, 범일국사 등은 우리가 흔히 알고 있는 '버려진 아이'들이다. 특히 영웅 서사에서 영웅은 항상 고귀한 혈통을 지닌 인물로서 잉태나 출생이 비정상적이고, 어려서 기아가 되어 죽을 고비에 이르게 된다.[14] 그러한 상황에서 구출자나 양육자를 만나 고비

집), 평양: 사회과학출판사, 1990, 44~46쪽; 장권표, 『조선구전문학개요』(고대중세편), 평양: 사회과학출판사, 1990, 55~57쪽 참조.
13) 김정설 편찬, 「록족부인과 그의 아들들」, 4쪽. 이 내용은 봉이 김선달 전설과 관련된 언급이기는 하지만 북한 설화집의 전반적인 편찬 의도가 드러나는 표현이다.
14) 조동일, 「영웅의 일생, 그 문학사적 전개」, 『동아문화』 10집, 서울대 동아문화연구소,

를 벗어나고, 갖은 위기와 고난, 시험을 극복한 후 승리하는 자가 바로 영웅이다. 이것으로 본다면 녹족부인의 아들들이 강이나 바다로 버려지는 상황은 기아 모티프를 갖는 영웅 이야기로서의 전형적인 성격을 드러내는 서사로 볼 수 있다.

그런데 여기에서 주목해 볼 것은 '아들을 버리는 방식'이다. 「록족부인(가)」에서 녹족부인이 아들들을 배에 실어 대동강에 띄워 보내는 장면은 이 각편의 서사 내용상으로는 자연스러운 사건 전개 과정이다. 그러나 조선 시대의 자료인 「광법사사적비명」, 『평양속지』, 『여지도서』, 『안주목읍지』의 기록, 그리고 일제 강점기 자료인 미와 다마끼(三輪環), 나까무라 료헤이(中村亮平), 임석재, 최상수, 차상찬, 박영만의 기록들은 모두 이 장면에서 녹족부인의 아들들을 '상자·돌함·궤짝·목함' 등에 넣어 버리는 것으로 서술한다. 아홉 명(또는 일곱이나 열두 명)의 아이들을 '상자'에 담아 버리는 행위는 범상하지 않은 일이다. 이는 "상자나 궤는 여성을 상징하는 것으로, 말하자면 어머니의 자궁인데, 이미 고대의 신화학에서 잘 알려진 것"15)이라는 신화적 관점으로 접근해 볼 수 있다. 주지하다시피 우리나라에서도 배에 실려 온 궤 속에 들어 있던 석탈해, 나뭇가지에 걸린 황금빛 궤에 누워 있던 김알지, 옥함에 넣어 버려지는 바리공주, 석함에 실려 온 벽랑국의 세 공주와 같이 '상자'에 담겨 먼 길을 떠난 인물들을 주인공으로 하는 설화는 쉽게 발견된다. 여기에서 '상자'는 주인공의 공간적 이동을 통한 '신격 존재로의 이동'과 '새로운 존재로의 변화'라는 기능적 의미를 갖는다.16)

원질 서사에서 녹족부인의 아들들은 어머니 자궁 속의 아기처럼 미성숙한 인격체로서 세상으로 나가게 되지만, 그들은 생명과 재생

1971, 166쪽 참조.
15) C. G. Jung, 한국융연구원C.G.융저작번역위원회 역, 『영웅과 어머니 원형』, 솔출판사, 2006, 74~75쪽.
16) 양성필, 「'난생신화'와 '궤짝신화'의 상관성 고찰: 석탈해신화 화소의 복잡함에 던지는 의문」, 『탐라문화』 35집, 제주대 탐라문화연구소, 2009, 98~99쪽 참조.

의 상징인 강과 바다를 거쳐 새로운 세계에 도착하여 '상자'를 벗어남으로써 비로소 어머니로부터 독립한 인격체로 성숙되어 간다. 따라서 그들이 '상자'에 담겨 버려지는 것은 결국 그들의 인간적 성숙과 성공을 위한 신화적 장치인 것이다. 그런데 「록족 부인(가)」는 이 부분에서 "어머니는 아들 아홉을 배에 실어서 대동강에 띄워 보내면서 죽고 사는 것을 운명에 맡기고 멀리 피신하라고 하였다."고 하여 '상자' 모티프가 삭제된 서사 구성을 보임으로써 단락상의 내용이 일상적이고 평이한 사건 전개에 그치고 말았다. 이것은 전래의 녹족부인 이야기가 갖고 있던 영웅 서사적 성격이 약화되고, 그 신화적 의미도 퇴색되는 국면인 것이다.

한국전쟁 이후인 1950년대 북한의 문예 정책이 당성, 노동계급성, 인민성의 원칙을 고수하는 사회주의적 사실주의 창작방법의 구현을 강조하였음은 잘 알려진 바와 같다. 가령 김일성은 1956년 4월 23일 조선로동당 제3차 대회 중앙위원회사업총화보고에서 "작가, 예술인들은 앞으로 계속 문학예술 분야에서 반동적 부르죠아 사상을 반대하는 견결한 사상투쟁을 힘있게 벌리며 사회주의적 사실주의의 창작방법에 튼튼히 서서 창작활동"[17]을 해야 함을 밝혔다. 이 같은 당대의 문예 정책이 구전문학 분야에도 당연히 영향을 끼쳤으리라는 점을 감안하면, 1957년에 출판된 『평양지』에 수록되는 녹족부인 이야기가 그 이전의 각 편을 가감 없이 그대로 옮겨 왔으리라 기대하기는 어렵다. 여기에서 남북한 분단 이후 북한의 지배 이데올로기에 억압된 북한 설화의 변이 양상 및 성격의 일단을 확인하게 된다.

이것은 북한의 대표적인 구전문학 연구자인 리동원이 북한 구전문학의 근대적 성격을 제시하면서 "선행시기 전통적 구전문학에서는 가상과 환상 등 조건적인 묘사가 형상 수법에서 강한 작용력을 놀았다면 근대이후에 들어올수록 현실반영의 사실주의적 전형화가 기본

---

17) 김일성, 『김일성저작집』 10, 평양: 조선로동당출판사, 1980, 301쪽.

으로 되었다."18)라고 한 맥락에 닿아 있다. 이를테면 전래의 녹족부인 이야기에서 녹족부인과 아들들의 분리 과정이 갖는 신화 코드는 가상과 환상으로 이루어진 내용으로서, 남북한 분단 이후 북한의 설화 인식이 요구하는 '현실반영의 사실주의적 전형화'에 어긋나는 요소일 수밖에 없었다. 조선 시대와 일제 강점기를 거치며 기록되는 동안 별다른 변이 내용을 갖지 않았던 녹족부인과 아들들의 분리 과정이 『평양지』의 「록족 부인(가)」에 이르러 새로운 변이 서사로 정착되어야만 했던 이유를 여기에서 찾을 수 있다.

4. 「록족 부인(나)」의 서사 구성과 성격

북한 『평양지』 소재의 둘째 각편인 「록족 부인(나)」는 앞에서 살펴본 첫째 각편인 「록족 부인(가)」와 비교할 때 서사의 흐름과 의미망에서 큰 차이를 보여 주고 있다. 또한 주인공의 호칭, 신분, 시공간적 배경(i) → 모자 분리의 원인(ii)·과정(iii)·결과(iv) → 모자 결합의 원인(v)·과정(vi)·결과(vii) → 서사 관련 유적·지명 또는 인물(viii) 등으로 전개되던 이전의 녹족부인 이야기가 갖는 일반적인 서사 구성과도 분명하게 구별된다. 그렇기 때문에 「록족 부인(나)」는 그 이전까지 형성된 녹족부인 서사의 다양한 변이형 중에서 변별성이 가장 두드러지는 각편이라 할 수 있다. 「록족 부인(나)」 이야기의 단락별 서사 내용과 성격을 정리하면 〈표 2〉와 같다.

「록족 부인(나)」에서 가장 주목되는 부분은 '을지문덕' 이야기와 결합되는 서사 내용이다. 현재까지의 자료로 확인한바, 1727년 이시항의 「광법사사적비명」에 최초로 문자로 정착된 후 조선 시대와 일제 강점기를 거치며 기록되어 온 녹족부인 이야기가 을지문덕 이야기와

---

18) 리동원, 『조선구전문학연구』 (2), 평양: 문학예술출판사, 2005, 9쪽.

<표 2> 「록족 부인(나)」의 단락별 서사

단락	서사 내용		서사 성격
i	을지 문덕(乙支文德)이 청년 시대에 산 속에 들어가서 병학을 공부할 때 그 스승의 부인이 록족 부인이었다.	인물 및 배경	주인공의 호칭, 신분, 시공간적 배경
ii	[이 록족 장군 세 사람은 곧 을지 문덕의 스승의 아들이었는데 어려서 동리 아이들과 놀 때 잘못하여 동리 아이를 죽이고 중국으로 피신하여 거기서 자라나 그대로 중국 사람으로 되였던 것이다.]*	사건의 발단 및 전개	모자 분리의 원인
iii			모자 분리의 과정
iv			모자 분리의 결과
v	을지 문덕이 병학 공부를 끝마치고 돌아 와서 고구려의 무장으로 활동하고 있은 六一二년 고구려 영양왕(嬰陽王一二三년) 때 수(隋) 나라의 대군이 침략해 왔다. 이때 수 나라 진중에는 록족 장군 세 사람이 있었는데 그 용맹한 이름이 고구려에까지 전하여 왔다.		모자 결합의 원인
vi	그 후 수 나라 군대는 고구려 군대의 유도 작전에 의해서 평양까지 진출했으나 고구려 인민들의 완강한 방어와 더불어 청야 전술에 의하여 전선은 고착 상태에 머물게 되였으며 드디여 적들은 극도의 곤경에 빠지게 되였다. 록족 부인은 자기의 아들 셋이 수 나라 진중에 있다는 소문을 듣고 을지 문덕이 수 나라 진중에 담판갔을 때 함께 따라 가서 그 아들 셋을 만나고 조국의 품으로 돌아 올 것을 말해 주었다. 록족 부인은 그 길로 돌아 오다가 적병들의 추격으로 곤난 중에 있던 을지 문덕을 구원하여 돌아 왔다.	사건의 위기 및 절정	모자 결합의 과정
vii	수 나라 진중에서는 록족 부인이 다녀간 후 록족 장군 세 사람이 자취를 감추고 얼마 아니하여 그 세 사람의 장수는 고구려 진중에 있다는 풍문이 퍼져, 수 나라 진중은 혼란을 일으켰다.	사건의 결말	모자 결합의 결과
viii	수 나라를 격퇴한 고구려 인민의 영용한 투쟁은 록족 부인과 같은 기담 전설을 낳을만치 력사상 유명한 싸움이었다.	서사 관련 유산	서사 관련 유적·지명 또는 인물

* 이 내용은 원래 v) 단락의 후미로 이어지는 부분이지만 서사 내용의 성격상 사건의 발단 및 전개 부분이기 때문에 「록족 부인(가)」와 비교하여 볼 수 있도록 자리를 옮겨 ii)~iv) 단락으로 설정하였다.

관련된 문면을 드러내는 경우는 「록족 부인(나)」 이전에는 단 한 편도 찾아볼 수 없다. 그 반면에, 남북한이 분단된 1950년대 이후의 첫 녹족부인 이야기인 북한 『평양지』의 「록족 부인(나)」로부터 시작하여 현재까지 북한의 거의 모든 녹족부인 이야기는 을지문덕과 관련된 사건 구성을 갖고 있다.19) 즉, 「록족 부인(나)」는 녹족부인과 을지문덕이 결합된 서사 내용을 보여 주는 최초의 자료이며, 이후의 녹족부인 이야기가 모두 그 내용을 수용·변용하게 되는 기본 각편이 되고 있는 것이다. 다시 말하면, 을지문덕 이야기와의 결합이라는 특징을 통해 남북한 분단 이후 북한의 녹족부인 이야기가 갖는 서사 내용의 변별적 양상을 명백히 확인시켜 주는 자료가 바로「록족 부인(나)」이다. 이처럼「록족 부인(나)」의 녹족부인 이야기가 을지문덕 이야기와 결합됨으로 인하여 서사 내용에서「록족 부인(가)」와는 매우 다른 양상을 보여 주게 되는데, 이를 비교하여 살펴보면 아래와 같다.

첫째, 녹족부인이 갖는 서사 주체로서의 위상 변화이다. 녹족부인 이야기의 서사 주체는 당연히 녹족부인이고, 그러므로 녹족부인은 사건의 중심 인물로서 서사적 갈등 및 해소를 조직화하고 의미화하는 핵심적인 역할을 해야 한다. 그런데「록족 부인(나)」에서는 이전의 녹족부인 이야기에서 지녔던 녹족부인의 서사 주체적 위상이 약화됨과 아울러 을지문덕이 서사에 전면화되는 양상을 볼 수 있다.

가령, i) 단락에서 녹족부인의 신분이 "을지 문덕이 청년 시대에 산 속에 들어 가서 병학을 공부할 때 그 스승의 부인"으로 나타나고, ii)~iv) 단락에서는 녹족부인의 아들에 대해 "록족 장군 세 사람은 곧 을지 문덕의 스승의 아들"이라고 하였으며, v) 단락에서는 수나라의 침략 시기를 "을지 문덕이 병학 공부를 끝마치고 돌아 와서 고구려의 무장으로 활동하고 있은" 때로 제시하는 등 단락을 거듭하여 을지문덕을 호출하며 서사 전면으로 의미화하고 있다. 또한 vi) 단락에서 녹족부인은 을지문덕이 수나라 진중에 담판하러 갔을 때 함께 따라 가서 아들을 만나게 되고, 그 길로 돌아오다가 적병들의 추격으로 곤란해진 을지문덕을 구원함으로써 을지문덕을 수행하고 보호하는 조력자로서의 성격을 강하게 드러낸다. 이를「록족 부인(가)」의 동일

---

19) 앞에서 열거한 북한 자료 목록 중에서 을지문덕과 관련된 서사 내용을 갖지 않는 각편은 방린봉 외,「합장강」한 편뿐이다. 이 각편은『평양지』의「록족 부인(가)」와 거의 동일한 서사 내용인데, 이를 수록하고 있는『조선지명편람(평양시)』(2001)이 편람 형태의 출판물임을 감안할 때 '합장강'이라는 전설 지명과 연관되어「록족 부인(가)」의 내용을 그대로 옮겨온 것으로 생각된다.

단락에서 "록족 장군들이 모두 자기의 아들임을 알자 비밀히 적진에 들어가서 아들들과 상봉하고" 돌아오는 녹족부인의 자기주도적인 행위와 비교해 보면, 서사 주체로서 가져야 할 녹족부인의 역할 위상이 하향조정되고 있음을 알 수 있다.

둘째, 을지문덕 서사에 의한 역사성의 강화이다. 위의 v)~vi) 단락에서 수나라 대군이 침략한 때를 '고구려 영양왕 23년(612년)'으로 적시하고, 수나라군이 고구려군의 유도 작전으로 평양까지 진출했으나 청야 전술에 의해 곤경에 빠지며, 을지문덕이 수나라 진중으로 담판을 간다는 내용 등은 을지문덕을 명장으로 세운 살수대첩의 역사적 서사를 세부적으로 반영하고 있다. 이 삽화들은 『평양지』의 '인물' 장에 기록되어 있는 「을지 문덕」의 중심 내용과 겹쳐지는 부분이기도 한데,[20] 여기에는 녹족부인 이야기를 역사 담론으로 수식하고자 하는 의도가 강하게 드러난다. 이것은 북한의 설화 인식에서 "사실적 이야기에 기초하여 전해 내려오는 과정에 인민대중의 념원과 지향을 반영하여 예술적으로 가공되고 다듬어진 이야기"[21]로 규정되는 설화의 성격 규정과 깊은 관련이 있다. 이에 따르면 설화는 실제 사실의 이야기에다 인민들의 염원이 담긴 이야기가 보태지는 것이기 때문에 사실성, 인민성, 변개성을 특징으로 하는데, 「록족 부인(나)」에서 을지문덕과 관련된 역사 담론은 그와 같은 설화의 특징들을 담보해 주는 매우 효과적인 서사 요소인 것이다.[22] 또한 이것은 앞서 「록족 부인(가)」에서 그 전대의 녹족부인 이야기에 함의되어 있던 영웅 서사적 성격, 신화적 의미가 퇴색되는 국면이 보이고, 그 이유가 '현

---

20) 평양향토사편집위원회 편찬, 앞의 책, 270쪽 참조.
21) 리동원, 『조선구전문학연구』(1), 평양: 문학예술종합출판사, 1999, 90쪽.
22) 이와 관련하여 김화경은 "이 설화를 을지문덕 장군과 연계시킨 것도 역사상 실제로 있었던 사건과 결부시킴으로써 설화의 신뢰성을 확보하겠다는 저의가 작용했을 것"이라고 추단한 바 있다. 이는 북한 설화의 사실성 지향을 정확하게 지적한 견해인데, 본 연구자는 여기에 인민성 및 변개성 지향도 개재되었음을 덧붙이고자 한다(김화경, 앞의 글, 36쪽 참조).

실반영의 사실주의적 전형화에 어긋나는 요소' 때문이라는 사실과도 관련된다. 이를테면 사실주의적 전형화를 지향하는 북한의 문예 이론이 설화의 가상 또는 환상을 배제하고 있으므로, 녹족부인 이야기의 경우도 신화적 환상성의 약화가 곧「록족 부인(나)」에서처럼 역사성의 강화로 나타나는 것이다.

셋째, 애국투쟁 주제의 맥락화이다. 위에서 살펴본바 녹족부인의 서사 주체적 위상이 낮아지고 을지문덕이 전면화된다거나, 살수대첩의 역사적 사실을 적극적으로 수용하여 역사성을 강화한다든가 하는 서사 전략의 귀결은 인민들의 애국적인 투쟁을 강조하는 주제에 있다. 이 점은 viii) 단락을 살펴보면 더욱 명백해진다.「록족 부인(가)」의 경우 이 단락은 '록지암 두타사의 구불'·'합장천'·'열두 삼천리 벌' 등 서사 관련 유적 또는 지명을 제시하고 있으며, 조선 시대와 일제 강점기의 녹족부인 이야기들도 대부분 이 단락에서는 동일한 서사 내용과 성격을 나타낸다. 그런데「록족 부인(나)」는 이 단락에서 '고구려 인민의 영용한 투쟁'에 의한 '력사상 유명한 싸움'에 방점을 두고 있고, 문면으로 볼 때는 녹족부인에 대한 인물 전설적인 의미 부여도 미약한 것으로 보인다. 다시 말하면, 이전의 녹족부인 이야기들은 viii) 단락 부분에서 서사 관련 유적·지명 또는 인물을 제시함으로써 "전설은 실재했다고 믿어지고 있는 인물, 현재도 진행되고 있는 풍습, 그리고 현존하는 자연, 문화 유물들과 결부되어 있는 만큼 그것은 대개 일정한 역사적 배경을 가지고 있으며 특히는 향토적 색채가 농후하다."23)라고 하는 전설로서의 성격을 충분히 갖는 것이었지만,「록족 부인(나)」는 그와 같은 녹족부인 이야기의 보편성에서 벗어나 있다.

넷째, 서사 구성상의 변칙이다. 〈표 2〉에 나타나 있듯이,「록족 부인(나)」의 원문 텍스트는 ii)~iv) 단락의 내용을 v) 단락의 후미에 연결된 내용으로 서술하고 있다. 그런데 이 부분은 모자 분리의 원인·

---

23) 고정옥, 앞의 책, 100쪽.

과정·결과를 드러내는 사건의 발단 및 전개 단락이기 때문에 「록족부인(가)」와 비교를 용이하게 하기 위해 〈표 2〉에서는 단락을 옮겨 제시했던 것이다. 앞서 녹족부인 이야기의 일반적인 서사 구성은 주인공의 호칭, 신분, 시공간적 배경(i) → 모자 분리의 원인(ii)·과정(iii)·결과(iv) → 모자 결합의 원인(v)·과정(vi)·결과(vii) → 서사 관련 유적·지명 또는 인물(viii) 등으로 이어지는 단락으로 이루어지며, 「록족 부인(가)」도 이 서사 구성을 따르고 있음을 보았다. 그러나 「록족 부인(나)」의 원문 텍스트는 ii)~iv) 단락의 내용을 v) 단락과 vi) 단락 사이에 두는 변칙을 보여 준다.

　이러한 변칙이 일어나게 된 원인은 서사 주체와 관련이 있는 듯하다. 즉, 「록족 부인(나)」의 원문 텍스트에서는 '을지문덕'의 서사 주체적 성격이 강화되어 있기 때문에 그를 사건의 중심에 두는 맥락으로 서사가 진행된다. 그래서 을지문덕이 병학을 공부하는 시점, 병학을 마치고 돌아오는 시점, 고구려의 무장으로 활동하며 수나라에 맞서 싸우는 시점 등으로 을지문덕의 연대기를 따르는 서사 시간으로 진행된다. 여기에서 을지문덕과 '록족장군'들과의 접점은 "이때 수 나라 진중에는 록족 장군 세 사람이 있었는데 그 용맹한 이름이 고구려에까지 전하여 왔다."는 시점이 된다. 을지문덕 주체의 서사로 볼 때는 이 시점에서 녹족장군들의 과거 행적이 서술되는 것이 사건 전개상 자연스럽다. 만약 녹족부인이 서사 주체로서의 역할을 충실하게 확보한 경우라면, 녹족부인이 아들들과 분리되는 시점은 을지문덕이 수나라군과 싸우는 시점보다 과거적 시간이다. 이 경우, 녹족부인과 아들들의 분리 서사가 결합 서사보다 뒤에 놓일 필요는 없을 것이므로 「록족 부인(가)」 이야기와 같은 일반적인 서사 구성을 따르면 된다. 그러나 「록족 부인(나)」는 을지문덕 주체의 시간 관념에 의거하여 사건을 진행시키고 있고, 이에 따라 「록족 부인(나)」에서는 을지문덕이 서사 주체가 되어 녹족장군들을 타자로 불러들이는 변칙적 서사 구성이 발생하게 된 것이다.

이상과 같은 차이점으로 볼 때, 「록족 부인(나)」 이야기는 특정 기록자 또는 집필자의 기획에 따라 '만들어진 서사'라는 혐의가 매우 짙게 나타난다. 그 기획 의도는 물론 인민들의 애국투쟁 정신을 고양시키기 위한 것으로, 1950년대 중반부터 이미 북한 설화에 지배 이데올로기가 개입되고 있음을 알 수 있다. 사실 북한의 문예 정책은 한국전쟁 시기부터 "인민들 속에 널리 알려져 있는 력사적 사실들을 잘 정리하고 옳게 평가하여 군인들과 인민들을 애국주의 사상으로 교양하는 데 필요한 자료로 리용할 수 있게 하여야 한다."24)는 지침을 갖고 있었다. 「록족 부인(나)」에서 뚜렷하게 보이는 을지문덕의 서사 주체화, 살수대첩의 역사성 등은 '애국주의 사상으로 교양하는 데 필요한 자료'의 기능을 위한 것이었음이 분명하고, 그와 같은 기획을 실현하는 방향에서 「록족 부인(나)」의 서사는 적극적으로 개작되었다.

앞서 밝혔듯이 「록족 부인(나)」는 녹족부인 이야기를 을지문덕 이야기와 결합시킨 최초의 자료로서, 이후부터 북한의 녹족부인 이야기는 거의 이를 전범으로 따르고 있다. 이를 두고 북한 학계는 녹족부인 이야기에 대해 "수나라의 침략을 단호히 격멸소탕하고 나라의 안전과 존엄을 굳건히 지켜낸 고구려인민들의 반침략조국방위투쟁을 반영한 애국적 주제의 우수한 작품"25)으로 높이 평가하고 있다. 이러한 평가를 가능하게 한 것이 바로 녹족부인 이야기와 을지문덕 이야기의 결합이다. 즉, 현재 북한에서 소통되고 있는 녹족부인 서사의 구성과 성격, 그리고 가치 평가의 기원이 「록족 부인(나)」인 것이다.

---

24) 리기주, 『위대한 수령 김일성동지 문학예술령도사』, 평양: 문예출판사, 1991, 199쪽.
25) 정홍교·박종원, 『조선문학개관』 1, 평양: 사회과학출판사, 1986, 26쪽.

5. 문화분단과 '원형성'의 복구

　북한의 설화 체계 속에서 이야기의 생산 및 소통을 관장하는 지침이 되는 것은 당의 지도적 강령이다. 이를 북한의 특수성으로 인정하지 않는다면 북한 설화에 대한 논의는 객관적인 연구의 의미를 확보하기가 어렵다. 북한 설화의 전승과정에서 설화를 문헌에 채록하는 가운데 그 서사적 문맥을 변형시키는 행위는 설화 전승방식의 하나일 뿐으로,26) 지배 이데올로기를 인민들에게 주입하는 매체적 다양성의 한 영역을 설화가 맡고 있는 것으로 보아도 무방하다. 우리 학계에서 북한 설화를 대상으로 하여 서사 자체에 대한 내재적인 연구가 활성화되지 않는 것은 그러한 북한의 설화 체계에 대한 거부감에 이유가 있지 않을까 한다. 한 대상의 실체에 대한 자료와 정보를 충분하게 확보하지 않은 채 타자화시키는 것은 또 다른 도그마가 되기 마련이다. 분단 시대를 살고 있는 우리가 남한 주체의 시각만으로 북한의 사회적 특수성을 인정하지 않고, 그 사회적 특수성에 기인하는 문화현상의 실체를 외면한다면 분단의 골은 더욱 깊어질 수밖에 없다.

　본 연구는 북한『평양지』가 수록하고 있는 '녹족부인' 이야기의 두 개 각편인「록족 부인(가)」및「록족 부인(나)」의 서사 구성과 성격을 고찰함으로써 남북한 분단 이후의 북한 설화에 실체적으로 접근하고자 했다. 앞에서 살펴본 것처럼「록족 부인(가)」는 녹족부인의 신분을 평민화하여 계급차별의 표상을 지우고, 모자 분리의 원인을 드러내는 단락에는 봉건 지배층을 폭로하는 서사 내용으로의 변이 가능성을 담고 있다. 또 모자 분리의 과정에서는 종래의 녹족부인 이야기가 드러내던 영웅 서사적 성격, 신화적 의미를 제거하고 현실적인 사건 내용으로 전개된다. 그리고「록족 부인(나)」는 녹족부인의 서사 주체적 위상을 약화시키고 을지문덕을 서사 전면으로 나타내며, 을

---

26) 김영희,「북한에서의 구전설화 전승과 연구」,『한국문화연구』5집, 한국문화학회, 2002, 226쪽 참조.

지문덕의 역사적 사실을 수용하여 역사성을 강화한 후 이를 애국투쟁 주제의 표출로 귀결시킨다. 또한 이러한 주제 표출을 위하여 서사 내용을 변칙적으로 구성하는 양상도 드러낸다. 특히 「록족 부인(나)」는 북한에서 '반침략애국투쟁전설'을 대표하는 서사로 녹족부인 이야기를 공인·평가하는 요소인 을지문덕 이야기와의 결합을 최초로 보여 준다는 점에 자료적 특성을 갖는다.

이상과 같은 「록족 부인(가)」 및 「록족 부인(나)」의 서사 구성과 성격은 북한 설화가 인민들을 애국주의 사상으로 교양하기 위한 자료로 적극적으로 기획·개작되고 있음을 말한다. 또한 이 자료들은 조선 시대와 일제 강점기, 그리고 남북한 분단기를 거치며 많은 변이형으로 존재하는 녹족부인 이야기가 북한의 설화 체계에 편입되던 초기의 실체를 우리에게 확인시켜 준다. 『평양지』가 간행된 1957년의 시점은 북한으로 보자면 '전후복구건설과 사회주의기초건설 시기'에 해당한다. 『평양지』의 녹족부인 이야기는 이 시기에 이미 북한식의 설화 체계가 가동되고 있다는 사실을 알게 한다. 남북한이 분단된 후에 이처럼 이른 시기부터 북한 설화에 지배 이데올로기의 개입이 두드러지고 있다는 점은 남북한 문화 분단에 대한 우려를 더욱 심각하게 한다.

우리는 『평양지』의 녹족부인 이야기를 읽으며 우리가 잃어버린 옛이야기를 되찾아야 하는 당위성과 만난다. 이 때문에 북한 서사의 실체에 내재적으로 접근하여 그 존재 양상을 정확하게 이해하는 논의가 더욱 요망된다. 북한에서 존재하고 있는 다양한 변이 서사들을 종합하여 분석하고, 이를 다시 남북한 분단 이전의 원질 서사와 비교적으로 검토하는 과정을 통해 한 편의 서사는 남북한 공통의 문화 코드인 '원형성'을 드러내 보일 것이다. 그러한 서사가 바로 남북한 민중이 분단 시대를 넘어 함께 소통할 수 있는 옛이야기가 된다. 옛이야기의 근원 속에는 민중들의 삶이 있으며, 녹족부인 이야기 속에도 우리 선조들의 생활과 사고가 숨 쉬었음을 알 수 있다. 우리의 분단 시대가 그 숨결을 왜곡시켜서는 안 될 것이다.

참고문헌

1. 기본자료

길영수·변규순, 『중세녀성일화집』, 평양: 과학백과사전출판사, 2006.
김원필, 『고주몽』(조선민화집 1) 2판, 평양: 금성청년출판사, 2008(초판 1986).
김정설 편찬, 『평양전설』(조선구전문학자료집), 평양: 사회과학출판사, 1990.
김정설·김경호·고인성, 『명소에 깃든 전설(평양)』, 평양: 과학백과사전종합출판사, 1995.
리영규, 『대성산 이야기』, 평양: 문예출판사, 1978.
방린봉 외, 『조선지명편람(평양시)』(조선어학전서 54), 평양: 사회과학출판사, 2001.
사회과학원 주체문학연구소 편찬, 『문학예술사전』(상), 평양: 과학백과사전종합출판사, 1988.
사회과학원 편찬, 『문학대사전』 2, 평양: 사회과학출판사, 1999.
송봉렬, 『평양의 금란화』(우리나라전설 1), 평양: 금성청년출판사, 1985.
外國文出版社 編輯部, 「鹿足夫人と二人の息子」, 『平壤の傳說』, 平壤: 外國文出版社, 1988.
장권표, 『조선구전문학개요』(고대중세편), 평양: 사회과학출판사, 1990.
≪조선의 민속전통≫ 편찬위원회, 『구전문학과 민속공예』(조선의 민속전통 7), 평양: 과학백과사전종합출판사, 1995.
평양향토사편집위원회 편저, 『평양지』, 평양: 국립출판사, 1957.

2. 논저

강상대, 「'녹족부인' 스토리텔링을 위한 원형서사 연구」, 『한국문예창작』 9권 3호, 한국문예창작학회, 2010. 12.
강상대, 「미와 다마끼(三輪環)의 녹족부인 서사 연구」, 『어문학』 118집, 한국어문학회, 2012. 12.

고정옥, 『조선 구전 문학 연구』, 평양: 과학원출판사, 1962.

국사편찬위원회 편, 『여지도서』(상), 국사편찬위원회, 1973.

권도경, 「북한 지역 녹족부인 전설의 존재양상과 역사적 변동단계에 관한 연구」, 『비교한국학』 16권 1호, 국제비교한국학회, 2008.

김영희, 「북한에서의 구전설화 전승과 연구」, 『한국문화연구』 5집, 한국문화학회, 2002.

김일성, 『김일성저작집』 10, 평양: 조선로동당출판사, 1980.

김화경, 「북한의 설화 연구 실태에 관한 고찰」, 『민족문화논총』 16권 1호, 영남대 민족문화연구소, 1996.

리기주, 『위대한 수령 김일성동지 문학예술령도사』, 평양: 문예출판사, 1991.

리동원, 『조선구전문학연구』 (1), 평양: 문학예술종합출판사, 1999.

리동원, 『조선구전문학연구』 (2), 평양: 문학예술출판사, 2005.

박영만, 「열두삼천」, 『조선전래동화집』, 학예사, 1940(박영만 지음, 권혁래 옮김, 『화계 박영만의 조선전래동화집』, 한국국학진흥원, 2006, 영인 수록).

양보경, 「16~17세기 읍지의 편찬배경과 그 성격」, 『지리학』 27집, 대한지리학회, 1983. 6.

양성필, 「'난생신화'와 '괘짝신화'의 상관성 고찰: 석탈해신화 화소의 복잡함에 던지는 의문」, 『탐라문화』 35집, 제주대 탐라문화연구소, 2009.

이태진·이상태 편, 『조선시대 사찬읍지 46: 평안도 2』, 한국인문과학원, 1990.

이태진, 『조선시대 사찬읍지 48: 평안도 4』, 한국인문과학원, 1990.

임석재, 『한국구전설화(평안북도Ⅲ·평안남도·황해도편)』(임석재전집③), 평민사, 1988.

정홍교·박종원, 『조선문학개관』 1, 평양: 사회과학출판사, 1986.

조동일, 「영웅의 일생, 그 문학사적 전개」, 『동아문화』 10집, 서울대 동아문화연구소, 1971.

차상찬, 「녹족부인과 십이삼천평」, 『여성』 1권 8호, 조선일보사출판부, 1936. 11.

최상수, 『한국민간전설집』(증보판), 통문관, 1958.

Barbara Wall, 「기아라는 문학적 모티브에 대한 연구: 한중일 문학을 중심으로」, 『중어학논총』 24집, 고려대 중국학연구소, 2008.
C. G. Jung, 한국융연구원C.G.융저작번역위원회 역, 『영웅과 어머니 원형』, 솔출판사, 2006.
大村友之丞 編, 『平壤續志』, 京城: 朝鮮研究會, 明治四十四年.
三輪環, 『傳說の朝鮮』, 東京: 博文館, 大正八年.
朝鮮總督府 編, 『朝鮮金石總覽』 下, 京城: 朝鮮總督府, 大正八年.
中村亮平, 『支那朝鮮臺灣神話傳說集』(三版), 東京: 大洋社出版部, 昭和十三年.

통일대비 국악교육을 위한 북한민요 연구*

김혜정

1. 문화적인 동질성을 찾기 위한 북한 민요교육의 필요성

　7차 교육과정에 따른 초등교과서에 수록된 북한지역 민요 가창곡은 3곡이다. 평안도지역에서 조사되었다고 하는 〈우리형제〉와 황해도 민요인 〈싸름〉과 〈금다래꿍〉[1])이 그것이다. 이 중 〈우리형제〉가 전래동요이며 『즐거운생활』에 실려 있으므로, 실제 음악교과에서 교육되는 곡은 〈싸름〉, 〈금다래꿍〉의 두 곡이라 할 수 있다. 이외에 6학년 〈싸름〉의 참고곡으로 서도민요의 대표곡인 〈수심가〉를 악보와 함께 제시하고 있고, 4학년 〈금다래꿍〉에는 평안도 민요인 〈방아타령〉을 가사형태로 소개하고 있다. 그리고 6학년 교과서에 수록된

---

　* 이 논문은 2005년 정부(교육인적자원부)의 재원으로 한국학술진흥재단의 지원을 받아 수행된 연구임(KRF-2005-041-G00007).
　1) 〈우리형제〉,『즐거운생활』 1-1, 교육인적자원부·한국교육과정평가원, 2000; 〈금다래꿍〉, 『음악』 4, 교육부·인천교육대, 2001; 〈싸름〉,『음악』 6, 교육부·인천교육대, 2001.

〈끼리끼리〉는 함경도 민요인 〈신고산 타령〉의 변주곡이라 한다.

그런데 『음악』교과서에 실린 가창곡 〈씨름〉과 〈금다래꿍〉은 서도 지역의 독특한 음계와 시김새를 사용하고 있어서 교사들에게 난이도가 높은 노래로 손꼽히고 있다. 단 두 곡이 수록되어 있으나 그마저도 제대로 교육되고 있다고 보기 어려운 것이 현실이다. 이러한 문제는 참고곡으로 수록된 〈수심가〉와 〈방아타령〉에서도 해결될 기미가 보이지 않는다. 오히려 〈수심가〉의 느린 박자와 현란한 시김새는 '북한지역 민요는 어렵고 이해하기 힘들다'는 인식을 만들고 있는 경향이 있다. 〈끼리끼리〉 역시 〈신고산 타령〉의 변주곡이라 하지만 원곡과 달리 옥타브 하행 진행이 사용되고 있으며, 순차상행종지하는 특성마저 보여주고 있어서 본 곡의 특성을 살리지 못하고 있다고 본다.

한편 점차 확대되고 있는 북한과의 교류는 교육의 각 분야에도 영향을 미치고 있다. 즉, 북한과의 문화적 교류를 강조하고 민족적 동질성을 강조하는 추세가 형성되고 있다. 언젠가는 이루어질 수 있는 통일을 대비하여 북한을 제대로 알 수 있도록 미리 준비해야 한다는 것이다. 북한에 대한 이해와 교육은 문화적인 동질성을 찾는 데에서 출발하는 것이 효율적이라 본다. 특히 정서를 가장 직접적으로 표현할 수 있는 '민요'라는 도구를 통해 음악문화적 동질성을 보다 쉽게 찾아나갈 수 있을 것으로 기대한다. 따라서 본 연구는 북한민요의 음악적 특성을 살펴보고 지역별 분포양상을 살펴서 이를 초등음악교육에 활용할 수 있도록 기반을 마련하는데 목적을 두고자 한다.

이를 위해 첫째, 현재 초등 음악교육에서 북한민요교육의 현황과 문제점을 가창곡 중심으로 살펴보고, 둘째, 북한민요의 음향 자료를 대상으로 기능분포와 음악적 분석을 통해 북한 민요교육을 위한 악곡선정 방법과 기준을 찾아보려 한다. 그리고 실제 교과서 집필 시에 북한민요 자료의 선정이 어떤 방식으로 이루어져야 할 것인지 방안을 제안해 보고자 한다.

2. 북한지역 민요교육 현황 및 문제점

현재 초등 음악교육에서 민요는 가창과 감상, 기악의 소재로 활용되고 있으며, 창작의 모델이 되고 있다. 그런데 민요는 지역별로 각기 다른 음계를 사용하며 독특한 시김새를 갖고 있어서, 초등교육에 있어서 활용되는 민요악곡의 지역 분포나 편중 등이 논란의 대상이 되곤 한다. 모든 지역의 노래가 다양하게 활용되는 것이 이상적이겠으나 교과서에 담을 수 있는 양의 한계가 있으므로 이러한 논란이 야기되는 것이다.

7차 교육과정에 의한 교과서에 향토민요 제재곡은 약 38곡이며, 통속민요는 6곡[2]이 실려 있다. 향토민요 38곡의 지역분포는 경기 1, 경상 11, 전라 12, 충청 6, 황해 2, 평안 1, 제주, 전국분포 4곡이며, 통속민요는 경기민요 5곡, 경상도민요 1곡이다. 물론 이 가운데에는 특정지역에서 조사되었으나 음악적으로 지역적 특성이 강하지 않은 전래동요가 많으므로 이러한 수치를 직접적인 지역분포로 연결 짓기는 어렵다. 따라서 지역별 분포는 시김새가 분명하게 반영되고 적어도 4~5음 이상을 사용하는 악곡[3]을 대상으로 파악하는 것이 바람직하다.

지역적 특수성이 드러나는 조건을 갖춘 악곡은 통속민요인 경기민요 5곡과 경상도민요 1곡, 향토민요 가운데에는 전라도 6곡, 황해도민요 2곡, 제주도민요 1곡이 있다. 여기에서 북한지역에 해당하는 것은 황해도민요 〈금다래꿍〉과 〈싸름〉의 두 곡이다. 두 악곡을 중심으로 현재 이루어지고 있는 북한지역 민요의 교육현황과 문제점을 살펴보면 아래와 같다.

---

[2] 김혜정, 「초등 국악교육에서 민요 토리의 이해와 교육적 활용」, 『국립민속국악원논문집』 2집, 국립민속국악원, 2002, 198~201쪽.
[3] 민요의 보편성을 뛰어 넘는 지역적 특수성을 담는 노래는 대부분 속도가 느리고 시김새가 포함되며, 음계가 4~5음을 넘는 경우이다(김혜정, 앞의 글, 210쪽).

1) 음계의 이해

두 악곡의 시김새를 보아 공히 수심가토리를 활용하는 것으로 판단된다. 하지만, 오선보상에서 〈금다래꿍〉은 '솔라도레미'의 음계로

싸름은 '레미솔라도'의 음계로 그려져 있다. 두 악곡에 사용된 음계를 비교해 보면 아래와 같다.

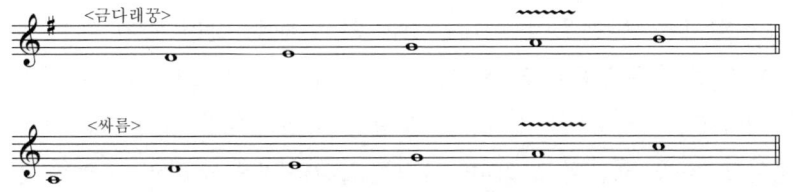

<악보 2> <금다래꿍>과 <싸름>의 음계 비교

음계를 비교해보면 두 곡은 'd-e-g-a'의 네 음이 동일하고 a음을 떠는 것도 같다. 음계에서 차이나는 음은 음계 상 최고(最高)음인데, <금다래꿍>은 'b'음이며, <싸름>은 'c"음이다. 그러나 두 음의 차이는 반음이며, <싸름>의 경우 이 음을 흘러내리기 때문에 사실상 큰 차이가 없는 셈이다. 즉 동일음계를 다른 음계처럼 그려놓음으로써 혼란을 만들어버린 셈이다.

북한지역, 즉 서도민요의 독특한 음계로 흔히 수심가토리의 '레미(솔)라도'와 난봉가토리의 '라도(레)미솔'의 두 가지를 이야기한다. 그런데 난봉가토리는 수심가토리와 경토리(반경토리)가 혼합되어 나타난 변종 선법4)이므로 보다 본질적인 음계는 수심가토리 쪽으로 보아야 할 것이다. 그런 점에서 <싸름>과 <금다래꿍>이 수심가토리로 되어 있다는 점에서는 문제가 없을 것이나 같은 음계가 다른 형태로 기보되어 있다는 점은 교육상의 어려움을 만들 뿐이다. 따라서 음계의 수정이 반드시 이루어져야 할 것으로 본다.

2) 가창방식의 이해

<금다래꿍>의 악보를 자세히 살펴보면 앞 2행과 뒤 2행이 가사의

---

4) 김영운, 「한국 민요선법의 특징」, 『한국음악연구』 제28집, 한국국악학회, 2000, 33쪽.

절수에 있어 차이를 보인다. 즉, 앞 2행은 매번 똑같은 가사를 반복하는, 일종의 후렴이거나 받는소리 부분으로 생각된다. 그리고 남은 2행은 절을 바꾸어 가사가 바뀌는, 일종의 메기는소리 부분이다. 그러나 악보는 '받는소리-메기는소리'의 형태로 잘려 있기 때문에 이 곡을 악보대로 부른다면 메기는소리를 부르는 것으로 악곡이 종지되어 버린다. 이와 같은 표기상의 오류는 북한민요가 아닌 다른 민요들에서도 종종 발견되고 있다. 메기는소리와 받는소리의 순서를 일정하게 배치하든지, 각 부분에 일정한 부호로 표기해주는 방식을 채택해야 할 것이다. 이는 악곡을 가창하는 데 있어서 정상적인 종지감을 형성해주기 위함이다.

3) 장단의 이해

〈금다래꿍〉과 〈싸름〉은 비교적 느린 악곡이다. 전문가들이 이 곡을 부를 때에는 세마치장단이나 중모리장단을 섞어 쓰는 것이 통례이다. 그런데 이 곡에 대해 어떤 장단을 써야 하는지에 대한 안내가 확실하지 않아서 오히려 빠른 장단을 대입하여 부르는 경우도 많다. 실제로 금다래꿍은 세마치나 중모리장단[5]으로 불러왔던 것이지만 교육용 자료에서는 굿거리장단에 맞추어 부르는 경우[6]가 발견된다.

이상과 같이 초등 음악교과서에 등장하는 북한민요는 〈금다래꿍〉과 〈싸름〉 두 곡뿐임에도 불구하고, 음계와 장단, 가창방식에 이르는 가장 기본적인 정보조차 제대로 전달되지 못하고 있는 실정이다. 그나마 북한민요를 익힐 수 있는 얼마 되지 않는 시간에 오히려 잘못된 정보를 전달하고 있는 셈이다. 두 제재곡을 앞으로 개정될 교과서에

---

5) 〈금다래꿍〉을 중모리장단으로 반주하였다. 〈임석재 채록 한국구연민요: 함경/평안/황해〉, 서울음반, 1994 참조.
6) 〈금다래꿍〉을 굿거리장단으로 반주하였다. 〈전통음악학습지도용 녹음자료〉, 교육인적자원부, 2002.

그대로 유지한다고 하더라도 곡에 대한 올바른 이해가 더해지지 않는다면 교육의 효과가 크게 반감될 일이다.

문제는 여기에 그치지 않는다. '왜 하필 〈금다래꿍〉과 〈싸름〉인가?', '평안도와 함경도 등 다른 북한지역 노래는 왜 없는가?', '시김새의 부담이 적고 보다 부르기 쉬운 악곡은 없는가?'와 같은 의문들이 제기될 수 있다. 이와 같은 문제를 해결하기 위해 교육을 염두에 둔 북한민요 연구가 필요한 것이다.

3. 북한민요의 장르별·기능별 분류와 음악적 특성

북한민요 자료에 대한 검토는 여러 차례 이루어진 바[7] 있다. 북한민요의 발굴과 현지조사는 1950년대부터 현재에 이르기까지 전국적으로 실시되었으며 그 결과가 자료집으로 발간되었다. 대표적인 자료집으로는 『조선민요곡집』, 『조선민요곡집(연구자료)』, 『조선아동민요집』, 『민요연구자료집』 등이 있으며, 이를 묶어 다시 분류한 『조선민족음악전집 민요편』과 『조선민요 1,000곡집(연구자료)』 등이 있다.[8] 이들 자료 가운데 일부는 남한에 소개된 것들도 있다. 그러나 악보와 사설이 채록된 자료집의 형태일 뿐 실제 음향과 함께 소개되지 않았기 때문에 활용도가 낮은 편이었다.

남한에 북한민요의 음향자료가 소개된 것은 문화방송에서 만든 〈북녘땅 우리소리〉[9]가 유일하다. 물론 이전에 〈임석재채록 한국구연민요〉[10]을 통해 황해도(12곡), 평안도(1곡), 함경도(3곡) 지역의 민요

---

[7] 권도희, 「북한의 민요연구 동향에 대한 연구사적 고찰」, 이화여대 음악연구소, 2004. 10. 발표; 황준연·신대철·권도희·성기련, 『서울대학교 동양음악연구소 연구총서3 북한의 전통음악』, 서울대출판부, 2002, 61~94쪽; 이진원, 「북한 향토민요 자료의 이해」, 한국학중앙연구원, 2005. 11 발표.
[8] 이진원, 위의 글, 2~23쪽 참조.
[9] 〈북녘땅 우리소리〉, 문화방송 외, 2004.

<표 1> <북녘땅 우리소리> 향토민요의 기능분류

대분류	중분류	악곡명
노동요	농산노동요	논둑가래질소리, 물푸는소리, 논삶는소리, 거름내는소리, 쇠스랑질소리, 모찌는소리, 모심는소리, 논매는소리, 벼베는소리, 볏단묶는소리, 밭가는소리, 씨뿌리는소리, 밭매는소리, 도리깨소리, 키질소리
	수산노동요	닻감는소리, 삿대질소리, 노젓는소리, 돛올리는소리, 그물당기는소리, 고기푸는소리, 고기벗기는소리, 명태거는소리
	임산노동요	풀베는소리, 풀써는소리, 새베는소리, 나무베는소리
	공산노동요	절구질소리, 방아소리, 매질소리, 망질(맷돌질)소리, 삼삼는소리, 물레질소리, 베틀소리, 풍구소리
	토건노동요	달구소리, 지경닦는소리, 다대기소리(집터다지는소리/말박는소리), 목도소리
	운수노동요	달구지모는소리
	가사노동요	자장가, 둥기타령
의식요	통과의식요	상여소리, 무덤달구소리
유희요	동작유희요	다리세기, 숨바꼭질
	가창유희요	애원성, 아리랑, 어랑타령, 나니가타령, 삼동주타령, 군밤타령, 양산도, 개성난봉가, 긴염불, 전갑심의노래, 닐리리, 구영변가, 언문뒤풀이, 숫자풀이, 탕세기, 장타령, 느리개타령, 배따라기, 제전, 봉죽타령/배치기소리

가 소개된 바 있으며, 남한에 소재하는 일부 직업음악인들에 의해 잡가와 유희요가 음반으로 발매된 경우들이 있으나 전 지역의 향토민요를 담은 것은 <북녘땅 우리소리>뿐이다. 따라서 이 장에서는 <북녘땅 우리소리>를 대상으로 북한민요의 장르별·기능별 분류와 음악적 특성을 살펴보려 한다.

1) 북한민요의 장르별·기능별 분류

먼저 북한민요 자료를 기능별로 분류[11]하면 다음 표와 같다. <북녘땅 우리소리>에 실린 자료 가운데 수적으로 가장 많은 것은 농사

---
10) <임석재채록 한국구연민요>, 서울음반, 1994.
11) 분류의 기준은 강등학의 분류방법을 따랐다(『강원도의 민요』I, 강원도, 2001; 『강원도의 민요』II, 강원도, 2002) 참조.

소리들이다. 남한지역에서는 듣기 어려운 평안북도의 쇠스랑질소리와 황해도의 논매는소리와 물푸는소리가 많이 조사되어 있다. 또한 밭매는소리의 종류와 양이 많은데, 호메소리, 싸리바주, 메나리, 미나리, 기나리, 강서기나리, 올래소리 등 다양한 악곡들이 불린다. 수산노동요로는 함경도에서 조사된 동해안 명태잡이에 부르는 노래와 평안도와 황해도에서 조사된 서해안 조기잡이에 부르는 노래의 두 부류가 실려 있다.

기타 노동요들에는 풀베는소리, 작두로 풀을 썰 때 부르는 풀써는소리, 나무꾼소리와 나무베는소리, 낫소리와 새(억새풀)베는소리 등의 임산노동요와 풍구소리, 절구질소리, 삼삼이소리, 물레질소리, 맷돌질소리 등 공산노동요, 집터다지는소리, 목도소리, 가래질소리, 말박는소리, 메질소리(채석장에서 추를 박는 소리) 등 토건노동요, 자장가와 아이어르는소리의 가사노동요 등이 있다.

아이들이 놀이를 하며 부르던 노래로는 두 곡만이 수록되어 있는데, 하나는 숨바꼭질하며 부르던 노래이며, 다른 하나는 다리세기에 부르던 달두달두밝다이다. 그리고 유희요로 많이 불린 것은 어랑타령와 아라리(아르래기), 늴리리타령과 나나니타령 등이며, 탕세기, 관암세기, 나무타령 등 귀한 노래들도 있다.

한편 〈북녘땅 우리소리〉에는 향토민요 이외에 〈서도소리〉라는 제목으로 따로 분류된 잡가류의 악곡들이 있다. 정리해보면 아래와 같다.

〈표 2〉 〈북녘땅 우리소리〉 통속민요의 분류

계열	악곡명
향토민요	논매는소리 터다지는소리 만선풍장소리-봉죽타령
기나리	퉁강기나리/퉁강타령(1) 퉁강기나리/퉁강타령(2) 기나리
수심가	수심가(1) 수심가(2) 엮음수심가 수심가(3)
영변가	구영변가(1) 구영변가(2) 구영변가(3) 구영변가(4)
난봉가	난봉가(1) 난봉가(2) 잦은난봉가 사설난봉가 사설난봉가 개성난봉가(1) 개성난봉가(2) 개성난봉가

배따라기	배따라기 잦은배따라기
도라지	긴도라지(1) 긴도라지(2)
산염불	산염불(1) 산염불(2)
산타령	놀량 산타령(1) 산타령(2) 방아타령 사설방아타령 배꽃타령(1) 배꽃타령(2) 물레타령
타령	느리개타령 풍구타령 끔대타령 몽금포타령 양산도 장끼타령 변강쇠타령 경복궁타령 군밤타령 한강수타령 개타령(1) 개타령(2)
기타	축원경

잡가류에는 향토민요계열의 악곡뿐 아니라 좌창계열과 입창계열의 잡가 악곡들도 있고 여러 가지 타령들이 포함되어 있다. 난봉가가 수적으로 가장 많고 입창계통와 좌창계통이 그 다음으로 많다. 또한 각종 타령류의 악곡도 상당수 있다.

이상에서 〈북녘땅 우리소리〉 수록 자료들을 대상으로 수록된 악곡들의 기능을 분류하여 보았다. 북한지역 향토민요 자료는 남한과 같이 농사소리가 많으나 세부기능은 논농사보다는 밭농사에 집중되어 있고 쇠스랑질소리나 물푸는소리와 같은 특정 기능의 악곡이 많이 나타난다. 또한 향토민요와 통속민요 공히 양산도, 개성난봉가, 영변가, 느리개타령, 배따라기, 제전, 봉죽타령/배치기소리 등의 악곡이 발견된다. 이는 향토민요를 통속민요화하기도 하고, 반대로 통속민요를 향토민요에서 배워 부르기도 하는 자연스러운 현상을 반영한 것으로 생각된다.

그러나 위의 자료 가운데 교과서 악곡인 금다래꿍과 씨름은 발견되지 않는다. 악보자료집으로 출판된 『조선민요곡집』에서도 사정은 마찬가지이다.12) 즉 교과서의 민요 악곡 선정에 있어서 고려해야 할 조건을 다양성과 보편성13)으로 보았을 때, 씨름과 금다래꿍은 북한지역 민요의 대표곡으로 보기 어렵다. 오히려 현재까지 소개된 자료

---

12) 이진원, 앞의 글, 2~23쪽.
13) 김혜정, 「초등 국악교육을 위한 유희요의 음악적 특성과 분포 연구」, 『한국민요학』 17집, 한국민요학회, 2005, 149쪽.

상으로는 난봉가나 어랑타령, 그리고 닐리리, 나나니, 니나니 등 관악기 구음을 흉내 낸 노래들이 이 지역에서 흔히 불리는 보편적인 노래라 여겨진다. 교과서의 수록곡이 반드시 보편적이어야 할 필요는 없다. 그러나 대표적이고 보편적인 악곡이 있다면 그것에 우선순위를 매겨야 함은 당연하다.

이와 같이 북한민요를 대상으로 기능상의 보편성과 특수성을 고려한 선곡을 해야 한다면 두 가지 선택사항을 먼저 결정해야 한다. 첫째는 '서도민요(잡가)인가? 향토민요인가?'이며, 둘째는 '동요인가? 민요인가?'이다. 이 두 가지 질문의 답은 물론 '한 쪽으로 치우쳐서는 안 된다'이다. 잡가만, 또는 향토민요만을 고집할 수 없고 동요만, 또는 민요만을 선곡할 수는 없다. 두 가지 장르 사이에서 적절한 균형감각을 유지해야 한다.

위의 두 가지 질문은 결국 난이도의 문제와 결부된다. 향토민요가 결코 쉽다고 할 수 없으나 향토민요 가운데 보다 쉬운 악곡들을 찾을 수는 있다. 그러나 향토민요를 수록할 경우 초등학생들에게 맞는 사설 내용과 음악적 보편성을 담아야 하므로 약간의 편곡작업이 선행되어야한다. 잡가는 상대적으로 난이도가 높은 편이지만, 역시 편곡을 통해 난이도 조절이 가능할 것이다.

또한 선곡과 관련하여 북한민요의 교육적 효율성을 위해 '단계별 악곡수록'이 필요하다. 현재와 같이 상당한 난이도의 악곡들만을 교과서에 수록한다면 북한민요는 언제나 생소하고 넘기 어려운 대상으로 남을 것이다. 쉬운 단계의 북한민요가 선수 학습된 후 어려운 난이도의 악곡을 배울 수 있도록 단계별로 배치되어야 한다.

2) 북한민요의 음악적 특성

〈북녘땅 우리소리〉 수록 자료들은 악보화와 기본적인 분석이 이루어진 바 있다.[14] 여기에서는 그 결과를 바탕으로 북한민요의 음악적 특성과 그에 따른 교육적 활용 가능성을 살펴보려 한다. 〈북녘땅 우리소리〉의 음악적 분석은 토리와 박자구조를 중심으로 실시되었으며 그 결과를 표로 정리해 보면 아래와 같다.

<표 3> 〈북녘땅 우리소리〉 중 향토민요의 토리사용 양상

토리	경토리	메나리토리	수심가토리	난봉가토리	혼용	
악곡수	130	86	53	5	31	305

북한민요자료의 토리사용에서 가장 많이 활용된 토리는 경토리이다. 130여곡으로 가장 많으며, 그 가운데 진경토리는 93곡, 신경토리 17곡, 반경토리 18곡이다. 진경토리로 분류된 악곡은 '솔라도레미' 음계를 쓰고 '솔'로 종지하는 점이 진경토리와 같지만 시김새는 다르게 나타난다. 그러므로 경토리가 많다는 점을 단순하게 받아들여서는 안 될 것이다.

경토리 다음으로는 메나리토리가 86곡으로 많은 분포를 보인다. 메나리토리는 함경도와 같은 동부지역에 많이 나타나며 어업노동요와 소모는소리와 같은 특정 기능의 악곡에서도 집중적으로 사용되고 있다. 흔히 서도토리라 불리는 수심가토리 53곡이며, 난봉가토리 또는 반수심가토리라 부르는 난봉가토리가 5곡이다. 그리고 음구조가 불분명하여 토리의 판별이 쉽지 않은 악곡이나, 두 가지 이상의 토리가 혼재되어 어느 하나의 토리로 확정하기 어려운 악곡이 31곡 정도로 나타난다.

<표 4> 〈북녘땅 우리소리〉 중 향토민요의 박자사용 양상

박자구조	3소박 4박	불규칙박	3소박 3박	2소박 4박	2소박 6박 3소박 6박	3소박 5박	혼소박	혼박
악곡수	142	94	18	15	9	1	10	16

---

14) 김영운·김혜정·이진원, 『북녘땅 우리소리 악보자료집』, 민속원, 2007.

박자 사용에 있어 가장 많이 사용된 박자구조는 3소박 4박으로 전체 142곡에서 사용되었다. 3소박 4박이 많은 것은 남한에서도 동일한 현상이어서 남북한 모두 가장 널리 활용한 박자구조인 것을 확인할 수 있다. 다음으로 많이 사용된 박은 불규칙박으로 94곡이었다. 불규칙박의 경우에도 박이 불규칙한 경우와 박자가 불규칙한 경우, 그리고 박과 박자가 모두 불규칙한 경우로 세분할 수 있다. 박자가 불규칙한 경우는 대개 속도가 느린 경향이 있다.

이외에 3소박 3박이 18곡, 2소박 4박은 15곡, 2소박 6박 또는 3소박의 6박자 악곡이 9곡, 3소박 5박이 1곡, 혼소박 악곡이 10곡, 그리고 혼박이 16곡으로 나타났다. 특히 평안도의 3소박 3박 사용이 두드러지는데, 이는 세마치 장단형으로 볼 수 있으며 3소박 4박이 느려지면서 나타나는 박자구조로 생각된다.

음계와 박자구조 이외에도 북한민요에서 보이는 특성으로 알려진 것이 가사붙임새이다. 민요의 가사붙임새가 대부분 4·4조를 기본으로 하는 것에 비해 북한민요 가운데에는 3·3조의 가사붙임새가 사용[15]된다. 현재 초등음악교과서의 〈천안삼거리〉,[16] 중등음악교과서의 〈몽금포타령〉 등이 모두 3·3조이다. 3·3조는 가사의 글자수가 3글자 단위로 끊어지는 것 이외에도 장단의 앞부분에 가사가 몰려 붙는 것을 특징으로 한다. 따라서 이러한 특성을 활용한 가사만들기나 개사하기 등이 활용될 수 있을 것이다.

이상의 결과로 보면 북한민요는 짐작해 왔던 것처럼 단순하지 않다는 것을 알 수 있다. 우선 서도민요의 대표적인 토리인 수심가토리와 난봉가토리가 집중적으로 사용되지 않는 점을 확인할 수 있으며, 오히려 경토리와 유사한 솔음계가 폭넓게 사용되고 있음을 알 수 있

---

15) 3·3조의 가사붙임은 서도지역 민요에서만 주로 사용되는 것이다(이보형, 「이팔청춘가(홀과수타령)에 대한 연구」, 『한국음반학』 제6집, 고음반연구회, 1996, 121~150쪽).

16) 〈천안삼거리〉는 흔히 경기민요로 알려져 있으나 서도민요를 바탕으로 만들어진 곡이다. 〈천안삼거리〉의 '라도레미솔' 반경토리와 3·3조의 가사붙임은 서도민요의 흔적으로 여겨진다.

다. 박자의 경우 3소박 4박이나 불규칙박은 남한의 민요에서와 같은 결과이지만 3소박 3박의 세마치 사용이 더 많은 것은 북한지역의 특징으로 생각된다.

4. 초등 교과서의 북한민요 제재곡 선정 기준과 방법

교과서에 실리는 북한민요 제재곡은 북한민요의 존재적 특성과 음악적 특성을 반영하는 것이어야 한다. 여기에는 남한과의 동질성을 강조하는 부분과 북한 고유의 독자성을 드러내는 두 가지 관점의 배려 또한 고려되어야 한다. 그러나 실제로 선택의 폭은 넓지 않다. 북한민요의 자료가 이전에 비해 많아진 것은 사실이지만 그 자료를 그대로 교과서로 수용하기에는 너무 많은 문제들이 산재해 있다. 또한 선곡기준과 방법을 고민하지 않고 몇 개의 악곡을 주관적인 결정을 통해 임의로 선정하여 나열하는 것은 무책임한 일이다.

우선 올바른 선택이 무엇일지 고민하는 것부터 시작되어야 할 것이다. 따라서 여기에서는 앞 장에서 논의했던 점들을 염두에 두고 북한민요의 제재곡을 선정하는 데 있어서 필요한 선정기준과 방법들을 고민해 보려 한다. 여기에서 예로 들어 놓은 곡들은 하나의 사례일 뿐 최종 결과물은 아니다. 다른 자료와 악곡들을 대상으로 한다고 하여도 지켜져야 할 선곡기준과 방법을 찾는 것이 이 글의 목적이기 때문이다.

앞서 언급한 바 있듯이 북한민요 제재곡을 선곡하는 데 있어서 고려해야 할 것들로는 첫째, 동질성 강조와 독자성 배려, 그리고 그것의 연계성, 둘째, 학급별 난이도를 고려한 단계별 악곡수록, 셋째, 북한민요의 보편성과 특수성을 고려한 악곡 선정 등이다. 위의 세 가지 문제는 결국 하나로 묶어 볼 수 있는 문제로 여겨진다. 그리고 이들 문제들을 넘어서는 단 하나의 목표는 아동들에게 '재미있는 북한민요'를 접하게 해주는 것이다. '어렵다', '이상하다'의 반응이 아니라 '즐겁다', '재미있다'가 되어야 하는 것이다.

　먼저 악곡의 장르별·기능별 분포에 따른 선곡 대상을 고민해야 할 필요가 있다. 그리고 자료의 범위도 생각해 보아야 할 문제이다. 왜냐하면 북한민요자료가 많지 않은 데다 원자료를 그대로 사용하기 어려운 점들을 고려했을 때 더 폭넓게 자료를 구해야 더 좋은 결과를 얻을 수 있을 것이기 때문이다. 실제 〈북녘땅 우리소리〉에 소개된 많은 민요자료 가운데 교과서에 그대로 실릴 수 있을 만한 악곡은 거의 없다. 난이도의 문제와 가사의 이해 등에 문제가 있기 때문이다. 교과서에 실을 수 있도록 변화시키는 작업이 선행되어야 하는 것이다. 따라서 당장 교과서에 실을 북한민요를 선곡해야 한다면 현재 남한에서 불리는 서도민요와 좌창, 입창 등의 잡가들을 포함하여 기존에 소개된 북한 향토민요 자료들, 그리고 북한출신 이북5도민의 향토민요들을 모두 대상으로 하는 것은 물론, 북한민요를 현대화하여 부른 경우, 북한민요를 바탕으로 만든 창작곡에 이르는 다양한 소재들을 대상으로 하는 선곡이 필요하다.

　또한 현재 교과서의 가창곡이 수용할 수 있는 북한민요 악곡의 수가 급격히 확대될 가능성은 크지 않아 보인다. 여러 지역의 민요를 모두 실어야 하는 상황이기에 북한민요를 위한 공간 확보가 어려울 것이기 때문이다. 이러한 문제점을 해결하기 위해 창작국악동요를 활용하여 북한민요의 수용을 확대하는 방안이 필요하다. 이는 북한민요의 난이도를 낮출 수 있는 적극적인 방안으로서도 유효하다.

　다음으로 음악적 특성에 있어서 어떤 부분을 수용하고 강조해야 할 것인지 살펴보려 한다. 무엇보다 조심스러운 부분은 음계이다. 남한과의 동질성을 강조하는 차원에서는 경토리 음계도 유용할 것이다. 반면 북한지역의 고유성을 강조하기 위해서는 수심가토리나 난봉가토리 음계를 선택해야 한다. 그러나 수심가토리와 난봉가토리를 초등과정에서 모두 소화하기는 어려우므로 수심가토리를 중심으로 가는 것이 옳다고 본다.

앞 장에서 언급하였듯이 북한지역의 경토리는 경기도의 경토리와 음계상으로 동일하지만 시김새나 선율진행방식이 다르다. 그러므로 북한지역의 경토리를 소개하는 것은 경기도와 같은 음계라는 동질성을 강조하는 동시에 난이도를 낮추고, 북한지역 수심가토리와의 연계성을 확보할 수 있는 중요한 다리 역할을 해줄 것이다.

북한지역 경토리를 매우 쉽게 부를 수 있는 곡으로 창작국악동요제 2004년 대상곡인 〈어 어리두 배짓자〉를 예로 들 수 있다. '솔라도레'의 네 음만을 사용하고 있으며 '솔'로 종지하고 있으나 수심가토리의 '레미솔라'로 바꾸어 불러도 손색이 없는 곡이다. 또한 '레미솔라'의 '솔라'를 조금 높이면 '라도'가 되어 '레미(솔)라도'의 수심가토리 악곡으로 바꿀 수 있다. 즉 경토리의 음계와 수심가토리의 선율진행방식이 절묘하게 만난 곡이다. 또한 속도도 적절히 빠르고 가사들이 촘촘히 붙기 때문에 떠는 시김새를 강조하지 않아도 되는 장점이 있다. 이와 같은 곡을 통해 경기와 서도의 동질성을 확인하고 자연스럽게 서도의 특성을 느낄 수 있게 해야 할 것이다. 이와 유사한 경우는 경기도 북부지역의 논농사소리에서도 얼마든지 찾을 수 있다.

수심가토리와 경토리의 차이점과 유사점을 보다 적극적으로 보여줄 수 있는 방법도 있다. 예를 들어 〈북녘땅 우리소리〉의 한글뒤풀이와 경토리나 메나리토리의 한글뒤풀이[17]를 함께 제시하는 것도 좋은 방법이다. 거의 동일한 가사를 사용하기 때문에 음계만 달라지는 것을 볼 수 있을 뿐만 아니라 선율의 진행도 별반 다르지 않음을 확인할 수 있기 때문이다.

무엇보다 현재 교과서에서 문제가 되고 있는 것은 수심가토리의 시김새이다. 이 부분에 대해서는 과감한 난이도조절이 시급하다. 〈씨름〉과

---

17) 광주시에서 조사된 반경토리 국문뒤풀이와 화성시에서 조사된 메나리토리 국문뒤풀이가 수록되어 있다(김영운·김혜정·이윤정, 『경기도의 향토민요』 상, 경기도문화재단, 2006). 또한 경토리 국문뒤풀이는 사이버 한국민요대관(http://yoksa.aks.ac.kr/)에 수록되어 있다.

수심가 등의 느리고 화려한 시김새의 악곡들은 감상용으로 하거나 중등 과정으로 보내는 것이 좋다. 초등의 경우 보다 쉽게 수심가토리의 맛을 느낄 수 있도록 좀 더 빠르고 흥미로운 악곡을 선정하는 것이 바람직하다. 기존 노동요를 이용하여 빠르게 편곡하고 가사를 바꾸는 것도 좋은 방법이 될 수 있다. 예를 들어 김경복의 소리를 좀 더 빠르게 현대화하여 김용우의 풍구타령과 같은 악곡으로 만들어내었듯이 말이다.[18]

마지막으로 서도지역 민요의 특성 가운데 하나인 3·3조의 가사붙임새를 보다 적극적으로 끌어들일 필요가 있다. 현재 교과서에서 가사바꾸기와 가사만들기를 창작의 일환으로 적극 활용하고 있다. 특히 민요의 경우 가사바꾸기는 민요의 특징을 자연스럽게 학습할 수 있는 좋은 방법이기 때문에 권장되는 방법 가운데 하나이다. 그러나 4·4조의 민요가 대부분이다 보니 가사만들기의 방법이 다양하지 못

---

18) 〈풍구타령〉은 난봉가토리로 부르는 곡이다. 그러나 서도민요를 보다 대중적으로 만들어낸 좋은 사례라 생각된다(김용우, 〈소리꾼 김용우 10년지기〉, 서울음반, 2006).

하다는 단점이 있다. 이를 극복할 수 있게 하는 것이 3·3조의 가사붙임이다. 3·3조로 된 서도민요로는 강화도의 〈용두레소리〉와 〈몽금포타령〉, 경기민요화한 〈청춘가〉 등을 들 수 있다.

이외에 가사의 내용에 있어서 서도적인 특성이 강한 악곡으로는 관악기 구음을 활용한 민요들을 예로 들 수 있다. 악기 구음이 민요에 등장하는 경우가 흔하지만 여기에서도 지역성이 조금씩 드러나는 것을 알 수 있다. 예를 들어 현악기 구음이 들어간 민요로 〈둥당애당〉, 〈둥그레당실〉 등을 생각할 수 있으며, 관악기 구음이 들어가는 〈닐리리야〉, 〈나나니〉, 타악기 구음이 들어가는 〈쾌지나칭칭〉 등이 있으나 각각 현악기는 남도, 타악기는 영남, 관악기는 경기와 서도 등에서 많이 불린다는 점을 확인할 수 있다. 따라서 관악기 구음이 활용된 가창유희용 민요를 선곡대상으로 삼는 것도 좋을 것이다.

5. 북한 민요교육의 개선 방안

이상에서 현재 교육되고 있는 북한민요의 교육현황과 문제점을 살펴보고, 북한민요 자료인 〈북녘땅 우리소리〉의 자료를 대상으로 북한민요의 기능별 분포와 음악적 특성을 정리하여 북한 민요교육을 위한 악곡선정에서 고려해야 할 점들을 정리하여 보았다. 이상의 논의를 요약하면 아래와 같다.

첫째, 현행 초등 음악교과서에 등장하는 북한민요는 〈금다래꿍〉과 〈싸름〉 두 곡뿐이다. 그런데 교과서의 악보를 살펴본 결과 음계와 장단, 가창방식에 이르는 가장 기본적인 정보들이 잘못 표현되어 있음을 확인할 수 있다. 또한 〈북녘땅 우리소리〉와 『조선민요곡집』과 같은 자료에는 〈싸름〉과 〈금다래꿍〉의 악곡이 전혀 실려 있지 않아서 두 악곡이 지역을 대표하는 곡인지 알 수 없다. 또한 교과서에 황해도민요만 실린 것도 개선되어야 한다. 평안도와 함경도뿐 아니라 자강도, 량강도 등 각 지역의 특성이 드러나는 악곡들이 수록될 수 있도록 해야 할 것이다.

둘째, 북한지역 향토민요는 논농사보다는 밭농사소리가 다양하고 쇠스랑질소리나 물푸는소리와 같은 특정 기능의 악곡이 많이 나타난다. 또한 향토민요와 통속민요 공히 양산도, 개성난봉가, 영변가, 느리개타령, 배따라기, 제전, 봉죽타령/배치기소리 등의 악곡이 발견된다. 따라서 각종 밭농사소리와 난봉가나 어랑타령, 그리고 닐리리, 나나니, 니나니 등 관악기 구음을 흉내 낸 노래들이 이 지역에서 흔히 불리는 보편적인 노래라 여겨진다.

그러나 향토민요와 통속민요뿐 아니라 현대화된 국악가요와 창작국악동요 등으로 대상을 확대해야 한다. 또한 교과서에서도 민요뿐 아니라 창작동요로 선곡을 해야 더 많은 북한민요를 수용할 수 있을 것이다.

셋째, 북한민요를 대상으로 기능상의 보편성과 특수성을 고려한 악곡선곡을 해야 한다면 먼저 서도민요(잡가), 향토민요, 동요와 같은 장르별 선곡기준을 세워야 한다. 선곡기준은 난이도를 고려한 것이어야 하며, 이때 향토민요와 잡가 모두 약간의 편곡과 개사를 통해 난이도 조절을 해야 할 것이다.

넷째, 북한민요의 교육적 효율성을 위해 '단계별 악곡수록'이 필요하다. 쉬운 단계의 북한민요가 선수 학습된 후 어려운 난이도의 악곡을 배울 수 있도록 단계별로 배치되어야 한다.

다섯째, 북한민요는 경토리가 가장 많으며, 다음으로는 메나리토리, 수심가토리와 난봉가토리의 순서로 나타난다. 박자는 3소박 4박이나 불규칙박이 많고 평안도에서는 3소박 3박도 사용된다. 교과서에 실리는 북한민요 악곡은 이와 같은 북한민요 전반의 음악적 특성을 반영하는 것이어야 한다. 음계에 있어 동질성 확보를 위해 북한식의 경토리를 활용하고, 점차 수심가토리로 연계하여 북한민요의 독자성을 드러내는 방식을 취해야 할 것이다. 또한 가사붙임새에 있어서 북한민요만의 특성인 3·3조를 활용하여 초등 창작의 가사바꾸기부문에 있어서의 다양성을 획득할 수 있을 것으로 본다.

 이 글은 북한민요의 교육과 관련한 문제점을 읽어내고 앞으로의 방향을 설정해 보았으며, 몇 개의 악곡들을 실제 선곡하여 보았다. 물론 몇 가지 한정된 자료만을 대상으로 논의하였다는 한계를 갖고 있다. 따라서 앞으로 더 많은 자료가 공개된다면 더욱 넓은 선곡 가능성을 찾을 수 있을 것이다.

참고문헌

『강원도의 민요』I, 강원도, 2001.
『강원도의 민요』II, 강원도, 2002.
『음악』4, 교육부·인천교육대, 2001.
『음악』6, 교육부·인천교육대, 2001.
『즐거운생활』1-1, 교육인적자원부·한국교육과정평가원, 2000.
권도희,「북한의 민요연구 동향에 대한 연구사적 고찰」, 이화여대 음악연구소, 2004. 10 발표.
김영운,「한국 민요선법의 특징」,『한국음악연구』제28집, 한국국악학회, 2000.
김영운·김혜정·이진원,『북녘땅 우리소리 악보자료집』, 민속원, 2007.
김영운·김혜정·이윤정,『경기도의 향토민요』상, 경기도문화재단, 2006.
김혜정,「초등 국악교육에서 민요 토리의 이해와 교육적 활용」,『국립민속국악원 논문집』2집, 국립민속국악원, 2002.
김혜정,「초등 국악교육을 위한 유희요의 음악적 특성과 분포 연구」,『한국민요학』17집, 한국민요학회, 2005.
이보형,「이팔청춘가(홀과수타령)에 대한 연구」,『한국음반학』제6집, 고음반연구회, 1996.
이진원,「북한 향토민요 자료의 이해」, 한국학중앙연구원, 2005. 11 발표.
황준연·신대철·권도희·성기련,『서울대학교 동양음악연구소 연구총서3 북한의 전통음악』, 서울대출판부, 2002.
김용우, 〈소리꾼 김용우 10년지기〉, 서울음반, 2006.
〈북녘땅 우리소리〉, 문화방송 외, 2004.
〈임석재채록 한국구연민요〉, 서울음반, 1994.
〈전통음악학습지도용 녹음자료〉, 교육인적자원부, 2002.

# 지은이 소개

강상대
- 단국대학교 국문과, 단국대학교 대학원 국문과 졸업
- 중앙대학교 대학원 문예창작학과 졸업(문학박사)
- 단국대학교 예술대학 문예창작과 교수
- 주요 논저로『문학의 표정과 화법』(1990),『우리 소설의 일탈과 지향』(2000), 『문학과 비평의 사유』(2006) 등의 저작이 있다.

김미진
- 단국대학교 대학원 문예창작학과 박사
- 단국대학교 부설 한국문화기술연구소 연구교수
- 주요 논문으로「만화의 OSMU 방안 연구」(2009),「북한의 혁명연극『성황당』론」 (공저, 2010),「북한 연극에서의 수령형상미학 양상」(공저, 2011),「북한의 정치사상교육 양상 고찰」(2012) 등이 있다.

김선아
- 중앙대학교 첨단영상대학원 영상예술학과 박사
- 영상예술학회 학술이사
- 주요 논문으로「영화국가 만들기:『영화예술론』을 통해 본 사회주의 영화미학에

대한 고찰」(『영화연구』, 2011), 「애도와 물신 사이에서: 『조선영화』를 중심으로 본 1990년대 북한영화 담론」(『어문논집』, 2011), 「다큐멘터리에서의 타자성의 표상양식에 대한 연구」(『영상예술연구』, 2010) 등이 있으며, 역서로 『여성영화: 경계를 가로지르는 스크린』(2011)이 있다

김정수
- 동국대학교 대학원 연극영화학과 박사(연극전공)
- 단국대학교 부설 한국문화기술연구소 연구교수
- 주요 논문으로 「북한 연극의 창작방법론 연구」(2010), 「북한 연극계에서 제기된 청산(淸算)대상 연기(演技)에 관한 연구」(2010), 「〈조선예술〉로 본 1990년대 북한 연극의 핵심코드」(2011), 「통일정책의 단계로 본 북한연극 연구사」(2012), 「북한의 극문학사 만들기 40년: '동일'과 '차이'」(2012) 등이 있다.

김혜정
- 한국학중앙연구원 한국학대학원 박사(예술전공)
- 경인교육대학교 음악교육과 교수
- 주요 논저로 『북녘땅 우리소리 악보자료집』(공저, 2007), 『개정판 초등국악교육의 이해와 실제』(2008), 『판소리음악론』(2009), 「무악 장단의 음악적 구조와 활용 원리」(2010), 「오태석 가야금병창 방아타령의 음악적 구성과 특징」(2011), 「씻김굿에 나타난 성주풀이의 사용 양상과 의미」(2012) 등이 있다.

박소현
- 한양대학교 음악대학 국악과 및 동대학원 졸업, 한양대학교 대학원 음악학과 졸업(박사/음악인류학 전공), 국립몽골문화예술대학교 (Mongolian University of Arts and Culture) 박사심화과정 수료
- 영남대학교 음악대학 음악학부 교수
- 주요 논저로 「한·몽 서사가(敍事歌)의 비교연구」(2004), 「20세기 몽골에 수용된

북한 가야금과 그 음악』(2007), 『신을 부르는 노래 몽골의 토올』(2005, 대한민국 학술원 우수학술도서 선정), 『명인에게 길을 묻다 Ⅱ』(공저, 2006), 『몽골과 한국: 미래지향적 관계 발전 방안』(공저, 2012) 등 다수가 있다.

배인교

- 한국학중앙연구원 한국학대학원 박사(음악학전공)
- 단국대학교 부설 한국문화기술연구소 연구교수
- 주요 논문으로 「1950~60년대 북한 전통 음악인들의 활동 양상 검토」(2009), 「박연에 대한 북한학계의 연구성과와 평가」(2010), 「북한음악과 민족음악」(2011) 등이 있다.

임옥규

- 홍익대학교 대학원 국어국문학과 박사
- 단국대학교 부설 한국문화기술연구소 연구교수
- 주요 논저로 『북한 역사소설의 재인식』(역락, 2008), 『북한의 언어와 문학』(공저, 2006), 『북한 문학의 지형도』 1·2(공저, 2008·2009), 『주체의 환영』(공저, 2011), 「문화콘텐츠로서 남북 역사소설 활용방안」(2010) 등이 있다.

전영선

- 한양대학교 국어국문학과 박사
- 건국대학교 HK 연구교수
- 주요 저서로 『북한의 문학예술 운영체계와 문예이론』(2002), 『고전소설의 역사적 전개와 남북한의 춘향전』(2003), 『북한을 움직이는 문학예술인들』(2004), 『북한의 대중문화』(2007) 등이 있다.

찾아보기

1. 작품 및 논저

『1932년』 59
〈가야금 산조〉 168
『강철은 어떻게 단련되는가』 61
〈경치도 좋지만 살기도 좋네〉 120, 122
「광법사사적비명(廣法寺事蹟碑銘)」 229, 233, 238
『국어문학』 49
『국어』 49
「그이는 우리의 최고사령관」 59, 60
〈금다래꿍〉 126, 251
『기계파괴자들에게』 61
〈김일성장군의 노래〉 99
〈꽃파는 처녀〉 53, 193
〈끼리끼리〉 252
〈녀병사의 수기〉 199
「농촌위원회의 밤」 57
「높이 들자 붉은기」 60
『대하는 흐른다』 57
〈도라지꽃〉 193
『땅』 57
「락동강」 54
『레미제라블』 61
「로동일가」 57
『로빈슨크루소우』 61
〈록족 부인〉 227, 228

〈맑은 아침의 나라〉 107, 127
〈명승가〉 111, 113
〈모란봉〉 102
〈몽금포타령〉 126
〈민족과 운명〉 60, 201, 214
「바다가 보인다」 57
〈반월가〉 124
〈반일전가〉 54
「발걸음」 67
「방주의 노래」 54
〈배띄여라〉 105, 120, 124
「벌거벗은 아메리카」 57
「벙어리 삼룡이」 54
『베니스의 상인』 61
〈봄맞이〉 98, 106, 107, 111
≪봄을 노래하네≫ 107
『부활』 61
〈북녘땅 우리소리〉 266
『불멸의 력사』 59
「불타는 섬」 57
『빛나는 아침』 59
「빛나는 전망」 57
〈사향가〉 54
「사회주의 교육에 관한 테제」 64, 73
「산제비」 54
「상봉유사」 54
〈새봄을 노래하네〉 107, 110, 127

찾아보기 275

〈세월아 가지마라〉 106, 111, 114
〈수심가〉 126, 252
〈시대는 축복한다〉 200
〈신고산 타령〉 252
〈씨름〉 126, 251
『안주목읍지(安州牧邑誌)』 229
『압록강가에서』 61
『야탁교본』 169
〈양양팔경가〉 112, 113
『어머니』 61
『여지도서(輿地圖書)』 229
「열두삼천」 233
「영원무궁하라 조선의 미래여」 60
「영원한 우리 수령 김일성 동지」 60
〈예브게니 오네긴〉 28, 29
〈우리 행복 끝없네〉 116
〈우리의 동해는 살기도 좋지〉 127
『우제니 그랑데』 61
〈이팔청춘가〉 106, 107
『일리아스』 61
『임진록』 54
〈자장가〉 54
「재판받는 쥐」 54
〈적기가〉 54
「적성촌의 오막살이」 54
〈제일강산〉 56
「조국산천에 안개 개인다」 57
『조선민요1000곡집』 108, 112
〈조선아 너를 빛내리〉 56
〈직동령의 승리방아〉 98, 117, 118
「진달래」 54
〈창부타령〉 102, 127
「채봉감별곡」 54
〈처녀총각〉 110
〈천안삼거리〉 116
「청춘의 노래」 61
「초혼」 54
『축복』 61
〈춘향전〉 193
〈평양 날파람〉 191
『평양속지』 229, 233

『평양지』 225~228, 231, 232, 237, 238, 239, 245, 246
『푸른 하늘』 59
〈풀무타령〉 98, 120, 125, 126, 133
〈피바다〉 53
〈하늘의 나는 연들〉 217
〈한 녀학생의 일기〉 191~194, 197~202, 204~206, 208~211, 213, 214, 216~218
〈한 자위단원의 운명〉 53
「혁명의 수뇌부를 경사옹위하리라」 60
「현미경」 54
「황금산」 54
〈황금산의 백도라지〉 106, 111, 115, 116, 126
〈훌라리〉 98, 120, 121, 122

2. 인명

김관보 102
김예풍 107
김일진 23
김종암 168
김준도 102
김진명 102
김택성 37
김호윤 24
나까무라 료헤이(中村亮平) 236
리면상 105
미와 다마끼(三輪環) 230
미하일 바흐친(Mikkail Mikhailovich Bakhtin) 218
박영만 233
콘스탄틴 스타니슬랍스키(Konstantin Sergeevich Stanislavskii) 144, 146, 157, 160
아오야기 쓰나타로(大村友之丞) 229
안준보 201
윤유 229, 233
이시항 229, 233
장인학 191, 198, 200, 219
조령출 112

최옥삼   116
한시형   105
한영상   24
함덕일   105

3. 내용

12현가야금   169
13현가야금   169
20개조 정강   44
2·16 강계예술대학   17
5대 혁명가극   26, 27
5음조식   103
가야금   167
가야금교본   169
가야금독병창   117, 118
가창곡   120
강성대국론   64
개성예술대학   17
개작민요   133
검열   39
계몽기 가요   27
고난의 행군   54
고등중학교   96, 97
고토(箏, koto)   167
'기아(棄兒)' 모티프   235
공명   149
공명강   149, 150
공산주의 인간학   43
공산주의적 인간   43
공훈배우   22
과학환상소설   39
관객성   196, 197, 218
교과서 개편   50
교예배우   37
교예소조   21
교육제도   95
국가공훈합창단   27
국립교향악단   23
군중문학 현상공모   39
군중문학지도부   39

극장국가   194
김원균명칭 평양음악대학   22, 25
김일성-김정일주의   46
김정일 애국주의   66
김형직사범대학 작가양성반   39
난봉가토리   255
남포예술대학   17
녹족부인   225, 226, 230~232, 234, 237, 238, 245
다부작 예술영화문학   60
단트란(dan tran)   167
대중적 영웅주의   57
동일화 효과   204, 206
롱-지터(long-zither)   167
률무가요   122
만수대예술단   23
메나리토리   126
명승가   98
모방 효과   204
몽골 음악   171
몽골 음악무용학교   169
무용대학   29
무용소조   21
문학교육   50
문학통신원   21
민요   97, 98, 100
민요 제재곡   97
민요조식   103
민요풍   102
민요풍의 노래   102, 116, 118, 122, 126
민족문화유산   128, 130
민족문화유산계승원칙   129
민족성   64
민족음악유산   129
민족장단   121
민족적 리얼리즘   202
민족적 색채   132
민족제일주의교양   130
반제교양   65
반침략애국주의   54
반침략애국투쟁전설   225, 246

발성 164	예술학원 17, 20
발성기관 146	원산예술대학 17
발성훈련 147, 152, 163	원형성 224, 246
배띄여라 98	유희요 102
복고주의 127	음악교과서 96, 97, 98, 126
북한 창작곡 168	음악대학 18
북한가야금 168	음악소조 21
불멸의 향도 59	음악수업 96
불후의 고전적 명작 53	음악예술론 13
붉은기 사상 54	의무교육 47, 95
비판적 사실주의 61	이데올로기 교육 67
사리원예술대학 17	이동예술단 15
사진소조 21	인민군예술학원 17
사회주의 교육학 43	인민배우 22
사회주의적 사실주의 61	전래동요 101
사회주의적 사실주의원칙 128	전반적11년제의무교육 75
사회주의적 애국주의 교양을 강화 65	전반적12년제의무교육 76
선군시대 나팔수 27	전통악기 167
선법 103	전통음악교육 171
속대사 158, 160, 161, 164	정치사상교육 77
수령결사옹위 정신 60	쟁(箏, zheng) 167
수령형상 57	조선4·26아동영화촬영소 36
수령 '후계자' 형상 창조 57	조선국립교향악단 23
수심가토리 255	조선기록영화촬영소 36
스스로 민족지학(self/ethnography) 196	조선민족제일주의 56, 97, 130, 131, 133
슬로우 모션 기법 206, 207	조선인민군협주단 27
신경토리 105, 132	종자 60, 200
신민요 100, 105, 113, 117, 133	주체 문예 사상 62
신의주예술대학 17	주체사실주의문학 56
써클지도자 16	주체성 64
써클지도자양성소 16	진경토리 123
안땅장단 121	진보적 시인 54
애국명장 54	창작국악동요 101
야탁(я т г а, yatag, 雅托噶, 箏) 167	청소년영화창작단 35
에쮸드 154, 156, 157, 164	청진예술대학 17
역사주의적 원칙 62	총폭탄정신 60
연극소조 21	최승희 무용연구소 15
영화문학창작과 34	토리 103
영화예술이론 연구소 34	통속민요 101, 122, 253
영화촬영소 32	평양교예단 37
예술소조 21	평양교예학교 17, 36

평양미술대학   16, 30, 31
평양세계영화축전   217
평양연극영화대학   17, 19, 32, 33, 35
평양영화대학   32
평양음악대학   23
평양음악무용대학   22, 24
평양음악무용학원   29
평양종합예술학교   32
풀무타령   98
프로젝션   152, 153, 154
프로파간다 양식   197, 199, 213, 218
프로파간다 영화   209
프롤레타리아 문학   61
피바다가극단   23
'피바다'식 가극무대 미술   31
합창학과   27
항일혁명가요   54
항일혁명문학   54
향토민요   101, 253
혁명적 낭만주의   55
혁명적 수령관   63
현대적 미감   128, 130, 131
혜산예술대학   17
호흡법   148
후두   151
흉강   152
흉성과 두성   150